이제마의 철학

이제마의 철학

최대우 지음

景仁文化社

지은이의 말

　'사상의학(四象醫學)'은 이제 연구자는 물론이요 일반인에게도 그리 낯설지 않은 용어가 되었다. 매스컴이나 드라마를 통해 소개되기도 했지만 근본적으로는 사상의학에 의한 치료가 점차 일반화되어 가고 있기 때문일 것이다. 치료의 일반화라는 측면에서 볼 때 사상의학에 의한 치료는 전통 한의학이나 서양의학과 비교하기에는 아직 이른 감이 없지 않다. 그러나 의학 발전의 관점에서 보면 사상의학에 의한 치료는 분명히 질병 치유의 지평을 넓히는 또 하나의 길이다. 사상의학에 의한 치료가 일반화되고 발전되어야 할 본질적인 이유가 여기에 있다.

　사상의학이 치료의 일반화를 넘어 지속적으로 계승·발전시켜야 할 의학 이론이 되기 위해서는 이론적 해명은 물론이요, 그 발전 방향도 함께 모색되어야 할 것이다. 사상의학이 흔히 한의학의 일부로 이해되는 것은 이론에 대한 전문적인 연구가 이루어지지 못한 것이 주된 이유일 것이다. 물론 사상의학 이론에 대한 기존의 연구가 없는 것은 아니지만, 지금까지의 연구는 대체로 『주역(周易)』의 관점에 근거하고 있다는 점에서 제한된 탐색이라고 할 수 있다. '사상(四象)'이라는 개념 자체가 드러내는 것처럼 사상의학의 주요 개념들은 『주역』에서 차용한 것이다. 사상의학 이론에 대한 연구가 주로 『주역』의 변화 원리를 중심으로 이루어진 것은 이 때문이라고 생각된다.

그러나 『주역』에 근거한 연구가 부적절한 것은 아니라 하더라도 그것이 사상의학 이론의 전모를 밝히는 적절한 방법인지는 심각하게 고민해야 보아야 한다. 사상의학 이론은 『주역』뿐만 아니라 『사서(四書)』를 포함한 유학사상 전반을 이론적 근거로 삼고 있다. 또한 이제마는 과거 한의학 이론의 중요성을 인정하면서도 그 관점을 그대로 수용할 수는 없다는 입장을 분명히 밝히고 있다. 이것은 사상의학 이론이 한의학과는 분명히 구분되는 철학적 토대 위에 구성되었음을 천명한 것이라고 할 수 있다. 더욱이 사상의학은 한의학과 유학사상에 근거를 두면서도 이들과는 근원적으로 다른 철학적 관점에서 재구성된 의학사상이다. 이 점을 고려한다면 사상의학의 이론적 구도에 대한 총체적 해명은 여전히 중요한 숙제라고 할 수 있다.

사상의학이 세상에 모습을 드러낸 지 100여 년이 지났지만 지금까지의 연구는 아직 이제마의 철학 체계의 전모를 드러내는 데 이르지는 못한 것으로 보인다. 이러한 상황은 일차적으로 사상의학 이론의 난해함에서 비롯되지만 주변적인 요인 또한 적지 않은 영향을 미친 것으로 보인다. 먼저 내적 요인으로 서술의 난해성을 들 수 있다. 이제마의 글은 독창적인 개념들과 함께 간결하고 절제된 문장들로 서술되어 있을 뿐만 아니라 그 내용 또한 복합적인 사상 구조 위에서 전개되고 있다. 이러한 독특한 글쓰기는 사상의학 이론 체계의 전반적 구도는 물론 그

철학적 근거를 파악하는 데 큰 어려움을 준다. 외적 요인으로는 이제마 사후의 정치·사회적 환경을 들 수 있다. 한말의 격변기, 일제 강점기, 6·25 동족상잔과 남북 분단, 해방 이후 서구문화의 유입, 한의학과 서양의학의 대립과 갈등 등 지속적인 역사적 굴곡은 사상의학 이론의 전승과 체계적 연구를 가로막는 장애로 작용했을 것이다. 이러한 상황에서 사상의학에 관한 진지한 학술적 연구가 시작된 것은 비교적 최근의 일이라고 할 수 있다.

필자가 이제마의 의학 사상에 관심을 갖기 시작한 것은 70년대 초 대학에서 조선조 후기 실학사상을 배우면서부터이다. 당시 강의를 담당하신 고 이을호(李乙浩) 선생님은 이제마가 의학자이면서도 독자적인 철학적 토대 위에서 사상의학 이론을 수립한 것으로 설명하면서, 이제마의 철학을 '실학사상'의 한 지류로 분류했다. 이때부터 필자가 갖게 된 의문은 "왜 이제마는 오행이 아닌 사상을 의학이론의 근거로 삼았는가?"였다. 『사상의학원론』(『동의수세보원』)을 탐독한 후 생겨난 의문들은 선생님의 지도를 받으면서 어느 정도 해소되었지만, 전통적인 한의학 이론을 수용하지 않고 사상을 새로운 의학 이론의 근거로 삼게 된 이유가 무엇인지는 여전히 풀리지 않는 의문이었다. 이후 석사과정에서 "이제마는 인간을 사원구조 안의 존재로 파악함으로써 이기론적 인간관을 벗어날 수 있었다"는 선생님의 강의는 필자에게 이제마 연구의 길잡이가 되었다. 물론 이 견해는 이제마의 제자인 최승달(崔承達) 선생의 강독이 토대가 되었지만,* 사상의학의 본질은 주역이 아닌 경학을 통해 탐구되어야 한다는 것은 이을호 선생님의 독자적인

---

* 오종일, 『현암 이을호』(서울: 도서출판 문원각, 2007.8), 33쪽.

연구 성과를 통해 얻은 견해다. 이제마의 철학 체계에 대한 필자의 탐색은 이러한 시각에서 시작되었다.

그러나 오행 없는 한의학 이론을 상상할 수 없었던 필자로서는 상당히 오랜 시간 동안 "왜 오행이 아닌 사상인가?"라는 물음을 벗어날 수 없었다. 사실 필자는 한동안 최병채(崔炳釵) 선생의 문하에서 한의학 이론과 침구 이론에 대해 수학한 경험이 있다. 당시 '인과원(因果院)'을 운영한 최병채 선생은 상호가 말해 주듯이 과학적·합리적 치료 방법을 모색한 명의로 이름을 떨쳤지만 그 의술의 중심에는 오행론이 자리 잡고 있었다. 최병채 선생은 사상의학에 대한 필자의 질문에 스스로 해답을 찾을 것을 권하였고, 다만 체질의 감별을 잘하여 약을 투여하면 치료 효과가 빠르지만 그렇지 못하면 부작용이 심했다는 자신의 경험담을 남겨줄 뿐이었다. 한의학 이론에 대한 짧은 수학 경험은 필자에게 더 혼란스러운 물음만을 남겼지만, 그것은 결국 사상의학 이론의 핵심을 찾아가게 하는 지적 원동력이 되기도 했다.

이러한 한의학과의 인연으로 사상의학에 관심을 갖게 되었지만, 이제마의 철학을 탐색하는 작업은 한의학을 전공하지 않은 필자에게는 어렵기만 한 과제일 수밖에 없었다. 제한된 연구라는 점을 절감하면서도 이 책을 통해 필자는 사상의학 이론에 대한 철학적 논의의 방향을 새롭게 제시할 수 있었다는 점을 스스로 위안으로 삼는다. 필자는 사상의학 이론의 철학적 근거를 명쾌하게 드러내기 위해 가능한 한 쉬운 용어를 선택하려고 노력했다. 그럼에도 철학의 핵심적 주제들을 다루고 있다는 점 때문에 일반 독자에게는 쉽게 이해되지 않는 개념과 논의가 포함되어 있을 것이다.

이 책은 그동안 발표된 필자의 논문들을 한데 묶은 것이다. 이 때문에 부분적으로 논의의 중첩이 있지만 각각의 글의 구성과 논지 전달이라는 측면을 감안해 그대로 두었다. 또 책의 체제에 맞춰 부분적인 수정을 가했지만, 그것은 대부분 표현적인 것에 국한된다. 각 장의 출처는 아래와 같다.

2장: 「이제마의 자연관」, 『범한철학』 제24집(2001, 가을), 5~19쪽.
3장: 「동무 이제마의 성명관」, 『범한철학』 제33집(2004, 여름), 81~104쪽.
4장: 「동무 이제마의 사상설적 인간관」, 『철학연구』 제85집(2003, 봄), 295~316쪽.
5장: 「동무 이제마의 윤리관」, 『철학연구』 제95집(2005, 여름), 395~415쪽.
6장: 「이제마의 사단론」, 『범한철학』 제43집(2006, 겨울), 1~23쪽.
7장: 「이제마의 성정론」, 『범한철학』 제46집(2007, 가을), 1~26쪽.
8장: 「이제마의 몸 이해」, 『범한철학』 제47집(2007, 겨울), 27~51쪽.
9장: 「이제마의 도덕성 이해」, 『범한철학』 제50집(2008, 가을), 21~46쪽.

이 책이 체계를 갖춘 연구서가 되기까지 도움을 주신 많은 분들에게 감사의 말씀을 드리고 싶다. 고 이을호 선생님은 은사로서 뿐만 아니라 다산학 연구의 권위자로서 필자가 학문적 안목을 배우고 익히는 데 가장 큰 영향을 주셨다. 은사이신 안진오 선생님은 강의와 논문 지도에 그치지 않고, 필자의 삶과 학문에 더없이 깊고 큰 가르침을 주셨다. 충남대학교 남명진 선생님은 박사학위 논문 지도교수로서 필자가 다산학의 학문적 체계를 인식할 수 있도록 섬세한 가르침을 주셨다. 전주대학교 오종일 선생님은 지속적이고 따뜻한 가르침과 격려를 통해 학문의 방향을 이끌어 주셨다. 은사이신 성진기 선생님은 오랜 시간

동안 값진 가르침을 통해 필자의 학문적 길을 바로잡아 주셨다. 특히 노양진 교수와 나눈 지속적인 철학적 대화는 이제마 철학 연구의 방향을 설정하는 데 많은 도움이 되었다. 그리고 초고 수정을 도와준 이경환 박사, 마지막 원고 교열에 세심한 수고를 아끼지 않은 정용환 박사에게도 깊은 감사를 표하고 싶다.

　필자가 학문의 길에 들어설 수 있었던 것은 어머님의 지극한 가르침과 사랑 덕택이었다. 이 책을 영전에 바치게 된 것이 못내 죄스러울 따름이다. 그리고 연구에 몰두할 수 있도록 큰 자유를 베풀어 준 아내에게도 깊은 감사의 마음을 전하고 싶다. 필자에게 언제나 따뜻한 학문적 격려와 관심을 베풀어 주신 전남대학교 철학과 교수님들께도 감사를 드린다. 끝으로 우리 출판계의 다단한 어려움 속에서도 이 책의 출판을 허락해 주신 경인문화사 사장님에게도 특별한 감사를 드린다.

2009년 2월
지은이

차 례

제1장
서 론

이제마(李濟馬: 1837~1900)가 창안한 사상의학(四象醫學)은 우리에게 전통적인 한의학과는 다른 새로운 의학사상으로 알려져 있다. 그러나 한의학계에서는 흔히 사상의학을 한의학의 범주에 속하는 의학사상으로 분류한다. 사상의학이 한의학에서 분파된 것이기도 하지만 그 내용 또한 한의학의 범주 안에 있다는 것이 그러한 분류의 근거이다. 사실 이론과 치료 방법, 그리고 약재 사용 등 사상의학의 내용은 넓은 틀에서 보면 한의학의 범주에서 설명될 수 있다. 한의학사에 나타난 다양한 이론들 역시 그 차이에도 불구하고 한의학의 범주로 분류하는 것은 이 때문이다. 이러한 관점에서 본다면 사상의학을 한의학의 범주로 분류하는 것은 어느 정도 타당성을 갖는다고 할 수 있다.

그러나 이 분류가 두 의학사상의 이론까지 같다는 것을 의미하지는 않는다. 같은 범주가 곧 이론의 동일성까지 의미하는 것은 아니기 때문이다. 필자는 두 의학사상이 철학적 배경에 있어서 근본적으로 다른 원천을 갖는다고 본다. 잘 알려진 것처럼 한의학 이론은 음양 오행론에 근거를 둔 오운 육기(五運六氣)를 토대로 이루어진 것이다. 장부를 오장 육부로 구분하는 것이나 장부의 상호관계를 상생·상극 작용으로 설명하는 것은 모두 오행설에 근거한 것이다. 그러나 '사상(四象)'을 토대로 전개되는 사상의학에서는 오행론에 관한 언급을 찾아볼 수 없다. 이러한 사실은 사상의학이 철학적 근거를 달리한 새로운 의학 이론을 모색하는 동시에 오행설을 벗어나고 있음을 보여 준다는 점에서 매우 중요한 의미를 갖는다. 사상의학은 오행설을 극복하고 독자적인 의학 이론을 수립함으로써 질병 치료의 지평을 넓히고 있기 때문이다.

이제 사상의학에 근거한 질병 치료는 점차 일반화되어가고 있다. 그런데 그 이론적 체계에 대한 해명은 아직 명쾌하게 이루어지지 못하고 있다고 할 수 있다. 사상의학 이론의 철학적 근거는 무엇이며, 한의학 이론과는 구체적으로 어떤 차이가 있는지 등이 아직 밝혀지지 않고 있기 때문이다. 사실 그 동안 사상의학 이론에 대한 연구가 전혀 없었던 것은 아니지만, 이들 연구는 아직 사상의학과 한의학의 차이를 명확히 규명하지 못하고 있다. 이러한 사실은 사상의학이 여전히 한의학의 일부로 인식되고 있는 실정에서 확인할 수 있다. 한의학계는 사상의학을 "마음의 수양을 통해 타고난 성격의 편향을 극복하고 음양화평(陰陽和平)의 인간"을 추구하는 의학사상으로 설명하고 있으면서도 사상의학 이론의 철학적 근거에 대해서는 침묵하고 있기 때문이다.[1]

사상의학 이론에 대한 지금까지의 연구는 대체로 음양 오행론에 근거를 두고 이루어져 왔다. 이 연구는 이른바 『동무자주(東武自註)』에 근

---

1) 윤영주, 『한의학 탐사여행』(서울: U BOOK, 2008), 47쪽.

거한 것으로서 사상의학을 우주의 변화 원리로 해명한다. 여기에서 변화 원리는 우주의 변화 법칙, 만물의 생사(生死) 법칙, 정신의 생성(生成) 법칙을 말하는 음양오행의 운동 법칙을 가리킨다. 이 변화 원리가 곧 상수(象數) 원리인데,[2] 사상의학은 이 상수 원리가 구현된 것이라고 주장한다. 이들의 주장에 따르면 상수 원리는『내경』의 장기와 오행의 도식이 직접적으로 적용되는 것이 아니라 오행의 도식이 변형되어 장부와 대응한다. 이 오행 운동은 하나의 태극상을 그리는 순환 운동인데, 순환의 도식은 하도(河圖)와 낙서(洛書), 그리고『정역(正易)』에 맞추어져 있다. 이들은 오행과 상수 원리를 명시적으로 언급하지는 않았지만 사상의학은 상수 원리로 해석이 가능하다는 것이다.[3]

그러나 이 해석은 다양한 논의에도 불구하고 "왜 사상의학인가?"라는 근본적 물음에 답을 주지 못하고 있다. 첫째, 사상의학 이론이 상수 원리를 근간으로 성립된 것이라면, 이제마가 이 사실을 명시하지 않는 이유가 무엇인가? 둘째,『동무자주』가 이제마의 자작이라면 사상의학 이론은 상수 원리로 해석해야 이해가 가능하다는 가장 중요한 사실을 주해하지 않는 이유가 무엇인가? "오행의 도식이 변형되어 장부와 대응한다"는 논거 역시 설득력이 부족하기는 마찬가지다. 순환의 도식이 하도와 낙서, 그리고『정역』에 맞추어져 있다고 하더라도 사상의학은 이러한 사실을 단 한 줄도 언급하고 있지 않기 때문이다. 이제마가『정역』의 영향을 받았을 것이라는 가정은『동의수세보원(東醫壽世保元)』의 완성과 시간적으로 연결시키기 어려우며,『정역』과 사상의학 이론의 사유의 동시성(synchronicity)은 가능성이 더더욱 희박하다. 일부 사

---

2) 이제마, 이창일 역주,『동무유고』(서울: 청계, 1999), 44쪽.
3) 같은 책, 49~51쪽 참조.

상의학자들이 "사상의학은 상수 원리로 해석이 가능하다"는 논거에 동의하지 않는 것은 이러한 몇 가지 의문들이 그 설득력을 잃게 한 때문으로 보인다.

그런데 이러한 의문들을 다시 검토하면 사상의학을 상수 원리와 같은 일정한 법칙적 원리를 대입시켜 해명할 수 있는가라는 근본적인 물음에 이르게 된다. 즉 사상의학이 오행과 같은 형이상학적 원리를 대입시켜 인간의 질병을 진단하고 치료하는 의학 이론인가라는 물음이다. 이 물음은 한의학 이론 형성에 관한 질문으로 다시 환원시켜 검토할 수 있다. 사상의학 이론 역시 한의학의 이론 형성과 유사한 과정을 거쳐 형성된 의학사상이기 때문이다.

일반적으로 한의학 이론은 선행된 의료 경험이 뒤에 종합되어 이론화되는 발전 과정을 거치는 것으로 알려져 있다. 중국의 한의학은 상고시대부터 형성되기 시작했지만, 이론 체계가 갖추어지기 시작한 것은 춘추전국시대부터 진·한 교체기로 추정한다. 한의학 이론서를 대표하는 『내경(內經)』은 상고시대부터 축적된 장부, 경락, 침구 등의 의학지식을 체계화한 것인데, 그 내용을 검토하면 도가, 유가, 음양가, 참위설(讖緯說) 등 여러 학설을 포괄하고 있다. 이것은 상고시대부터 형성된 의학적 지식이 여러 학설을 받아들임으로써 일정한 이론으로 체계화된 것이라고 할 수 있다. 그런데 한의학 이론은 여러 학설 가운데서도 유학의 발전과 깊은 관계를 가지며 발전하는 특징이 있다. 즉 선진 유학, 양한 시대의 경학, 수·당 시대의 주소학, 송·명 시대의 리학, 청대의 박학은 각기 한의학 이론 형성과 변화에 적지 않은 영향을 미치고 있다.[4]

오운 육기를 근간으로 하는 우리나라의 한의학 이론은 북송 이후 형성된 의학 이론에 연원을 둔다. 이 의학 이론 역시 『내경』에 연원을 두면서도, 성리학의 의리 사상에 영향을 받아 양한이나 수·당 시대의 의학 이론과는 다른 오운 육기의 새로운 이론 체계를 갖추게 된다. 이러한 사실을 고려하면 사상의학 이론 역시 전통 의학사상에 연원을 두면서도 오운 육기의 이론 체계를 벗어난 새로운 의학사상일 수 있다는 추론이 가능하다. 물론 이 추론은 사상의학이 단지 오운 육기와 오행을 언급하지 않는다는 사실에 근거한 것은 아니다. 사상의학의 결정체인 『동의수세보원』은 과거와는 다른 의학 이론의 체제와 내용을 갖춤으로써 사상의학이 전통적인 한의학 이론에 머물러 있지 않음을 천명하고 있기 때문이다. 사상의학은 성·명을 새로운 체계로 해석하고, 또 과거의 의학 이론이나 진단 방법에 대해서는 반성적 성찰을 요구한다. 사상의학 이론을 새로운 시각에서 검토해야 할 이유가 여기에 있다.

이 책의 과제는 '사상의학은 새로운 의학'이라는 시각에서 사상의학 이론의 철학적 근거를 탐색하는 데 있다. 철학적 근거를 밝히는 것은 사상의학의 이론적 실체를 드러내는 핵심적인 작업이기 때문이다. 따라서 이 탐색은 형이상학적 원리에 대한 일체의 선입견을 배제하고 사상의학 이론의 체제와 내용을 근거로 이루어질 것이다. 그리고 사상의학의 철학적 근거에 대한 검토는 주로 주자학과의 대비적 관점에서 이루어질 것이다. 그것은 주자학이 성리학을 집대성한 것으로 평가된다는 점과 성리학이 한의학의 발전에 밀접한 영향을 미쳤다는 점을

---

4) 林殷(문재곤 역), 『한의학과 유교문화의 만남』(서울: 예문서원, 1999), 42~51쪽 참조(이 책의 원제는 『儒家文化與中醫學』임).

고려한 것이다. 그러나 이러한 접근은 사상의학이 전통 한의학과 주희 철학의 토양에서 배태되었으면서도 주희의 형이상학적 구도를 근원적으로 거부하고 있다는 데 초점을 맞추고 있다.

주희 철학과의 대비적 논의는 인간의 존재 구조와 인간의 몸에 대한 이해의 문제를 주제로 하여 이루어질 것이다. 인간의 존재 구조에 대한 이제마의 해명은 이른바 이기 이원론으로 상징되는 주희의 형이상학적 해명과 극명한 차이를 보인다. 이러한 차이는 기본적으로 몸에 대한 이해의 차이에서 비롯된다. 주희는 물론 전통적인 유학자들이 인간을 마음의 존재로 인식하고 있는 것과는 달리 이제마는 인간을 일차적으로 몸의 존재로 인식한다. 이러한 시각의 차이는 전통적인 유학의 형이상학적 방법을 넘어서려는 이제마의 실증적 탐구 방법에서 비롯된 것이다. 이 때문에 몸과 마음을 이해하는 이제마의 관점은 이들과 선명하게 대비된다. 이러한 논의 과정에서 정약용의 실학적 인간관이 보완적으로 고찰될 것이다. 정약용의 실학사상은 이제마의 사상의학과는 매우 다른 방향으로 전개되지만 주자학의 사변적 구도를 넘어서고 있다는 점에서 유사한 문제의식을 공유하고 있다.

이 책의 전반부에 해당하는 2장부터 5장까지는 주로 사상의학의 철학적 근거를 검토하는 데 초점을 맞추고 있으며, 자연, 성·명, 인간, 윤리 등의 주제를 중심으로 이론적 구조를 밝히는 데 중점을 두고 있다. 이어서 후반부 6장부터 9장까지는 사단, 성·정, 몸, 도덕성 등의 문제를 중심으로 사상의학의 내적 구조에 관한 세부적 주제들을 다루고 있다. 이러한 구도에서 각 장들은 다음과 같은 내용으로 이루어져 있다.

이제마가 이해한 인간의 존재 구조를 탐색하기 위해 필자는 먼저 자연관을 2장의 논의 주제로 삼았다. 천(天) 또는 천지(天地)는 서양의 '자연' 개념과 유사한 유가의 '자연' 개념이다. 이들 개념은 대체로 인간과 만물을 포함하며, 만물을 생성 변화시키는 근원적인 것을 가리킨다. 물론 이들 개념은 이론적 전개에 따라 매우 다른 방식으로 구체화된다. 선진 유학의 경우 도덕을 강조하기 때문에 자연에 대한 언급이 거의 없다. 송대의 천 또는 천지 개념은 '형이상자'와 '형이하자'로 구분된다. 천은 우주를 주재하는 무형의 리법천(理法天)인 태극을 가리키므로 현상계를 초월해 있다면, 자연계와 인간계는 리기(理氣)가 공존하는 현상계에 속한다. 따라서 천과 자연은 동일한 개념은 아니지만 리태극은 형이상학적 본체이면서 현상계의 모든 존재에 두루 품부되어 그 본성을 이룬다. 그러므로 성리학에서 천, 자연, 인간은 별개의 존재가 아니라 서로 밀접한 유기적 관계 속에 있게 된다.

이제마는 천을 상제천, 천리, 천기(天機)라는 세 유형의 개념으로 사용하지만 자연관을 논의할 수 있는 것은 천기이다. 인간에게 성·명을 부여하는 천은 도덕의 근원인 상제천을 의미하고, 천리는 단지 자연의 이치를 의미하기 때문이다. 천기는 구조와 내용의 두 측면에서 논의된다. 먼저 천기는 독립된 개념이 아니라 사원 구조 틀 속의 한 개념으로 이해된다. 즉 천기는 인사와 대를 이루며, 천기와 인사의 내용도 각기 대를 이루는 것으로 설명되는데, 이것은 천기가 복합적 사원 구조 안에서 인사와 서로 대응하는 불가분의 관계 속에서 합일을 이루는 개념이라는 것을 의미한다. 그리고 천기의 내용은 인간과 만물이 존재하는 시·공간의 존재 방식을 의미한다. 따라서 천기는 초월적 개념이 아니라 인간이 지각할 수 있는 구체적인 개념이다.

이처럼 천기는 자연의 의미까지 담고 있다. 그러나 그것은 독립된 개별자가 아니라 사원 구조의 근간으로서 총체적 통일체로 이해되기 때문에 기계론적 자연 개념과는 구별된다. 이제마는 이러한 자연 개념을 바탕으로 천기를 말하고, 나아가 인간도 천기의 사원 구조 안에 있는 포괄적 존재로 포착하여 '사상인'으로 구분한다. 그러므로 이제마의 사상의학은 인간을 사원 구조 안에서 자연과 유기적인 관계를 유지하는 존재로 파악하며, 각기 다른 유형, 즉 사상인의 체질에 따라 자연의 변화에 적응해 가는 존재로 파악한다고 볼 수 있다. 이러한 의미에서 필자는 이제마의 자연관이 전통적인 유학과는 다른 관점에서 논의되어야 한다고 제안했다.

3장에서는 천기의 구조적 이해에 근거해서 이제마의 성명관을 검토했다. 인성은 공자의 '성상근설(性相近說)' 이후 다양한 시각에서 다루어져 왔다. 그러나 인성과 천명이 유학의 주요 주제로 논의된 것은 『중용』, 「천명지위성(天命之謂性)」 절의 성과 천명에 대한 송대 유학자들의 형이상학적 해석에 이르러서이다. 노장사상과 불교사상의 영향을 받은 북송의 유학자들은 『중용』의 천과 『주역』의 건도(乾道)를 우주(천)로, 성과 성·명을 성(性)으로 이해하는 우주론적 내지는 형이상학적 해석을 시도한다. 북송 이후 유학자들은 이에 대한 해석에 따라 학문적 입장을 달리하게 된다.

조선의 성리학자들은 이른바 사(四)·칠(七)논쟁이나 인물성동이논쟁 등을 통해 심성 문제에 깊은 관심을 보이지만 이들의 논의는 대체로 주회의 형이상학적 성명관에 바탕을 둔 것이다. 이러한 형이상학적 이해에 변화를 보인 것은 정약용의 성명관이다. 그는 인간을 형이상학적 성명관에 근거한 관념적 존재가 아니라 신형이 묘합된, 그래서 활동적이고 실천적인 존재로 파악한다. 이것은 물론 선진유학의 인간관에 뿌리를 두고 있지만 근본적으로는 인간을 이해하는 관점의 변화를 의미한다.

이제마는 성·명의 문제를 형이상학적 관점은 물론이요 정약용의 관점과도 다른 새로운 관점에서 접근한다. 구조와 기능, 자각과 실현의 측면에서 고찰한 이제마의 성·명은 몇 가지 특징을 갖고 있다. 먼저 이제마에게 성·명은 몸에 주어진 선천적인 능력일 뿐이며, 따라서 거기에 형이상학적 성격은 없다. 둘째, 성·명은 몸의 구조적 관계 속에서만 이해될 수 있다. 셋째, 성·명은 인간의 보편성으로 주어지지만 그것을 자각하고 실현하는 것은 체질에 따라 다를 수 있다. 넷째, 몸에는 스스로 판단하고 행동하는 자율적 능력이 주어져 있다. 다섯째, 몸 중심의 성·명 해석은 철저하게 임상 경험에 바탕을 둔 실증적 해석이다. 이제마의 이러한 해석은 형이상학적 관점에서 몸 중심적 관점으로의 선회로 특징지어질 수 있다. 형이상학적 틀을 벗어나 몸 중심적 해석을 시도한 것은 성·명 이해의 새로운 지평을 열어 놓은 것이다. 특히 그의 성·명 해석이 임상 경험에 바탕을 두고 있다는 사실을 고려하면 그것은 형이상학적 관점과 의학 또는 과학적 지식의 접목을 통해 인간을 종합적으로 해석하는 가능성을 제시한 것으로 평가할 수 있다.

4장에서는 이제마의 인간관을 유학적 인간관과 대비적으로 검토함으로써 그 독창성을 드러내었다. 공맹유학 시대는 인본주의적 인간관이 확립된 시기이다. 이 시기는 인간을 자연과 독립된, 금수와는 다른 도덕적 존재로 파악함으로써 천지인(天地人) 삼재(三才)를 통괄하는 주재자로 이해한다. 이후 공맹유학은 노·불의 영향을 받은 송대의 유학자들에 의해 철학적으로 재해석되었고, 주희에 이르러 이론적 의리지학으로 재구성된다. 주희는 인간을 포함한 모든 존재를 "기로써 형체를 이루고 또 리를 부여한다"는 이기이원론으로 해명한다. 그는 인간의 성은 천으로부터 부여받은 리(理)이기 때문에 성으로 주어진 리는 곧 천리와 하나라고 해석한다. 이러한 해석은 천리를 따르는 행위에서 도덕의 당위성을 찾는 반면, 기는 인간을 형성하는 조건이면서도 도덕 실현의 장애물이라는 인식으로 이어진다. 때문에 그는 도덕 실현의 방법으로 '천리의 보존과 사욕의 억제'를 제시한다. 이러한 도덕 실현의 방법은 인간성 실현을 인간의 의지보다는 우주론적 질서의 관점에서 찾으려는 이기론적 인간관을 드러낸 것이다.

이기론적 인간관을 벗어난 것은 정약용의 인간관이다. 그는 인성을 천리가 아니라 상제의 명으로 부여받은 마음의 기호로 해석한다. 그는 인간이란 신형(神形), 즉 정신과 육체가 묘합된 존재이므로 기호에는 육체적 기호[形軀]인 기질성과 정신적·윤리적 기호[靈知]인 도의성이 있다고 설명한다. 그리고 도의성과 기질성의 합일체가 인성이라고 하여, 이들을 이원적 요소가 아니라 인성의 양면성으로 이해한다. 맹자 이후 유가에서는 육체를 인간을 형성하는 요소로 인정하면서도 이원적 요소로 분리함으로써 정신 작용과는 무관한 것으로 인식했다. 그러나 정약용은 육체의 욕구를 삶을 추구하는 원동력이라는 긍정적 조건으로 이해한다. 육체를 인간성 형성의 핵심적 요소로 이해한 것은 성리학적 인간관의 틀을 벗어난 결과로 해석할 수 있다.

그러나 이제마는 정약용과는 또 다른 관점에서 인간을 설명한다. 이제마는 인성을 몸 안에 주어진 능력으로 해석함으로써 도덕 행위의 주체인 인간을 몸 중심의 관점에서 설명한다. 이것은 인간을 추상적인 형이상학적 세계가 아니라 현실적인 구조 안에서 스스로에게 부여된 성・명을 자각하고 실행하는 존재로 이해한 것이다. 또한 그는 인간을 네 가지 유형으로 분류하여 사람마다 몸 기능이 각기 다르다고 주장한다. 즉 호선오악의 성이나 희로애락의 정은 보편성으로 주어지지만 몸은 각자의 체질에 따라 다르게 나타나고 장부에도 다르게 작용한다는 것이다. 이것은 성・명과 성・정 같은 형이상학적 개념을 몸의 가능으로 끌어내림으로써 도덕 행위나 생명의 보존 여부를 자율성의 문제로 파악한 것이다. 이러한 시각에서 필자는 사상인을 유교사상의 전통 위에서 형성되었지만 과거와는 근본적으로 다른 관점에서 검토되어야 할 인간관으로 해명했다.

이러한 관점에서 5장에서는 전통적인 유교 윤리 이론과 대비되는 윤리관의 차이를 검토했다. 앞에서 보았듯이 주희는 우주의 생성과 인성의 문제를 이기이원론으로 해명했다. 그는 인성을 본연과 기질의 양면성으로 구분하고, 본연성에 따르는 마음을 '도심', 기질성에 따르는 마음을 '인심'으로 구별한다. 그리고 도덕 실현을 위해 순선한 본연성이 인의예지의 사덕으로 주어져 있음을 자각하는 한편, 기질의 욕구에 따르는 인심을 억제할 것을 권고한다. '거인욕 존천리(去人欲 尊天理)'는 주희의 윤리적 관점을 함축적으로 표현한 것이다. 그러나 정약용은 인간을 도의와 기질을 동시에 추구하는 갈등 구조 속의 존재로 파악한

다. 그리고 이러한 갈등은 자주지권(自主之權)으로 주어진 자율성에
의해 해소되어야 한다고 하여 선악 판단과 실현을 자율의 문제로 파악
한다. 따라서 억제의 대상으로 여겼던 인심의 욕구를 오히려 인간의
삶을 영위하는 긍정적 요소로 이해하고, 선악 판단은 욕구 자체가 아
니라 과욕을 절제하는 자율적 행위의 결과에서 찾아야 한다고 주장한
다. 인욕을 긍정하고 인간의 자율성과 책임을 분리시키는 정약용의 시
각은 인간 이해의 새로운 시도로 평가된다.

그러나 이제마는 몸 중심의 윤리관을 정립한다. 그는 도덕의 근거인
성·명을 천기와 인사의 구조적 관계로 설명함으로써 천인 관계를 천
(천리)이 아니라 인간이 존재하는 구체적 관계를 중심으로 해석한다.
특히 그는 임상 경험을 통해 몸에 생리적 기능과 함께 도덕 기능까지
있음을 발견하고, 몸 기능은 천기와 인사의 자각과 호선오악의 도덕
행위까지 담당한다고 주장한다. 물론 몸은 도덕적 욕구와 함께 비도덕
적 욕구도 있기 때문에 행위에 앞서 윤리적 존재로서의 자각이 선행되
어야 한다. 이러한 자각 역시 몸이 지닌 지행 능력의 실천 과정에서
이루어진다. 따라서 이제마는 몸을 주재하는 것은 마음이지만, 마음이
욕구를 직접적으로 절제하는 주재가 아니라 몸이 지니고 있는 도덕 실
현 능력을 주재하는 것으로 설명한다.

이처럼 이제마는 몸에 생리적 기능과 함께 도덕 행위 능력이 주어져
있음을 밝히고, 이를 바탕으로 몸이 보편적으로 지니고 있는 독자적 행
위 능력을 체계화한다. 그 결과 몸은 천부인성(天賦人性)의 구도를 벗어
나지 않으면서도 행위의 자율성을 확보하게 된다. 아직 과학적 검증의
과정이 남아 있기는 하지만, 지금까지 윤리 도덕 행위의 걸림돌이었던

몸을 오히려 도덕성의 중심에 세운 것은 인간에 대한 매우 독창적인 해석으로 평가될 수 있을 것이다.

6장에서는 사단(四端)에 대한 이제마의 논의를 주희와 정약용의 사상과 대비하여 검토했다. 맹자가 '사단설'을 통해 인간의 본성적 선을 주장한 이래로 사단은 곧 인간의 보편적 본성으로 인식되었다. 주희는 사단을 인간에게 주어진 천리로 해석하여 성리설의 관점에서 맹자를 계승한다. 주희는 천리로 주어진 인의예지의 성(性: 인의예지)은 잠재되어 있기 때문에 잘 드러나지 않지만 정(情: 측은, 수오, 사양, 시비)이 발할 때 비로소 그 모습을 드러낸다고 한다. 사단이 발동하기 전에는 마음의 움직임이 없지만 바깥 사물에 감촉함으로써 응한다는 논리다. 어린아이가 우물에 빠진 것을 보면 그 순간 측은한 마음이 생기는 것은 인(仁)의 리(理)가 응하기 때문이다. 따라서 그는 단(端)을 정이 발할 때 사덕이 드러나는 실마리[緒]로 해석함으로써 사덕은 인간에게 내재된 보편적 본성이라고 주장한다.

그러나 정약용은 맹자의 자주(自註)에 근거해서 단을 시작의 의미로 해석한다. 그리고 덕 개념 또한 선천적인 것이 아니라 인륜 관계의 결과에 따라 나타나는 어떤 것으로 해석한다. 공자가 '위인(爲仁)'이 자신에게 달려 있다고 한 것은 위(爲)의 자의(字意)가 힘써 행하거나 착수해서 결과를 도모한다는 말이다. 비록 성(性)이 본래 선을 좋아하는 것이라 하더라도, 선한 마음을 확충해야만 비로소 인의예지의 덕이라고 할 수 있다. 따라서 성 자체는 선이 아니기 때문에 덕이 선천적으로 구비되어 있다는 논리는 성립되지 않는다. 덕은 인륜 관계에서 선한 마음을 확충하는 행위를 통해서만 이루어지기 때문에 성은 하나의 가능태일 뿐이며, 완성된 덕으로서 존재하지 않는다는 주장이다.

이제마의 사상의학에서도 역시 사단은 의학 이론의 핵심을 이루고 있다. 다만 이제마는 사단을 도덕의 근거로 받아들이면서도 주희나 정약용과는 전혀 다른 시각에서 논의한다. 이제마는 인간이 심·신·사·물(心·身·事·物)의 유기적 관계 속에서 존재한다고 보며, 심신을 사물과 대응하는 주체로 파악한다. 심신사물에는 각기 사단심이 주어지는데, 심신사물에 주어진 사단의 선천적 능력이 타인과의 대응을 가능하게 한다는 것이다. 그런데 이 선천적 능력은 공·사(公·私)를 분별하여 욕구를 절제하는 자율 능력을 의미한다. 그러므로 욕구는 마음이 무엇인가를 추구하려는 성향일 뿐이며 불선과는 관계가 없다. 그는 불선이 욕구에서 생겨나는 것이 아니라 공·사를 분별하여 욕구를 절제하지 못하는 데에서, 즉 '자율 능력의 상실'에서 생겨난다고 본다. 이것은 도덕의 근거를 천리 내지 상제천의 의지가 아니라 사단심으로 주어진 인간의 자율 능력에서 찾은 것이다. 물론 이제마도 도덕성이 선천적으로 주어지는 것을 의심하지 않는다. 그러나 도덕성의 실현은 심신이 사물과 관계하는 과정에서 이루어지기 때문에 도덕 행위는 인간이 주도하는 것으로 인식한 것이다. 이제마는 이러한 인식을 근거로 선행의 기준을 천리나 상제의 명령으로부터 욕구의 공·사 분별이라는 실천적 차원으로 전환시키고 있다.

이제마의 사단에 대한 논의 방식은 성·정(性·情)의 문제에서도 동일하게 유지되고 있는데, 7장에서는 주로 성·정에 대한 이제마의 객관적 사고를 검토했다. 그는 인간을 천과의 합일을 지향하는 유기체적 존재로 보는데, 이것은 주객 미분의 유학적 세계관에 따른 것이다. 그러나 그는 성·정의 근간인 성·명과 관련해서 천리나 상제의 명령과 같은 형이상학적 해석을 따르지는 않는다. 대신에 그는 도덕성을 우리 몸의 기능과 활동을 통해 드러나는 실제적 현상으로 본다. 이러한 관점에서 그는 성·정을 인륜관계에서 생기는 희로애락의 감정으로 간주함으로써 천리와 같은 추상적 개념을 원천적으로 배제한다. 성은 공적 감정이, 정은 사적 감정이 발현된 것이라는 차이가 있지만, 성과 정은 다 같이 감정에 지나지 않는다. 물론 공적 감정은 몸에 혜각으로 주어진 도덕성이 발현된 것이기 때문에 호선오악의 성은 선천적인 것이다. 그러나 성은 추상적이고 객관적인 도덕 원리가 아니라 단지 천기와 인사를 살피는 일상에서 몸이 호선오악하는 감정으로 드러나는 도덕성일 뿐이다.

이제마는 사람마다 성·정이 다르게 발현되는 것은 몸 기능의 차이 때문이라는 사실을 발견한다. 그러나 도덕성의 실현은 희로애락의 중절이 관건이기 때문에 몸 기능의 차이 또는 성인과 범인의 차이와 무관하다고 본다. 몸의 기는 항상 음양 대대의 관계에서 순역의 방향으로 운동한다. 만일 역동하여 중절하지 못하면 장부가 손상을 입게 되는 것은 물론이요, 도덕성의 실현도 어렵게 된다. 이러한 관점에서 그는 도덕성의 실현 방법으로 욕심을 명변하고 사장(四臟)의 기(氣)를 확충하여 감정을 중절시키는 자율적 노력을 요청한다.

이처럼 이제마는 성을 몸의 기능과 활동으로 설명하고 있으며, 따라서 어떤 형이상학적 해석도 받아들이지 않는다. 그러나 그가 "마음이 몸을 주재한다"는 기본적 관점까지 부정한 것은 아니다. 그는 단지 천리와 같은 객관적 도덕 원리의 존재를 부정하고, 몸을 인식하는 태도의 변화를 촉구한 것이다. 즉 몸은 단순히 인간을 형성하는 질료적 요소를 넘어 도덕 행위의 주체라는 사실을 밝히려고 한 것이다.

8장에서는 몸에 대한 이제마의 구체적인 논의를 검토했다. 맹자가 마음을 사유 기관으로 설명한 이래로 유학에서의 모든 논의는 마음을 중심으로 전개된다. 정이천은 '마음이 몸의 주인'이라고 하여 마음의 주재 능력을 인정했으며, 이를 계승한 주희 역시 마음은 몸을 주재하지만 몸은 사유 능력이 없는 외물 같은 것으로 인식했다. 이것은 도덕규범으로 제시한 천리가 사유에 의해서만 인식 가능하다고 보기 때문이다. 따라서 몸은 사유를 가로막는 장애물로서 도덕규범을 자각하기에 부적절한 것으로 간주된다.

이러한 마음의 우선성을 중심으로 이어지는 유학적 전통 속에서 몸 기능에 대한 실증적 이해를 처음 시도한 사람은 정약용이라고 할 수 있다. 그는 몸과 마음의 기능을 분석함으로써 그것들이 묘합되어 있음을 드러내고, 마음의 기능은 사유하는 것이지만 사유 작용은 감각기관인 몸의 기능에 의존한다고 주장한다. 그러나 그 역시 '대체를 따르는 것은 마음'이라고 하여 몸 기능은 사고의 영역과 무관하다고 보고, 인간을 도심(道心)의 기호로 주어진 성을 따라야만 하는 존재로 파악한다. 여기에서 도심을 따른다는 것은 천명의 주재를 벗어날 수 없는 제한된 행위를 행한다는 것을 의미한다. 물론 인간에게는 선악을 스스로 선택하여 따를 수 있는 자주권이 주어진다고 하지만 그것은 천명에 따르는 제한된 자율권이다. 심신은 묘합되어 있지만, 성을 부여하는 천명은 초월적이기 때문에 몸의 기능은 여전히 천명을 인식하는 데 부적절한 것으로 생각한 것이다.

그러나 이제마는 마음 중심의 도덕적 탐구 방식을 넘어 몸 중심의 도덕적 탐구로 전환한다. 먼저 그는 도덕성의 근원인 성·명을 몸에 혜각과 자업으로 주어진 행위 능력으로 이해한다. 인간의 존재 근거인 천기와 인사를 살피거나 사람들의 비도덕적 행위를 분별하여 도덕을 실현하는 것은 몸에 주어진 혜각과 자업의 능력이라고 주장한다. 물론 이 능력은 마음의 기능을 배제한 몸 기능만을 의미하지는 않는다. 마음과 몸은 어느 한쪽이 아니라 각기 기능함으로써 사물에 응한다고 보기 때문이다. 그는 이러한 마음과 몸의 관계를 사물의 종시와 본말을 헤아리는 대대관계로 설명한다.

그런데 이제마는 몸 기능을 주재하는 것은 마음이라고 한다. 희로애락의 감정이 역동하거나 편급하면 도덕 행위는 물론이요, 장기까지 손상을 입는다. 따라서 마음은 몸에 역동의 감정이 일어나지 않도록 중절의 노력을 하게 한다. 그러나 마음의 주재에도 불구하고 인간은 감정에 치우치기 쉽기 때문에 성인도 중절을 어렵게 여긴다. 따라서 도덕성의 실현은 중절하는 자율적인 노력에 달려 있을 뿐이며, 마음의 주재 기능과는 관계가 없다고 한다.

이제마가 몸 기능을 이처럼 도덕 행위의 중심으로 보는 핵심적 근거는 임상 경험을 통해 희로애락의 편착이 발병의 원인이라는 사실을 발견한 데 있다. 이것은 몸의 생리적 기능과 함께 몸에 내재한 도덕적 기능을 발견하고 체계화한 것이다. 그 결과 그는 몸이 마음의 주재를 받는다는 사실을 인정하면서도 몸이 도덕 기능을 수행하는 주체라는 주장에 이르게 된다. 이제마의 이러한 몸 이해는 단순히 몸 기능을 새롭게 발견했다는 점에 그치지 않고 인간의 본성을 이해하는 새로운 길을 열었다는 점에서 그 중요성이 재조명될 수 있을 것이다.

마지막 장에서는 이제마의 철학적 사유의 독창성을 가장 선명하게 드러내고 있는 도덕성 이론을 탐색했다. 도덕성은 우리의 행위에 규범적 강제성을 부여하고, 우리의 실천적 삶을 지배한다는 점에서 유학에서는 현실적인 문제는 물론 도덕성의 원천을 논의의 핵심 주제로 삼았다. 사실 공·맹은 도덕성에 대한 성찰과 실현을 강조했지만 이들의 논의는 도덕성의 원천에 대한 규명보다는 그것의 현실적인 실천 방법이나 구체적 덕목들에 초점을 맞추고 있다. 그렇다 하더라도 이들은 인간이 갖고 있는 도덕 실현의 능력이나 과정을 섬세하게 논의한 것은 아니다. 다만 맹자는 도덕 실현은 정신의 기능이며, 육체는 도덕의 실현을 방해하는 것으로 간주했다.

도덕성이 인간에게 부여되는 과정과 그것을 당위성으로 받아들이고 실현하는 과정을 소상하게 논의하기 시작한 것은 송대의 성리학이다. 이들은 리와 기를 우주를 구성하는 보편적 원리로 제시하고, 도덕성의 본성 또한 이러한 구도 안에서 해명한다. 성리학을 집대성한 주희는 만물생성에 관해, 하늘이 기로 형체를 이루는 동시에 리를 부여하는 것으로 설명한다. 주희는 인간에게 부여된 리로 인해 도덕성이 갖추어진다고 주장함으로써 만물 생성의 리가 동시에 도덕 원리로 작용한다는 점을 분명히 한다. 그리고 도덕성을 본연성과 기질성으로 구분하고, 본연성을 따르는 것이 도덕 행위의 척도가 된다고 보았다. 반면, 기질성에 따르는 욕구를 도덕 실현을 가로막는 부정적 요소로 인식한다. 따라서 그는 '천리를 보존하고 인욕을 억제하는 것'을 도덕 실현의 방법으로 제시한다.

정약용은 성기호설을 통해 도덕성에 관한 이기론적 해명을 벗어난다. 그는 도덕성의 원천을 상제천이 인간에게 부여한 영명성으로 이해하고, 성을 마음의 기호로 이해한다. 그런데 그는 인간을 몸과 마음이 묘합된 존재로 보고, 인성 또한 도의성과 기질성을 지닌 양면적 합일체로 본다. 또한 그는 도덕성의 실현을 인간의 자율성의 문제로 인식함으로써 욕구에 대한 인식의 전환을 시도한다. 즉 도덕성은 그 자체로 선도 악도 아니기 때문에 도덕성 실현 또한 도덕을 스스로 판단하고 실현하는 자율의 문제로 인식한다. 그러나 그에게는 인간에게 영명성을 부여한 '상제'가 인간의 도덕 행위를 주재할 것이라는 믿음이 여전히 남아 있다. 따라서 그의 도덕성 해명은 천명에 의존하고 있다는 점에서 형이상학적 사변성을 완전히 벗어나지는 못하고 있다.

그러나 이제마는 천리나 천명과 같은 형이상학적 구도를 근원적으로 거부하고 몸 기능을 중심으로 도덕성의 본성을 새롭게 해명한다. 그는 인간은 천기와 인사의 대대관계 구조 안에 존재하며, 몸에 주어진 혜각과 자업의 지각 능력과 행위 능력에 따라 행동한다는 것을 발견한다. 이러한 관점에서 이제마는 도덕성의 원천을 인륜 관계를 유지하는 공공성에서 찾는다. 도덕성을 인간에게 주어진 완성태가 아니라 공적 사고를 통해 이루어지는 가능태로 이해한 것이다. 따라서 그는 도덕성을 경험에서 생기는 도덕 감정으로 설명한다. 즉 도덕적 시비를 가리는 공적 사고는 호연의 리와 기의 작용으로 이루어지며, 호연의 리와 기는 욕심을 명변하고 사장(四臟)의 기를 확충하는 심신의 작용 과정에서 생긴다는 것이다. 도덕성이 이처럼 심신의 작용 과정을 거쳐 생겨난다는 것은 '경험'이 곧 도덕성의 원천이라는 것을 의미한다.

이제마가 도덕성의 발현에 대해 도덕 감정 이상의 의미를 부여하지 않는 것도 같은 맥락에서 해석된다. 그는 성·정의 발현을 희로애락의 감정으로 설명하지만, 도덕 감정인 성의 발현에 초월적 의미를 부여하지는 않는다. 도덕성의 실현은 오직 성·정의 역동을 순동하게 하는 데 있다고 보기 때문이다. 따라서 수신의 방법 역시 기의 편급을 중절하는 실증적 방식을 취한다. 이제마가 이처럼 도덕 실현의 방식으로 경험을 토대로 한 구체적 실증적 방식을 제시함으로써 '천리의 보존'이라는 사변적 방식을 근원적으로 벗어나고 있다. 몸 기능의 재발견과 함께 경험을 근거로 전개되는 이제마의 철학은 도덕성의 본성과 실현에 관해 전적으로 새로운 해명을 제시하고 있다.

이 책을 관통하는 필자의 일관된 논지는 '몸 중심의 인간 이해'가 이제마 철학의 바탕을 이루는 핵심적 단초라는 것이다. 이러한 관점에서 필자는 사상의학에 대한 오행 중심의 탐구 방식이 이제마 철학의 본령을 벗어나는, 부적절하면서도 불필요한 시도라고 본다. 즉 이제마의 철학은 오행론이라는 사변적 이론에 근거하고 있지 않으며, 또한 그러한 해석을 요구하지도 않는다는 것이다. 몸 중심의 인간 이해가 사상의학 이론의 핵심이라는 필자의 믿음은 오늘날 급속히 성장하는 인지과학이나 유전공학과 같은 다양한 경험과학적 탐구를 통해 그 설득력을 검증받게 될 것이다. 요컨대 몸 중심의 인간 이해는 오늘날 경험적 지식의 탐구 성과와 훨씬 더 적절한 방식으로 융합될 수 있을 것이다. 나아가 그것은 이제마 철학의 본질을 규명하는 방법으로 제시된 오행 중심의 사변적 해석을 넘어섬으로써 사상의학 이론에 대한 실제적 연구와 해명의 새로운 가능성을 열어줄 것이다.

제2장
사원구조적 자연관

　이제마는 우리에게 유학자보다는 사상의학자(四象醫學者)로 더 잘 알려져 있다. 사상의학은 그 개념에서도 알 수 있듯이 중국이나 한국의 전통의학과는 다른 독창적인 학설이다. 사상의학의 구체적 내용은 마땅히 전통의학의 입장에서 밝혀나가야 하겠지만, 사상의학의 사상적 특성은 유학의 테두리 안에서 밝혀져야 한다. 왜냐하면 사상의학의 이론적 골간은 유학에 바탕을 두고 있기 때문이다.

　사상의학은 간단히 말하면 사람의 체질과 장부의 허실에 따른 병리를 설명한 학설이다. 다시 말하면 사람은 각기 타고난 체질이 다르기 때문에 같은 병이라도 체질에 따라 그 처방이 달라져야 한다는 이론이다. 이러한 사상의학이 세상에 선을 보인 것은 이미 1세기가 지난 일이다.[1] 이 사상의학이 아직까지도 다분히 신비주의적 베일에 싸여 가

---

1) 『東醫壽世保元』은 1894년에 완성되었고, 1901년에 초간되었다.

설의 범주를 벗어나지 못하고 있는 것이 사실이지만 이제 유전공학의 발달로 인해 사상의학의 과학성이 입증될 날도 멀지 않은 것으로 보인다. 인간 게놈 프로젝트(Human Genome Project, HGP)가 완성되어 생명공학의 새 장이 예고됨에 따라, 그 긍정적 또는 부정적 가치에 관계없이 각 개인마다 독특하게 갖고 있는 유전자에 맞는 처방이 가능하게 되었기 때문이다.[2]

이제마의 사상의학은 전통 의학이론과 마찬가지로 인체를 연구 대상으로 한다. 그러나 이제마는 인체를 단지 독립된 개체로서가 아니라 유기체적 관계 속에서 이해한다. 물론 오행설을 중심으로 하는 전통의학에서도 인간을 이러한 입장에서 이해하고 있다. 그러나 특히 이제마는 인간을 천·인·성·명(天·人·性·命)의 사원구조(四元構造)라는 틀 속에서 유기체적 존재로 이해한다는 데에 그 독창적인 면이 있다. 사상의학의 이해가 간단치 않은 이유가 바로 여기에 있다.

이제마의 사상의학은 유학을 바탕으로 출발했으면서도 그 전개되는 내용에 있어서는 전통적인 유학사상의 방식을 크게 벗어나 있다. 이 장에서는 이러한 사상의학의 바탕을 이루고 있는 이제마의 자연관을 고찰하고자 한다. 그의 자연관 속에는 사상의학의 기저를 이해할 수 있는 주요한 골격이 갖추어져 있기 때문이다.

---

2) 김상득, 「유전공학과 윤리학: 인간게놈프로젝트(HGP)」, 『생명과학·유전공학의 윤리적 문제』, 전남대학교 법률행정연구소 학술회의 발표문(2000.7), 1~3쪽 참조.

1. 자연의 개념

이제마가 생각하는 자연은 오늘날 우리가 일상적으로 사용하고 있는 '자연(nature)'이라는 용어와는 그 의미가 근본적으로 다르다. 따라서 이제마의 자연관을 고찰하기 위해 먼저 자연에 대한 개념을 간단히 정리할 필요가 있다.

오늘날 우리가 말하는 '자연'이라는 용어는 일반적으로 천지만물을 포함한 자연환경 혹은 우주 전체를 가리킨다.[3] 물론 이러한 자연 개념은 서양에서 유래한 것이다. 따라서 우리가 사용하는 자연과 이제마가 말하는 자연과는 근본적으로 차이가 있을 것으로 예상된다. 이제 자연 개념을 분명히 정리하기 위해 서양에서 유래한 자연 개념은 어떤 의미를 담고 있는지를 먼저 간략히 살펴본 다음 이제마의 자연관을 살펴보고자 한다.

서양에서 말하는 자연은 대체로 천지만물을 포함한 자연환경 혹은 우주 전체를 가리킨다. 그리고 이러한 자연을 보는 관점은 아리스토텔레스 이후 다양한 형태로 전개되었지만 그것은 대체로 목적론과 기계론적 관점으로 대별된다. 목적론에서는 자연의 근저에 생명체가 있으며, 모든 변화는 생명의 활동으로 나타난다고 본다. 그러나 기계론에서는 자연의 근저에는 오직 물체가 있을 뿐이고, 모든 변화는 물체의 인과운동이라고 본다. 따라서 기계론의 입장에서 보면 자연에는 목적이 존재하지 않는다.[4]

---

3) 김병환, 「『주역』의 자연 생명사상」, 『범한철학』 제20집(1999, 가을), 8쪽.
4) 송영배 외, 『인간과 자연』(서울: 철학과 현실사, 1998), 150쪽.

그런데 특히 근대 서양인들은 자연을 기계론적으로 해석함으로써 자연은 물론 인간까지도 단지 기계로서 생명이 없는, 물질적으로 객관화된 대상으로 인식한다. 그러기 때문에 그들은 모든 존재가 인과적 법칙에 의해 움직인다고 생각한다. 그 결과 그들은 자연의 인과적 법칙의 원인을 파악할 수 있다면 자연도 정복하고 또 이용하는 것이 가능한 일이라고 생각하게 되었다. 따라서 서양의 이러한 기계론적 자연관은 어쩌면 오늘날 인류가 직면하고 있는 자연파괴 문제를 본질적으로 안고 있었다고 해야 할지도 모른다.[5] 어떻든 서양 근대 이후에 사용된 자연 개념은 물질적인 것으로서 객관화된 대상으로 파악된다.

이러한 서양의 자연 개념과는 달리 동양 특히 유가에서의 자연 개념은 어떻게 쓰이고 있으며 또 이제마의 자연 개념은 어떤 것인가? 동양에 있어서 자연 개념은 본래 도가에서 쓰이기 시작한 것이지만 자연이라는 용어는 선진시대 유가 문헌에서도 등장한다. 그러나 이들 자연 개념의 의미는 문자 그대로 '스스로 그러하다'는 뜻에 불과하다.[6] 따라서 용어의 의미로만 본다면 유가에서의 자연은 현대적 의미의 자연 개념과는 근본적으로 다른 것이다.

유가에는 현대적 자연 개념과 유사한 개념으로 '천(天)' 또는 '천지(天地)'라는 용어가 쓰이고 있다. 이 개념들은 대체로 인간과 만물을 포함하며, 또한 만물을 생성하고 변화시키는 근원적인 것으로 파악된다. 이것이 이른바 생생불식(生生不息)의 이치이다.[7] 그러나 천 또는

---

5) 같은 책, 155~156쪽.
6) 김병환, 「『주역』의 자연 생명사상」, 6~7쪽.
7) 정병석, 「천생인성(天生人成)의 구조로 본 순자의 자연관」, 계명대학교 철학연구소 편, 『인간과 자연』(서울: 서광사, 1995), 16쪽.

천지 개념은 어느 시대나 똑같은 의미로 사용된 것은 아니며, 학문적
입장에 따라 천 개념의 내용은 상당한 차이를 보인다. 선진 유학의 경
우 인간의 도덕적인 삶을 강조하기 때문에 자연과 같은 인간 이외의
문제에는 언급이 거의 없다. 따라서 선진유가의 경전에 '천하(天下)'
개념은 자주 등장하지만 그것은 우주자연이나 동식물계, 그리고 인간
계를 포괄하는 일관된 개념으로 볼 수 없다.[8]

그런데 송대에 이르면 이러한 천하 개념은 천지 개념으로 확장된다.
천지는 다시 형이상자와 형이하자로 구분되는데, 천이 형이상자라면
만물을 포함하는 자연계와 인간계는 형이하자라고 할 수 있다. 천은
천지를 주재하는 무형의 이법천(理法天)인 리태극(理太極)을 가리키므
로 현상계를 초월하여 있다면, 자연계와 인간계는 리기(理氣)가 공존하
는 현상세계에 속한다. 따라서 천과 자연은 동일한 개념이 아니다. 그
러나 리태극은 형이상학적인 본체이면서도 현상계의 모든 존재에 두
루 품부되어 그 본성을 이루게 된다. 달리 말하면 천, 자연, 인간은 형
이상자와 형이하자로 구별되면서도 동시에 천리에 의해 상호 밀접하
게 연결되어 있다는 것이다.[9] 그러므로 성리학에서 천, 자연, 인간은
각각 별개로 존재하는 것이 아니라 서로 밀접한 유기적 관계 속에 있
는 것으로 파악된다.

그러나 이러한 성리학적 자연 개념은 조선조 후기 정약용에 의해 큰
변화를 맞게 된다. 정약용은 리태극의 존재 자체를 부정하기 때문에
자연을 이해하는 그의 입장은 자연계와 인간계를 일관해서 보려는 성
리학과는 다르다. 정약용이 인식한 천은 상제천(上帝天)이며, 이 상제

---

8) 송영배 외, 『인간과 자연』, 156쪽.
9) 같은 책, 157쪽.

천의 명에 의해 인간에게 성(性)이 부여된다. 이 성은 본래 구비된 리(理)가 아니라 마음의 기호(嗜好)이다. 그런데 인간이란 신형(神形)이 묘합된 존재이기 때문에 형구(形軀)와 영지(靈知)의 기호를 함께 갖지만 인간이 선을 좋아하고 악을 미워하는 것은(好善惡惡) 도의성(道義之性)인 영지의 기호가 있기 때문에 가능한 것이다. 그래서 그는 천의 영명(靈明)함이 인심에 직통(直通)한다고 하여 성선(性善)의 근거를 영명주재(靈明主宰)의 천에 둔다.[10] 즉 정약용은 인간이란 육체와 정신을 함께 지니지만 인간의 고유성은 정신에 있기 때문에 초월적인 의지와 능력을 지닌 도덕적 존재로서의 인간에 주목한 것이다. 인간의 욕구는 인간계와 자연계를 일관하는 보편적인 것이기는 하지만 인간의 보편성은 육체적 욕구가 아니라 영지의 기호에 있다. 따라서 초월적인 영명주재의 상제천은 오직 인간에게만 의미를 가지며, 자연계와는 관련이 없다. 그러므로 정약용에게 있어서 자연계는 인간과 구별되어 하나의 원리로 설명할 수 없으므로 유기체적 자연관이라고 보기는 어렵다.

그러면 이제마는 자연을 어떻게 이해하고 있는가? 이제마 역시 다른 유학자들과 마찬가지로 자연이라는 용어는 쓰고 있지만 '스스로 그러하다'는 의미 이상을 담고 있지 않다. 따라서 그의 자연 개념은 성리학이나 다산학에서와 마찬가지로 천 개념에서 그의 자연관을 찾아야 한다. 그리고 그의 천 개념을 밝히기 위해서는 먼저 그의 사상 속에 담겨 있는 사원구조적 세계관을 살펴야 할 것이다. 왜냐하면 그의 자연 개념으로서의 천은 사원구조 속에서만 이해가 가능하기 때문이다.

---

10) 졸고, 『茶山의 性嗜好說的 人間理解에 관한 硏究』(충남대학교 대학원 박사학위 논문, 1999), 51쪽.

2. 사원구조적 세계관

이미 잘 알려진 바와 같이 이제마가 말하는 사상은『주역』「계사전」 "양의가 사상을 낳는다(兩儀生四象)"에서 유래한 개념이다.[11] 그런데 설괘(說卦)에서 물상(物象)이 팔괘(八卦)에서 이루어진 것이지만 문왕팔괘도(文王八卦圖)와 복희팔괘도(伏羲八卦圖)의 방위가 팔괘로 설정된 것을 보면 역리(易理)는 음양론적 팔괘설이다.[12] 그래서 사상은 종래의 유학자들에게 음양에서 팔괘로 분화해 가는 중간에 위치한 개념 정도로 이해되었을 뿐 별다른 관심을 끌지 못했다. 그러나 이제마는 오히려 이 사상을 자신의 의학에 도입하여 사상의학 이론의 중심개념으로 다루었으며 팔괘 이하에 대해서는 아무런 관심을 보이지 않는다.[13] 이 점이 전통적인 역리와 구별되는 이제마 사상설의 가장 큰 특징이라 할 수 있다.

이제마는 이 사상을 토대로 인간을 사상인(四象人), 즉 태양인(太陽人) 태음인(太陰人) 소양인(少陽人) 소음인(少陰人)이라는 네 가지 체형으로 분류하여 이해한다. 물론 이 사상은 음양 양의의 분화에 따른 사상이므로 사상인은 음양론적 사상인을 의미한다. 그런데 이제마는 왜 인간을 파악함에 있어서 음양론을 바탕으로 하면서도 특히 사상을 부각시켜 인간을 네 가지 체형으로 분류하여 이해하려고 하는 것일까? 여기에는 이제마가 인간을 포함한 모든 사물을 인식하는 구조적 원리

---

11)『周易』「繫辭傳」上 11장.
12) 이을호,「李東武 四象說 論考」,『철학연구』제7집(1972), 3쪽.
13) 같은 곳.

가 숨겨져 있음에 유의할 필요가 있다.

이제마가 사물을 인식하는 구조는 크게 인간과 인간을 둘러싸고 있는 세계로 나누어 볼 수 있다. 먼저 이제마는 인체를 이목비구(耳目鼻口)와 폐비간신(肺脾肝腎)으로 나누어 설명한다.[14) 이목비구는 밖으로 표출된 감각기관의 사상이요, 폐비간신은 체내에 내재한 장부의 사상이다. 또 그는 인체의 전후면 부위를 함억제복(頷臆臍腹)과 두견요둔(頭肩腰臀)의 사상으로 나누어 설명한다.[15) 즉 인체의 부위를 각기 사원으로 구조화하여 이해한 것이다. 이를 전체적으로 보면 이제마는 인체를 복합적인 사원구조의 형식으로 설명하고 있음을 발견할 수 있다. 아래의 표에서 보는 바와 같이 인체의 각 부위는 상하 좌우로 다 같이 사원구조를 형성하고 있다.

〈표 1〉[16)

```
耳 ─ 肺 ─ 頷 ─ 頭
│     │     │     │
目 ─ 脾 ─ 臆 ─ 肩
│     │     │     │
鼻 ─ 肝 ─ 臍 ─ 腰
│     │     │     │
口 ─ 腎 ─ 腹 ─ 臀
```

---

14) 李濟馬(金容俊 編輯), 『東醫壽世保元』(서울: 박문서관, 1921), 1쪽: 耳廳天時 目視世會 鼻嗅人倫 口味地方 … 肺達事務 脾合交遇 肝立黨與 腎定居處(이하 『보원』으로 약함).

15) 같은 곳: 頷有籌策 臆有經綸 臍有行檢 腹有度量 … 頭有識見 肩有威儀腰有材幹 臀有方略.

16) 이을호, 「李東武 四象說 論考」, 4쪽.

그러나 이제마는 인간을 단순히 이러한 복합적 사원구조로 이해하
는 데 그치지 않는다. 왜냐하면 인간이란 인간을 둘러싸고 있는 또 하
나의 사원구조 안에 존재하는 것으로 파악하기 때문이다. 그는 이러한
관계를 다음과 같이 말한다.

> 대동(大同)하는 자는 천(天)이요, 각립(各立)하는 자는 인(人)이요,
> 박통(博通)하는 자는 성(性)이요, 독행(獨行)하는 자는 명(命)이다.[17]

천, 인, 성, 명과 대동, 각립, 박통, 독행은 각기 사원구조를 이루고
있으면서도 천과 인, 성과 명 그리고 대동과 각립, 박통과 독행이 각
기 대를 이루고 있다. 그러나 이들은 상반된 대립이 아니라 합일적 대
대관계임에 유의할 필요가 있다. 왜냐하면 이제마는 이들을 사원구조
의 틀 속에서 이해하면서도 합일적 관계로 존재한다고 파악하고 있기
때문이다.[18] 이제마는 또 천과 인의 관계를 다음과 같이 말한다.

> 천기에는 네 가지가 있으니, 첫째는 지방이요, 둘째는 인륜이요,
> 셋째는 세회요, 넷째는 천시니라. 인사에는 네 가지가 있으니, 첫째는
> 거처요, 둘째는 당여요, 셋째는 교우요, 넷째는 사무니라.[19]

여기에서 천과 인은 천기와 인사로 대를 이루고 있다. 그리고 천기

---

17) 『보원』 2쪽: 大同者天也 各立者人也 博通者性也 獨行者命也.
18) 이을호, 「사상의학의 철학적 배경」, 『李乙浩全書』, 7권(서울: 예문서원, 2000),
    543쪽 참조.
19) 『보원』 1쪽: 天機有四 一日地方 二日人倫 三日世會 四日天時 人事有四 一日居
    處 二日黨與 三日交遇 四日事務.

와 인사는 각기 지방 대 거처, 인륜 대 당여, 세회 대 교우, 천시 대 사무로 대를 이룬다. 그런데 이들의 관계를 구체적으로 살펴보면 거처 는 지방 안에서의 거처이며, 또한 당여는 인륜 안에서, 교우는 세회 안 에서, 사무는 천시 안에서의 사무이다. 마찬가지로 각립자로서의 인사 는 대동자로서의 천기 안에서의 인사인 것이다.[20] 따라서 이제마는 천 기와 인사의 관계, 곧 천과 인이 불가분의 관계로 존재하며 합일된 자 로 이해하고 있음을 알 수 있다.

천기의 천은 '대자연의 이법'으로 간주되고 기는 천지의 기틀 내지 는 기밀(機密)이지만,[21] 그 구체적인 내용은 지방 인륜 세회 천시의 사 상을 가리킨다. 그리고 인사는 일용상행(日用常行)의 도 곧 일상적 인 간사를 말하며, 그 구체적 내용은 거처, 당여, 교우, 사무의 사상을 가 리킨다. 이들의 내용을 서로 비교해 보면 천기나 인사는 외형상 모두 사원구조를 이루고 있다는 점에서 같다. 그러나 인사는 일상적 인간사 로서 독존(獨存) 독행(獨行)한다는 점에서 천기의 대동과 다르다.[22] 그 런데 천기는 인사와 단순히 대립적 사원구조를 형성하는 데 그치지 않 는다. 이제마는 이들이 서로 밀접한 관계에 놓여 있음을 다음과 같이 설명한다.

> 귀는 천시를 듣고 눈은 세회를 보며, 코는 인륜을 맡고 입은 지방
> 을 맛본다. … 폐는 사무에 통달하고 비는 교우를 정합(整合)하며 간
> 은 당여를 정립(定立)하고 신은 거처를 안정(安定)케 한다.[23]

---

20) 이을호, 「사상의학의 철학적 배경」, 543쪽 참조.
21) 李濟馬(洪淳用・李乙浩 譯述), 『四象醫學原論』(서울: 수문사, 1973), 5쪽 참조.
22) 이을호, 「사상의학의 철학적 배경」, 543쪽 참조.

이목비구와 폐비간신은 각기 인간의 감각기관과 장부기관으로서의 사상이다. 그런데 이제마는 이들은 단순히 인체 내외의 사원구조적 기관이 아니라 천기와 내외 또는 표리의 관계에 있다고 본다. 이처럼 인체의 기관이 천기와 구조적 내외 관계에 놓여 있다고 한 것은 곧 인간의 생리활동은 천기 안에서 이루어진다는 것을 의미한다.[24] 천기와 인사의 표리 관계는 그의 성명론에 있어서도 그대로 이어진다.

> 하늘이 만민을 내실 때에 성(性)은 혜각으로서 마련해 주었으며 … 인의예지 충효우제 등 모든 선행은 다 혜각에서 나왔다.

> 하늘이 만민을 내실 때에 명(命)은 자업으로서 마련해 주었으며 … 사농공상 전택방국(田宅邦國)의 모든 이용은 다 자업에서 나왔다.[25]

인간의 성과 명은 하늘이 인간에게 혜각과 자업으로서 준 것이다. 따라서 혜각은 곧 성이요, 자업은 곧 명이다. 그런데 이제마는 이 혜각과 자업의 내용을 또 인체의 사원적 구조와 결부시킨다. 함, 억, 제, 복은 그 지를 행하고, 두, 견, 요, 둔은 그 행을 행하는데,[26] 그 함에는 주책이 있고, 억에는 경륜이 있으며, 제에는 행검이 있고, 복에는 도량이 있으며, 또 두에는 식견이 있고, 견에는 위의가 있으며, 요에는 재

---

23) 주) 14 참조.

24) 이을호, 「사상의학의 철학적 배경」, 543쪽 참조.

25) 『보원』 5쪽: 天生萬民 性以慧覺 萬民之生也 有慧覺則生 無慧覺則死 慧覺者 德之所有生也. 天生萬民 命以資業 萬民之生也 有資業則生 無資業則死 資業者 道之所有生也.

26) 같은 책, 2쪽: 頷臆臍腹 行其知也 頭肩腰臀 行其行也.

간이 있고, 둔에는 방략이 있다.[27] 달리 말하면 인간의 주책, 경륜, 행
검, 도량은 곧 박통자로서의 혜각이요, 성이요, 지인 것이며, 식견 위의
재간 방략은 곧 독행자로서의 자업이요, 명이며 행인 것이다.[28] 그러
기 때문에 이제마는 "지행이 쌓이면 그것이 바로 도덕이요, 도덕이 이
루어지면 그것이 바로 인성(仁聖)이므로 도덕이 다름아니라 지행이요
성명이 다름아니라 지행이라"[29]고 하여 성명을 지행과 분리시켜 생각
하지 않는다. 인간에게 주어진 성·명의 구체적인 모습은 주책, 경륜,
행검, 도량과 식견 위의 재간 방략으로 나타난다. 이제마는 이처럼 사
원구조 안에서 성명을 이해하고 있기 때문에 인간의 선행이나 이용이
모두 인간의 구체적 행위이지만 이들은 모두 천기 안에서 이루어진다
고 한 것이다.

　이상과 같이 이제마가 말한 천기는 사원 구조의 틀 안에서 이해된
다. 그리고 인간에 대한 이해도 결국 이 천기의 사원구조 안에서 이루
어진다. 천기를 인간을 이해하는 구조와 결부시켜 그려보면 <표 2>
와 같다.

　이 표에서 눈여겨보아야 할 것은 두 가지이다. 하나는 천과 인을 사
원구조라는 구조적 틀 안에서 이해한다는 점이요, 또 하나는 천과 인
을 사원구조 속에서 상호 상응하는 관계로 파악한다는 점이다. 이것은
이제마가 인간이란 천과 구조적 관계 속에서 존재한다고 파악했음을
말하는 것이다. 따라서 그는 인간을 언제나 천과 인을 따로 떼어 별개

---

27) 주) 15 참조.
28) 이을호, 「사상의학의 철학적 배경」, 546쪽 참조.
29) 『보원』, 6쪽: 知行 積則道德也 道德成則仁聖也 道德 非他知行 性命 非他知
　　行也.

〈표 2〉30)

의 존재로 이해하지 않는다. 그가 인간의 지와 행을 천과의 관계 속에서 설명한 것도 곧 이러한 사원구조의 상응 관계에 바탕을 두었기 때문이다.

이제마가 이처럼 천과 인을 사원구조의 관계 속에서 파악한 것은 매우 독창적인 것이라 할 수 있다. 원시유학 이후 다소의 차이가 있기는 하지만 유학에서는 천과 인을 합일적 관계 속에서 파악한 것이 일반적이다. 그러나 이제마는 유학의 천인관계에 바탕을 두면서도 천을 사원구조의 틀 안에서 이해함으로써 유학의 관점을 완전히 벗어나 있다. 따라서 사원구조의 관계 속에서 파악되는 이제마의 천은 천인 관계를 새롭게 정립하는 전기를 마련한 것이라 할 수 있다.

그러면 사원구조의 틀 속에서 파악되는 천은 구체적으로 어떤 내용인가? 이제 이제마의 천 개념을 그의 자연관과 관련시켜 살펴보고자 한다.

---

30) 이을호, 「사상의학의 철학적 배경」, 547쪽 참조.

3. 사원구조 근간으로서의 천기

이제마는 천을 사원구조의 틀 안에서 이해하면서도 다른 의미로 사용하기도 한다. 따라서 그의 천 개념을 명확히 밝히기 위해서는 그가 말한 천을 그 의미별로 분류해볼 필요가 있다. 이제마의 천 개념은 크게 세 가지로 나누어 설명할 수 있다. 첫째는 "천생만민(天生萬民 …)"할 때의 천이요,[31] 둘째는 "천리지변화(天理之變化 …)"할 때의 천이요,[32] 셋째는 "천기유사(天機有四 …)"할 때의 천이다.

첫째, 천생만민하는 천은 앞장에서 보았듯이 인간에게 혜각과 자업으로써 성명을 부여하는 천이다. 이제마의 경우 인간에게 성명을 부여하는 천은 유가에서의 천명, 즉 명령을 내리는 상제천과는 어떤 차이가 있는가? 이제마에 따르면 인간은 처음 생겨날 때에 각기 천으로부터 철명(哲命)을 받는데, 이 철명을 부여하는 천은 인간의 이목으로는 보거나 들을 수 없으며,[33] 그 속성은 무성무취(無聲無臭)한 것이다.[34] 그리고 백성들이 보고 듣는 것이 곧 하늘이 보고 듣는 것이라고 한다.[35] 이러한 그의 주장은 『중용(中庸)』에서 신독의 대상으로서 인간의 내면에 존재하는 상제천을 인정하고 있음을 말하는 것이다.[36] 이제

---

31) 주) 25 참조.

32) 『보원』 7쪽: 太少陰陽之臟局短長 四不同中 有一大同 天理之變化也.

33) 李濟馬, 『格致藁』 권2, 42쪽: 天下億兆之命 在厥初生 莫不各受哲命於天 而考其終也 亦莫不各供成命於天也 無曰高 高在上 視之而不見 聽之而不聞 體物而不可遺.

34) 같은 책, 44쪽: 知足知止 止于安宅 無聲無臭 聽于上天 知足知止 從其和順 無聲無臭 得于正大.

35) 같은 곳: 方百里四境之內 衆人耳目 心量神明異常 此之謂 天視天聽.

마는 이처럼 사원구조의 틀 안에서 천을 이해하면서도 동시에 전통적
인 상제천의 존재를 인정한다.

상제천의 존재를 믿는 이제마는 도덕의 근거 역시 상제천으로부터
주어진 성명에서 찾는다. 유학자들과는 약간 다르기는 하지만 그는 성
명은 인간에게 혜각으로 주어지며, 인, 의, 예, 지, 충, 효, 우, 제 등 온
갖 도덕적 선행은 다 이 혜각에서 나온다고 한다.[37] 그러나 선을 좋아
하는 마음과 악을 미워하는 마음은 누구나 다 같으며,[38] 또 사람마다
다 요순(堯舜)이 될 수 있다고 한다.[39] 이것은 그가 상제천 앞에 선 인
간은 성인이나 범인이 다를 수 없으며, 또한 인간을 성인이 될 수 있
는 가능적 존재요, 자신의 행위에 대해 스스로 책임을 지는 자율적 존
재로 파악했음을 의미한다. 윤리적 가능성과 자율성에 있어서 범인과
성인이 다를 것이 없다는 이러한 해석은 원시유가의 전통적 해석에 바
탕을 둔 것이다. 비록 인간에게 혜각으로 성명을 부여하는 천이기는
하지만 이 천은 또한 공자가 말한 "천생덕어여(天生德於予)"의 천과[40]
맹자가 말한 "천생증민 유물유칙(天生蒸民 有物有則)"의 천과[41] 같이
도덕적 근원이 된다는 점에 있어서는 같기 때문이다. 이제마가 비록

---

36) 이을호, 「東武 四象說의 經學的 基調」, 『韓國改新儒學史試論』(서울: 박영사,
    1980), 369쪽 참조.
37) 『보원』 5쪽: 天生萬民 性以慧覺 … 天生萬民 命以資業 … 仁義禮智忠孝友悌
    諸般百善 皆出於慧覺.
38) 같은 책, 4쪽: 人之耳目鼻口好善之心 以衆人耳目鼻口論之 而堯舜未爲加一鞭也
    人之肺脾肝腎惡惡之心 以堯舜肺脾肝腎論之 而衆人未爲少一鞭也 人皆可以爲
    堯舜者 以此.
39) 같은 책, 3쪽: 耳目鼻口 人皆可以爲堯舜.
40) 『論語』「述而篇」.
41) 『孟子』「告子」上.

천을 독창적으로 이해했다고 하더라도 그의 천이 본질적으로는 전통적인 유가의 틀 안에서 이해되어야 한다는 까닭이 여기에 있다.

둘째, 천리지변화의 천리는 '자연의 이치'를 의미한다. 이제마가 말하는 천리는 천기처럼 인사를 초월한 이법을 가리키며, 변화는 음양의 변화를 가리킨다. 그러나 이 천리는 성리학의 천리와는 구별해야 한다. 성리학의 천리는 기(氣)와 상대되는 것으로서 우주의 원리를 뜻하기 때문에 이 천리는 형이상학적이며 초자연적인 것이다. 그러나 이제마가 말한 천리의 변화는 자연의 이치에 따른 음양의 변화를 의미할 따름이다. 따라서 이제마의 천리는 단지 인위적이 아니라는 의미로 쓰이고 있을 뿐이며 형이상학적 의미와는 거리가 멀다.[42] 이러한 예는 호연지리(浩然之理)와 호연지기(浩然之氣)의 설명에서 더 분명하게 드러난다.

> 호연지기는 폐비간신에서 나오고 호연지리는 마음에서 나오는 것이다. 인의예지 등 사장(四臟)의 기를 넓혀 충만하게 한다면 호연지기는 거기서 나올 것이요 비박탐나(鄙薄貪懦) 등 일심의 욕을 분명하게 가려낸다면 호연지리는 거기서 나올 것이다.[43]

이 인용문에서의 리·기 또한 성리학적 리기를 연상시키기에 충분하다. 그러나 여기서의 기는 생기(生氣)로서의 기이며, 리는 명변(明辨)의 이치를 의미한다.[44] 구체적으로 말하면 호연지기는 인의예지를 낳

---

42) 李濟馬, 『四象醫學原論』, 40쪽 참조.

43) 『보원』 8쪽: 浩然之氣 出於肺脾肝腎也 浩然之理 出於心也 仁義禮智四臟之氣 擴而充之 則浩然之氣 出於此也 鄙薄貪懦一心之慾 明而辨之則 浩然之理 出於此也.

는 도의적 기로서 인체에 충만한 생기를 말하며, 호연지리는 비박탐나와 같은 심욕을 명변할 수 있는 이치를 말한다. 이처럼 호연지리는 심욕을 명변하는 이치이기 때문에 심의 밖에 따로 존재하는 형이상학적 리와는 그 성격이 근본적으로 다른 자이다. 그러기 때문에 이제마가 천리라 할 때의 천은 자연의 이치를 의미할 뿐이며 더 이상의 의미는 없다.

마지막으로 천기유사할 때의 천은 앞에서 살펴본 바와 같이 인사와 상응하는 사원구조 속에서 이해된다. 그런데 여기서 우리는 지방, 인륜, 세회, 천시라는 천기의 구체적 내용에 주목할 필요가 있다. 왜냐하면 천기의 내용에서는 전통유학의 천 개념에서는 찾아보기 어려운 새로운 점이 발견되기 때문이다.

첫째, 천기는 인간과 만물이 존재하는 시·공간적 존재방식으로 이해된다는 점이다.[45] 인륜은 지방, 곧 일정한 공간 안에서 행해지는 인간관계를 의미하며, 세회 또한 복수로 얽히고 사회집단으로 형성된 인간관계를 의미한다. 따라서 지방, 인륜, 세회는 인간들이 생활하는 공간을 지칭한다고 할 수 있으며, 또 지방보다는 인륜이, 인륜보다는 세회가 더 확대된 넓은 개념이다. 그리고 천시는 유구한 역사 현상으로서의 현실성을 의미한다. 여기에는 사건이 있고 활동이 있다. 따라서 천시는 시간적 의미를 가리키지만 단순히 시간성을 가리키는 것과는 다르다. 그러나 어떻든 천기의 내용은 인간과 만물의 존재 방식으로서 시간과 공간을 지칭한 것이다.

둘째, 천기는 인간의 감각기관이 인식할 수 있는 구체적인 대상으로

---

44) 李濟馬, 『四象醫學原論』, 43쪽 참조.
45) 이을호, 「사상의학의 철학적 배경」, 543쪽 참조.

이해된다는 점이다. 이제마는 이목비구가 천시, 세회, 인륜, 지방을 각기 보고 듣고 냄새 맡고 맛보며, 폐비간신이 사무, 교우, 당여, 거처를 각기 통달 정합 정립 안정케 한다고 말한다. 인간의 이목비구가 천기의 내용을 각기 지각한다고 표현한 것은 무엇을 의미하는가? 그것은 천기를 단순히 관념으로 이해하는 것이 아니라 구체적인 지각 대상으로 인식하고 있음을 말하는 것이다. 이로써 보면 천기는 상제천이나 혹은 이법천과는 근본적으로 다른 자임을 알 수 있다. 이는 이제마의 천에 대한 인식이 종래의 입장에서 크게 벗어나 있음을 말해주는 것이다.

셋째, 천기를 4차원적 구조로 설명하고 있다는 점이다. 아래 글의 천은 오늘날 말하는 4차원의 세계를 연상하기에 충분하다.

천시는 지극히 탕탕(蕩蕩)하고 세회는 지극히 크며(大) 인륜은 지극히 넓고(廣) 지방은 지극히 아득하다(邈).[46]

여기서 막은 선의 방향을, 광은 평면의 광대함을, 대는 부피의 크기를, 탕은 시간을 의미한다. 지방을 지극히 아득하다고 한 것은 삼라만상이 존재할 수 있는 평면 세계를 말하는 것이요, 인륜을 지극히 넓다고 한 것은 금수와는 다르게 인륜도덕이 행해지는 인간의 세계를 말하는 것이다. 그리고 세회를 지극히 크다고 한 것은 이러한 인륜의 사회가 복잡 다양하게 발전한 것을 말하며, 천시를 탕탕하다고 한 것은 공간적 이해에서 시간의 흐름에 따른 역사 의식이 생겨나는 것을 말한다.[47]

---

46) 『보원』 1쪽: 天時極蕩也 世會極大也 人倫極廣也 地方極邈也.
47) 이을호, 「사상의학의 철학적 배경」, 『이을호 전서』, 7권(서울: 예문서원, 2000),

천기에 대한 이러한 설명은 4차원의 세계를 염두에 둔 것이다. 다시 말하면 천기에 대한 이 설명은 인류의 문화가 4차원적으로 발전하는 과정을 설명한 것이라 할 수 있다. 천기를 4차원적 구조로 설명한다는 것은 바로 이를 두고 한 말이다.

지금까지의 검토를 종합하면 천기의 개념에 대한 윤곽은 어느 정도 그려볼 수 있을 것 같다. 이제마가 말하는 천기는 구체적인 시·공간적 존재로 설명되고 있으며, 또한 인간의 직접적인 지각 대상으로 설명되고 있다. 뿐만 아니라 천기는 4차원적 구조로서 설명이 가능하다. 이러한 입장에서 본다면 천기에는 더 이상 상제천의 의미나 형이상학적 이법, 곧 천리의 의미를 찾아볼 수 없다. 따라서 천기는 전통적인 상제천으로서의 천이나 송대의 형이상학적 추상적 천 개념과는 근본적으로 다른 자임을 알 수 있다.

그러면 필자는 왜 천기의 개념에서 이제마의 자연관을 찾으려 하는가? 천기는 전통적인 천 개념의 의미를 벗어나 있으면서 기계론적 자연 개념의 의미까지 담고 있다. 필자는 이 점에 주목하여 이제마의 자연관을 천기에서 찾으려고 한다. 그러나 천기를 곧 바로 자연 개념으로 이해할 수는 없는 일이다. 왜냐하면 천기는 오늘날의 자연 개념과는 달리 인사와 함께 총체적 통일체적 개념으로서만 그 이해가 가능하기 때문이다. 물론 천기는 인사와 대를 이루고 있고 또 인간의 지각 대상이 되기 때문에 사원구조와 분리되어 이해될 수도 있다. 그러나 앞에서 보았듯이 각립자로서의 인사는 대동자로서의 천기 안에서의 인사이다. 그러기 때문에 천기는 개별자가 아닌 합일된 총체적 통일체

544~545쪽 참조.

로 파악될 때 그 진정한 이해가 가능하다.

우리는 여기에서 새로운 자연관을 엿볼 수 있게 된다. 이제마의 천기는 자연의 의미마저 담고 있으면서도 결코 기계론적 자연 개념과는 다른 자이다. 그것은 오직 4원 구조라는 총체적 통일체 속에서만 이해가 가능하다. 즉 천기는 사원구조의 근간을 이루는 천으로서 사원구조의 총체적 통일체로서만 이해가 가능하다. 따라서 천기는 과거의 천 개념과는 다른 새로운 천으로서 그것은 이제마의 독창적인 자연 개념으로 보아도 좋을 것이다. 또한 4원 구조 속에서 펼쳐지는 그의 사상설은 이러한 자연관을 토대로 전개한 그의 독창적인 이론으로 이해되어야 할 것이다.

4. 맺는 말

이제마의 사상설은 전통유학사상에 바탕을 둔 것이지만 종래의 학설에서는 찾아보기 어려운 매우 독창적인 학설이다. 이 사상설을 이해하기 위해서는 그의 자연관의 이해가 선행되어야만 한다. 왜냐하면 그의 자연관에는 사상설의 기저를 이루는 골격이 갖추어져 있기 때문이다. 필자는 이러한 의도에서 이제마의 자연관을 고찰하고자 하였고 또 자연 개념과 대체할 수 있는 천 개념을 고찰하여 그의 자연관을 이해하려고 했다.

이제마의 천은 상제천, 천리, 천기라는 3가지 유형으로 구분해 볼 수 있는데, 그의 자연관을 살펴볼 수 있는 것은 천기로서의 천이었다.

인간에게 성명을 부여하는 천생만민의 천은 도덕적 근원인 상제천으로서 이해되고, 천리로서의 천은 단지 자연의 이치를 의미하기 때문에 이들은 자연 개념과는 무관한 것이다.

필자가 살펴본 천기는 크게 구조적인 면과 내용적인 면으로 나누어 이해할 수 있다. 먼저 구조적인 면에서 보면 천기는 사원구조의 틀 속에서 이해된다. 따라서 천기는 독립된 개념이 아니라 사원구조의 전체적 틀 속에서의 한 개념인 것이다. 그리고 천기는 언제나 인사와 대를 이루고 있으며 그 내용에 있어서도 각기 대를 이루고 있다. 따라서 천기는 복합적 사원구조 안에서 인사와 서로 대응하는 불가분의 관계요 합일된 자이다. 그리고 내용적인 면에서 보면 천기는 인간과 만물이 존재하는 시·공간적 존재 방식으로 이해되며, 추상적 관념이 아니라 구체적인 인식 대상으로 이해된다. 그리고 천기는 4차원적 구조로서 설명된다.

이와 같이 천기는 기계론적 자연 개념의 의미까지 담고 있다. 그러나 천기는 기계론적 자연과는 근본적으로 다른 개념이다. 비록 자연 개념의 의미를 담고 있다고 하더라도 천기는 독립된 개별자가 아니라 사원구조의 근간으로서 총체적 통일체로 이해되기 때문이다. 이와 같은 자연 이해는 과거 유학에서는 찾아볼 수 없는 새로운 관점이 아닐 수 없다. 따라서 필자는 천기로 표현되는 이러한 자연관을 새로운 자연관으로 받아들여야 할 것이라고 생각한다. 이제마는 이러한 자연관을 바탕으로 사원 구조 근간으로서의 천기를 말하였고, 나아가 천기의 4원 구조 안에 존재하는 인간까지도 포괄적으로 포착하여 사상인으로 이해한 것이다. 그리하여 이제마는 인간은 4원 구조 안에서 자연과 유기적인 관계에 있다고 보고 인간은 각자가 자신의 체질을 파악하여 자연의 변화에 적응해 간다는 독특한 이론을 전개한 것이다.

제3장
성명관

　중국에서는 이미 신농(神農) 황제 때부터 의약 경험이 있는 것으로
전해 오고 있다. 그러나 학문으로서 이론체계를 갖추어 의학의 길이
열리게 된 것은 진·한(秦·漢) 이후의 일이다.[1] 이때의 중의학은 유
학을 비롯하여 노·불 등 여러 사상을 받아들여 이론의 체계를 갖추
게 되었는데, 이후 중의학은 특히 유학사상의 변화에 따라서 이론도
함께 변화 발전하게 된다.

　중의학에 영향을 받아 발전해 온 한의학 역시 유학사상에 그 이론의
바탕을 두고 있다. 그런데 이제마는 전통 한의학 이론을 외면하고 사
상의학이라는 독창적 이론을 전개했다. 그러나 이제마의 사상의학 이
론은 철저히 유학사상에 바탕을 둠으로써 한의학 이론의 근거를 유학
에 두는 전통은 그대로 따르고 있다. 이제마의 사상의학은 이처럼 유

---

1) 林殷, 문재곤 역, 『한의학과 유교문화의 만남』(서울: 예문서원, 1999), 26~30쪽.
　秦·漢 시대에는 扁鵲이 유명했고, 그 후에 張仲景이 의술을 갖추어 『傷寒論』을
　저술하여 일가를 이룸으로써 비로소 의학이 발전하게 된다.

학사상을 토대로 전개되고 있기 때문에 이제마를 조선조 후기 실학자로 분류하기도 한다.[2]

이 장은 이제마 사상의학의 근간이 되는 유학 이론 가운데 그의 성명관을 밝히는 데 목적을 두고 있다. 잘 알려진 것처럼 성·명은 유학의 중심 이론으로서 이를 어떻게 이해하느냐에 따라 학문적 입장이 달라진다. 이제마도 그의 사상의학을 전개함에 있어서 성·명을 핵심 문제로 다루고 있다. 그러나 그는 성·명을 유학과는 근본적으로 새로운 관점에서 해석하고, 그것을 바탕으로 그의 독창적인 의학 이론을 전개한다. 필자는 이제마의 이러한 관점의 전환에 주목하고 의학 이론을 결부시킨 그의 성명관을 밝혀보고자 한다.

이 글의 순서는 먼저 유학의 성명관이 어떻게 변화되었는가를 간략히 살피고자 한다. 그러나 그 변화 과정은 송대의 주희와 조선조 정약용의 관점에 국한하여 살필 것이다. 그것은 지면의 한계 때문이기도 하지만 이제마의 성명관은 그들의 관점과 대비되어 잘 드러나기 때문이다. 그리고 이제마의 성명관을 구조와 기능, 자각과 실현의 측면에서 고찰함으로써 그의 관점이 어디에 있는가를 밝혀보고자 한다.

1. 유가 성명관의 변이

공자가 성상근(性相近)을 말한 이래 유가에서는 인성(人性)을 다양한 시각에서 다루어 왔다. 즉 맹자의 성선설, 순자의 성악설, 고자(告子)의

---

2) 이을호, 『한국개신유학사시론』(서울: 박영사, 1980), 135쪽 참조.

성무선악설(性無善惡說), 양웅(揚雄)의 성선악혼설(性善惡混說), 한유
(韓愈)의 성삼품설(性三品說) 등이 그것이다. 그러나 인성이 천명과 함
께 유학의 주요한 문제로 다루어진 것은 아무래도『중용』수장 "천명
지위성(天命之謂性)"절의 성과 천명에 대한 송대 유학자들의 형이상학
적 해석에서 비롯되었다고 해야 할 것이다. 왜냐하면 노장사상과 불교
의 영향을 받은 북송 유학자들은 이 절과『주역』건괘의 "건도변화 각
정성명(乾道變化 各正性命)"절에서 천과 건도를 우주[天]로, 성과 성
명을 인물의 성으로 이해하는 우주론적 내지는 형이상학적 해석을 시
도했으며, 이후 유학자들은 이에 대한 해석에 따라 학문적 입장을 달
리했기 때문이다.

주희는 북송 유학자들의 해석을 바탕으로 인간을 포함한 모든 존재
를 리(理)와 기(氣)로 설명한다. 그에 따르면 우주만물의 생성은 기화
(氣化)로 이루어지며, 이 기화의 주재 원리는 리이다. 천이 음양오행으
로 만물을 낳을 때 기는 형체를 이루고 리 또한 부여하는데, 이것은
마치 천이 명령하는 것과 같다.[3] 그러나 이 천의 명령은 이법으로서
천리의 유행을 의미한다. 왜냐하면 우주의 근원인 태극은 리이므로 천
명은 곧 태극의 리요, 천이 만물을 생성한 것은 곧 천리의 유행을 가
리키기 때문이다. 인간과 만물은 각기 이 리를 부여받아 건순오상(健
順五常)의 덕을 이루게 되는데, 이것이 이른바 성(性)이다.[4] 따라서 태
극 본연의 리에서 보면 인물의 성은 천이 부여한 동일한 리이다. 다만
인간과 만물이 차이가 생기는 것은 기의 정·편(正·偏)과 통·색
(通·塞) 때문이요, 또 성인과 범인의 구별이 있는 것은 기의 청·탁

---

3)『중용장구』, 1장.
4) 같은 곳.

(淸·濁) 때문이다. 그리고 인성에는 순수한 리의 측면만을 가리키는
본연지성과 기질의 청탁에 따라 차이가 생기는 기질지성의 양면이 있
다.[5] 인성은 본래 순선(純善)하지만 우주의 기화는 천차만별로 나타나
기 때문에 인간의 성은 각자 다르게 나타난다. 탁한 기질이나 사욕이
인간의 순선한 본성을 가리게 되므로 욕망의 절제와 억제를 통해서 도
덕적 선을 실현해야 한다는 것이 주희 수양론의 요지다. 주희는 이처
럼 성명을 리기로 설명하여 형이상학적으로 이해한다.

　주희의 이러한 성명관은 조선조 성리학자들에게 그대로 수용된다.
물론 사칠논쟁(四七論爭)이나 인물성동이논쟁(人物性同異論爭) 등을
통해 인간의 심성에 대해 더 많은 관심을 보인 것은 사실이지만 논쟁
의 근간은 주희의 형이상학적 성명관에 바탕을 두고 있다. 주희의 형
이상학적 성명관을 벗어난 것은 정약용의 성명관이다.

　정약용은 태극을 음양의 배태자요 만물의 태초로 이해하면서도
리·기를 주희가 말한 것과는 근본적으로 다른 의미로 이해한다.[6] 옛
경전에 쓰인 리의 의미는 주로 맥리, 다스림, 법리라는 글자를 빌려 쓴
것이며, 주희가 말한 형이상학적 리 개념은 없다.[7] 그리고 기의 개념
도 공자의 호색(好色), 호투(好鬪)하는 혈기나 맹자의 몸에 가득한 기

---

5) 柳仁熙, 『朱子哲學과 中國哲學』(서울: 범학사, 1980), 201~219쪽.

6) 丁若鏞, 『易學緖言』, 『與猶堂全書 3집』(서울: 경인문화사, 1982), 3권, 1쪽(이하
　정약용 저술의 인용은 이 판본을 기준으로 함): 太極者 天地未分之先 渾敦有形
　之始 陰陽之胚胎 萬物之太初也. … 但所謂太極者是有形之始 其謂之無形之理
　者 所未敢省悟也.

7) 정약용, 『맹자요의』, 『전서 2』, 2권, 26쪽: 理字之義因可講也 … 曷嘗以無形者
　爲理 有形者爲氣 天命之性爲理 七情之發爲氣乎 … 靜究字義皆脈理治理法理
　之假借爲文者 直以性爲理有古據乎.

[體之充]로 이해한다. 인간이 생동하고 느끼는 데에는 오직 이 혈기가 있을 뿐인데, 혈기로서의 기는 성리학적 기 개념과는 본질적으로 다른 자다.[8] 이처럼 정약용은 이기 개념의 사상적 연원을 공맹유학에 두고 주희의 이기론 자체를 인정하지 않는다.

주희의 이기론을 인정하지 않는 정약용의 입장은 성·명의 해석에 있어서도 그대로 이어진다. 먼저 천의 문제에 있어서 정약용은 자연으로서의 천과 함께 영명한 주재 능력을 지닌 천의 존재를 인정한다.[9] 천명의 천은 물론 이 영명주재의 능력을 지닌 상제천(上帝天)을 가리킨다. 천명은 다시 부성지명(賦性之命)과 득위지명(得位之命)으로 나누어 볼 수 있는데, 전자는 윤리적 천명이요, 후자는 정치적 천명이라고 할 수 있다.[10] 상제가 인성의 지향을 감시하고 명령할 수 있는 것은[11] 바로 천이 부성지명을 인간에게 영명한 성품으로 부여하기 때문이다.[12] 따라서 인간은 상제와 같은 류의 영명을 지니게 되어 천명을 감응할 수 있게 된다.[13] 인간은 이 영명성을 통해 상제가 경계하는 소리

---

8) 같은 책, 1권, 17쪽: 氣之爲物不可不覈 若以後世理氣之說 渾合言之 則大不可也 原夫吾人之所以生養動覺 惟有血氣二物 … 故孔子論好色好鬪之理 兼言血氣 而孟子論不動心之理 單言氣以氣爲物 … 故孟子自註曰氣者體之充 夫充於體者 何物 非他氣也 是氣之在人體之中 如遊氣之在天地之中 … 總與理氣之氣不同 (理氣家凡有形質者謂之氣).

9) 정약용, 『중용책』, 『전서 1』, 7쪽: 臣以爲高明配天之天 是蒼蒼有形之天 維天於 穆之天 是靈明主宰之天.

10) 정약용, 『시경강의』, 『전서 2』, 3권, 15쪽: 天命有賦性之命 有得位之命.

11) 정약용, 『심경밀험』, 『전서 2』, 26쪽: 天於賦生之初 予之以此性 使之違惡以趨善.

12) 정약용, 『중용강의보』, 『전서 2』, 1권, 2쪽: 天下萬民各於胚胎之初 賦此靈明超 越萬類享用萬物 … 人之受天只此靈明.

13) 정약용, 『중용자잠』, 『전서 2』, 1권, 5쪽: 天命不但於賦生之初畀以此性 原來無 形之體 妙用之神以類相入與之相感也.

를 들을 수 있게 되므로 상제의 후설(喉舌)은 인간의 도심에 깃들여 있
다고 한다.[14] 그러므로 정약용이 파악한 상제천은 내재적 존재이며,
외재적 절대자와는 구분된다.

천을 상제천으로 이해한 정약용은 성(性) 또한 리로 해석하지 않는
다. 그는 성을 글자의 본의에 따라 마음의 기호로 해석하고,[15] 기호에
는 형구의 기호(形軀之嗜好)와 영지의 기호(靈知之嗜好)가 있다고 한
다.[16] 전자는 육체적 기호로서 기질성을 말하고, 후자는 정신적·윤리
적 기호로서 도의성을 말하는데,[17] 기질성은 육체가 기호하는 것이 그
리고 도의성은 선을 좋아하고 악을 미워하며 덕을 좋아하고 더러운 것
을 부끄럽게 여기는 것이 이들의 속성이다.[18] 그는 옛날부터 있어온
인심도심설에 대해 인심은 기질이 발한 것이요, 도심은 도의가 발한
것이라고 하고[19] 인성은 곧 이 도의와 기질의 합일체라고 한다.[20] 그
러므로 도의와 기질은 이원적 요소가 아니라 인성의 양면성이다. 이러
한 설명은 본연과 기질로 분리하여 보는 주희의 이원적 성설과는 다른
것이다.

---

14) 같은 책, 3쪽: 天之喉舌寄在道心 道心之所儆告 皇天之所命戒也.
15) 같은 책, 2쪽: 然據性字本義而言之 則性者心之嗜好也 … 天命之性 亦可以嗜好言.
16) 정약용,「자찬묘지명」,『시문집』,『전서 1』, 16쪽: 有形軀之嗜好有靈知之嗜好
    均謂之性 … 以耳目口體之嗜爲性 此形軀之嗜好也 天命之性 性與天道性善 盡
    性之性 此靈知之嗜好也.
17) 정약용,『맹자요의』,『전서 2』, 2권, 19쪽: 蓋人性者合道義氣質二者而爲一性者
    也 禽獸性者純是氣質之性而已.
18) 같은 곳: 其爲物也 樂善而惡惡 好德而耻汚.
19) 같은 책, 20쪽: 故粤自上古已有人心道心之說 人心者氣質之所發也 道心者道義
    之所發也.
20) 같은 책, 19쪽: 蓋人性者合道義氣質二者而爲一性者也 禽獸性者純是氣質之性
    而已.

정약용의 성론은 특히 욕망의 문제에 있어서 그 성격을 잘 드러낸다. 주희는 인간의 악행은 기품이나 사사로운 욕망에 기인한다고 생각한다. 때문에 순선한 본성을 회복하고 선행을 실현하기 위해서는 욕망을 경계하고 절제해야 할 것으로 여긴다. 그러나 정약용은 인간을 신(神)과 형(形)이 묘합(妙合)된 존재로 파악하기 때문에[21] 욕망을 악의 원인으로만 생각하지 않는다.[22] 인간의 죄악이 일반적으로 형기에서 나오는 것은 사실이다. 그러나 인간의 행위는 형기와 무관한 경우도 있다. 인간의 행위는 이록을 위한 것이든 도의를 위한 것이든 욕망에 의해 이루어지기 때문에 욕망 그 자체는 선도 악도 아니다. 따라서 선악의 결과에 관계없이 욕망 자체는 긍정해야 한다.[23]

욕망이 악의 직접적 원인이 아니라면 선악은 어떻게 이루어지는가? 인간의 선악은 욕망이 곧 악의 원인이라는 방식으로 일정하게 정해져 있지 않다. 호선오악(好善惡惡)하는 것이 인간의 성이지만, 인간에게는 심의 권형(權衡)으로서 선악을 선택하는 자주지권(自主之權)이 주어져 있기 때문이다. 따라서 선악을 판단하고 행하는 것은 인간의 자율에 있는 것이며 천의 주재와는 관계가 없다. 선을 행하면 자신의 공(功)이 되고, 악을 행하면 자신의 죄가 될 뿐이다.[24] 따라서 정약용에 있어서

---

21) 정약용, 『논어고금주』, 『전서 2』, 9권, 17쪽: 人者 妙合神形而混然爲一者也 故 其發之爲心者 有因道義而發者謂之道心 有因形質而發者謂之人心.

22) 정약용, 『중용자잠』, 『전서 2』, 1권, 4쪽: 民之生也不能無慾 循其慾而充之 放辟 邪侈無不爲已.

23) 정약용, 『심경밀험』, 39쪽: 吾人靈體之內 本有願欲一端 若無此欲心 卽天下萬事 都無可做 唯其喻於利者欲心從利祿上穿去 其喻於義者欲心從道義上穿去 欲之 至極二者皆能殺身而無悔 所謂貪夫殉財 烈士殉名也. 余嘗見一種人其心泊然無 欲 不能爲善不能爲惡 不能爲文不能爲産業 直一天地間棄物 人可以無欲哉.

24) 정약용, 『맹자요의』, 『전서 2』, 1권, 34~35쪽: 故天之於人予之以自主之權 使其

욕망은 도덕적 선행을 위해 억제해야 할 대상이 아니라 오히려 삶의 원동력으로서 긍정의 대상이다.

이상과 같이 정약용이 이해한 성명은 주희와 견주어 보면 매우 큰 변화가 있었음을 알 수 있다. 이러한 변화는 일차적으로 이기이원론 (理氣二元論)을 바탕으로 한 주희의 형이상학적 성명관을 부정하고 선 진유학의 상제사상에서 그 이론적 근거를 찾는 데에서 비롯된 결과라 고 할 수 있다. 그러나 근본적인 원인은 인간을 이해하는 관점에 변화 가 있었다는 데에서 찾을 수 있다. 정약용은 인간을 형이상학적 성명 관에 근거한 관념적 존재가 아니라 신형이 묘합된, 그래서 활동적이고 실천적인 존재로 파악하고 있기 때문이다.

그러면 사상의학설의 근간을 이루는 이제마의 성명관은 어떠한 내 용을 담고 있는가? 필자는 이상과 같은 유가 성명관의 변화에 주목하 면서 이제마의 성명관을 고찰하려고 한다. 이제마의 성명관이 매우 독 창적이기는 하지만 그의 사상은 궁극적으로 유학의 성명관에 기초하 고 있기 때문이다.

2. 성명의 구조와 기능

이제마의 성명관이 유학의 성명관에 기초하고 있다는 것은 천이 인간 에게 성・명을 부여한다는 점에 근거를 두고 이른 말이다.[25] 이러한 측

欲善則爲善 欲惡則爲惡 游移不定其權在己 不似禽獸之有定心. 故爲善則實爲 己孔 爲惡則實爲己罪 此心之權也 非所謂性也.

25) 李濟馬, 김용준 편, 『東醫壽世保元』(서울: 박문서관 1921), 「성명론」 30장: 天生

면에서 보면 이제마의 성명관은 유가 사상과 근본적으로는 다르지 않다
고 할 수 있다.[26] 다만 유가의 성명관과 다른 점은 성명을 이해하는 방
식이 다르다는 데에 있다.

성명을 이해하는 이제마의 이해 방식은 어떠한 점에서 유학의 그것
과 구별되는가? 그것은 성명을 구조와 기능적 측면에서 이해한다는 점
이다. 이제마는 인간을 독립적인 개체가 아니라 천기(天機)와 인사(人
事)라는 구조적 틀 속에서 존재한다고 파악한다.

> 천기(天機)에는 네 가지가 있으니, 첫째는 지방(地方)이요, 둘째는
> 인륜(人倫)이요, 셋째는 세회(世會)요, 넷째는 천시(天時)니라.
> 인사(人事)에는 네 가지가 있으니, 첫째는 거처(居處)요, 둘째는 당
> 여(黨與)요, 셋째는 교우(交遇)요, 넷째는 사무(事務)니라.[27]

이제마 사상의학의 이론서인 『동의수세보원(東醫壽世保元)』 첫 머
리에 언급된 이 천기와 인사의 구조적 설명은 그의 사상의 기저를 이
루는 대전제다. 사상의학은 모두 이 네 가지 구조를 바탕으로 설명된
다. 그의 설명에 따르면 천기와 인사는 서로 대를 이루면서 동시에 이
들은 각기 지방, 인륜, 세회, 천시와 거처, 당여, 교우, 사무라는 네 가
지 틀로 구성된다. 이것은 종래 천인합일(天人合一)을 지향하는 천과

萬民性以慧覺 … 天生萬民命以資業 …. 원문에는 장의 표기가 없으나 필자가
편의상 장을 구분한 것임. 李濟馬, 『格致藁』, 권2, 42쪽: 天下億兆之命 在厥初生
莫不各受哲命於天而考其終也 亦莫不各供成命於天也. 無曰高高在上 視之不見
聽而不聞 體物而不可遺.

26) 이 책 4장, 100~101쪽 참조.

27) 『보원』, 「성명론」 1~2장: 天機有四 一曰地方 二曰人倫 三曰世會 四曰天時. 人
事有四 一曰居處 二曰黨與 三曰交遇 四曰事務.

인간의 관계를 네 가지로 구조화하여 설명한 것이다. 그러나 천인 관계를 구조화하여 설명한 것이라 할지라도 천기는 곧 인간이 존재하는 시공간적 구조를 의미하며, 인사는 이러한 천기의 구조 속에서 존재하는 인간의 존재 방식을 말하는 것이다.

　이러한 구조적 설명은 인간을 설명하는 데 있어서도 그대로 이어진다. 인간의 설명은 먼저 몸 부위의 구조적 설명에서부터 고찰할 필요가 있다.

> 귀는 천시(天時)를 듣고, 눈은 세회(世會)를 보며, 코는 인륜(人倫)을 맡고, 입은 지방(地方)을 맛본다.[28]

> 폐(肺)는 사무(事務)에 통달하고, 비(脾)는 교우(交遇)를 취합하며, 간(肝)은 당여(黨與)를 정립하고, 신(腎)은 거처(居處)를 안정케 한다.[29]

> 턱에는 주책(籌策)이 있고, 가슴속에는 경륜(經綸)이 들어 있으며, 배꼽에는 행검(行檢)이 있고, 아랫배에는 도량(度量)이 있다.[30]

> 머리에는 식견(識見)이 들어 있고, 어깨에는 위의(威儀)가 갖추어져 있으며, 허리에는 재간(材幹)이 있고, 볼기에는 방략(方略)이 있다.[31]

이제마가 설명하는 몸의 네 가지 구조는 크게 감각기관, 장기, 신체

---

28) 같은 곳 3장: 耳聽天時 目視世會 鼻嗅人倫 口味地方.
29) 같은 곳 5장: 肺達事務 脾合交遇 肝立黨與 腎定居處.
30) 같은 곳 7장: 頷有籌策 臆有經綸 臍有行檢 腹有度量.
31) 같은 곳 9장: 頭有識見 肩有威儀 腰有材幹 臀有方略.

의 전면부위와 후면부위로 정리할 수 있다. 그리고 이들은 각기 또 이
목비구(耳目鼻口), 폐비간신(肺脾肝腎), 함억제복(頷臆臍腹), 두견요둔
(頭肩腰臀)의 네 부위의 구조를 이룬다. 지칭되는 몸의 부위는 모두 16
곳인데, 이들을 구조적인 측면에서 전체적으로 통합해 보면 아래의 그
림과 같이 복합적 사원구조를 이루고 있다.[32]

耳	目	鼻	口
肺	脾	肝	腎
頷	臆	臍	腹
頭	肩	腰	臀

이제마는 이러한 몸의 복합적 사원구조를 바탕으로 그의 이론을 전
개한다. 그런데 사상의학은 몸뿐만 아니라 그의 이론 전 분야에서 구
조화하여 전개한다는 데에 그 특색이 있다. 그의 성명론 역시 이러한
사원구조에 근거해서 전개된다.

　　하늘이 만민을 내실 때에 성(性)은 혜각(慧覺)으로서 마련해 주었
　　으니 만민이 삶에 있어서 혜각이 있으면 살고 혜각이 없으면 죽는다.
　　혜각이란 덕(德)이 생겨나게 하는 것이기도 하다.[33]

32) 李乙浩, 「李東武 四象說 論考」, 『철학연구』 제7집(철학연구회, 1972), 4쪽.

33) 『보원』, 「성명론」 30장: 天生萬民性以慧覺 萬民之生也 有慧覺則生 無慧覺則死
　　慧覺者德之所由生也.

하늘이 만민을 내실 때에 명(命)은 자업(資業)으로서 마련해 주었
으니 만민이 삶에 있어서 자업이 있으면 살고 자업이 없으면 죽는다.
자업이란 도(道)가 생겨나게 하는 것이기도 하다.[34]

이제마에 있어서 성과 명은 천으로부터 인간에게 주어지며, 그것은
혜각과 자업으로 나타난다. 그러므로 혜각과 자업은 도덕의 근원이며,
혜각과 자업의 보존 여부에 따라 인간의 존재가치가 결정된다. 이 문
제는 후술하겠지만 그러나 어떻든 성명에 대한 이러한 설명은 먼저 천
인의 구조적 관계에 기초한 것이라는 사실에 유의해야 한다. 즉 성·
명은 천·인·성·명이라는 사원 구조를 형성하고 동시에 이 구조 안
에서 이들의 관계가 설명되기 때문이다. 따라서 이제마의 성명관을 바
르게 이해하기 위해서는 구조적 이해가 선행되어야만 한다.

성·명의 구조적 이해는 천인합일을 지향하는 과거의 입장과 비교
할 때 더욱 구체화된 이해 방식이라고 할 수 있다. 그러나 이제마의
이해 방식은 여기에 그치지 않는다. 사원구조는 단순한 구조화가 아
니라 구조를 형성하는 몸 자체에 천인관계를 유지하는 기능인 작위 능
력을 갖추고 있다고 한다. 몸의 작위 능력은 먼저 천기와 인사와의 관
계에서 살펴볼 수 있다. 앞에서 보았듯이, 이목비구는 천기 곧 천시,
세회, 인륜, 지방을 감각적으로 지각할 수 있고, 폐비간신은 인사, 곧
사무, 교우, 당여, 거처에 관여한다. 그리고 함억제복에는 주책, 경륜,
행검, 도량의 능력이 갖추어져 있으며, 두견요둔에는 식견, 위의, 재
간, 방략의 능력이 갖추어져 있다. 몸은 이처럼 신체적 기능 이외에 천

---

34) 같은 곳 31장: 天生萬民命以資業 萬民之生也 有資業則生 無資業則死 資業者道
之所由生也.

기와 인사를 인식할 수 있는 능력을 함께 갖추고 있다. 몸의 이러한 작위 능력을 바탕으로 인간은 천기와 인사와의 유기체적 관계를 유지한다.

이 유기체적 관계에서 주목해야 할 것은 관계를 유지하는 주체다. 앞장에서 살펴보았던 것처럼 유학의 천인관계는 성(性)을 통해 유지되며, 학문적 입장에 따라 이 성을 리 아니면 기호(嗜好) 등으로 해석하지만, 그 관계 주체는 공통적으로 인간의 도심이다. 이제마 역시 마음(心)을 일신(一身)의 주재자로 이해한다. 그러나 천인관계는 관념이 아닌 몸의 구체적 활동에 의해 이루어진다는 이제마의 주장에 주목할 필요가 있다. 그는 몸의 구체적인 작위 능력이 주체가 되어 천기와 인사와의 관계가 이루어지며 이러한 능력이 몸에 주어져 있음을 다음과 같이 설명한다.

> 이목비구는 천을 관찰하고, 폐비간신은 사람을 바로 세우며, 함억제복은 그 지혜를 실천에 옮기고, 두견요둔은 그의 행업(行業)을 실행한다.[35]

> 사람들의 이목비구는 호선함이 더할 나위 없고, 사람들의 폐비간신은 오악함이 더할 나위 없으며, 사람들의 함억제복은 사심이 더할 나위 없고, 사람들의 두견요둔은 태행이 더할 나위 없다.[36]

---

35) 같은 곳 11장: 耳目鼻口觀於天也 肺脾肝腎立於人也 頷臆臍腹行其知也 頭肩腰臀行其行也.

36) 같은 곳 23장: 人之耳目鼻口 好善無雙也 人之肺脾肝腎 惡惡無雙也 人之頷臆臍腹 邪心無雙也 人之頭肩腰臀 怠行無雙也.

몸이 신체적 기능을 넘어서 천과 인간을 관찰하고 바로 세우며, 지
혜와 행업을 행한다는 것, 또 호선오악(好善惡惡)하고 사심태행(邪心怠
行)한다는 것은 무엇을 의미하는가? 이것은 몸은 단순히 감각적 기능
만이 아니라 고도의 정신활동이나 도덕적 기능까지 갖추고 있다는 것
을 의미한다. 말하자면 천기와의 유기적 관계는 물론이요 도덕적 행위
가 이루어지는 것은 바로 몸에 주어진 이러한 능력 때문에 가능한 것
이다. 이러한 해석은 천명의 자각이나 도덕적 행위를 도심의 작용으로
해석하는 과거의 입장과는 근본적으로 다르다.

사실 이제마는 이러한 주장을 하면서도 과거 유학자들의 여러 이론
들에 관해 전혀 언급하지 않는다. 이러한 태도는 도심만을 행위의 주
체로 보는 과거의 견해를 부정할 뿐만 아니라 본질적으로는 성·명을
이해하는 관점에 변화가 있었음을 의미하는 것이다. 이러한 변화는
성·명의 개념에서부터 찾아볼 수 있다.

> 천시는 대동(大同)한 것이요 사무는 각립(各立)하는 것이며, 세회는
> 대동한 것이요 교우는 각립하는 것이며, 인륜은 대동한 것이요 당여
> 는 각립하는 것이며, 지방은 대동한 것이요 거처는 각립하는 것이다.
> 주책은 박통(博通)하는 것이요 식견은 독행(獨行)하는 것이여, 경륜
> 은 박통하는 것이요 위의는 독행하는 것이며, 행검은 박통하는 것이
> 요 재간은 독행하는 것이며, 도량은 박통하는 것이요 방략은 독행하
> 는 것이다.
> 대동한 것은 천(天)이요 각립한 것은 인(人)이며, 박통한 것은 성
> (性)이요 독행한 것은 명(命)이다.[37]

---

37) 같은 곳 12~14장: 天時大同也 事務各立也 世會大同也 交友各立也 人倫大同也
黨與各立也 地方大同也 居處各立也, 籌策博通也 識見獨行也 經綸博通也 威儀

천기인 천시, 세회, 인륜, 지방은 인간에게 대동한 존재 구조이며, 인사인 사무, 교우, 당여, 거처는 독자적으로 각립해야 할 것이다. 그리고 주책, 경륜, 행검, 도량은 함억제복에 갖추어진 능력으로서 박통한 것이며, 식견, 위의, 재간, 방략은 두건요둔에 갖추어진 능력으로서 독행하는 것이다. 이제마는 박통한 것은 성(性)이며, 독행한 것은 명(命)이라고 정의한다. 대동한 것이 천이고 박통한 것이 성이라면 대동박통한 것은 천성(天性)이며, 각립한 것이 인(人)이요 독행하는 것이 명(命)이라면 각립독행하는 것은 인명(人命)이다. 즉 천성과 인명은 각기 대동박통한 것과 각립독행한 것으로서 몸에 주어진다는 것이다. 따라서 이제마의 성명은 천명과 인성이 아니라 천성과 인명이다. 그리고 그것은 관념적 개념이 아니라 몸에 갖추어진 것으로서 대동박통하고 각립독행하는 구체적 개념이다.

이미 이제마는 이러한 이론을 바탕으로 자신의 의학 이론을 정립하고 또한 시술했지만, 여기에서 필자는 성·명을 인식할 수 있는 몸의 능력을 검증하는 논의는 접어두고자 한다. 필자의 관심은 그가 유학의 천리나 상제설적 성명관의 구도를 벗어났다는 데 있기 때문이다. 성명을 구조적 관계 속에서 이해하고 또 몸을 성명의 인식 주체로 생각하는 견해는 과거 성명관의 구도에서 이미 벗어난 것이다. 이제 새롭게 구성되는 이제마의 성명관에서 성명의 자각과 실현의 문제를 고찰하고자 한다.

獨行也 行檢博通也 才幹獨行也 度量博通也 方略獨行也, 大同者天也 各立者人也 博通者性也 獨行者命也.

3. 성명의 자각과 실현

앞장에서 보았듯이 천성과 인명으로 이해되는 이제마의 성명은 대동박통하고 각립독행하는 구체적 개념이다. 그는 왜 성명을 과거와는 다르게 관념이 아닌 구체적 개념으로서 인체에 갖추어졌다고 설명하는가? 사실 이제마의 성명관을 이해하는 관건은 바로 여기에 달려 있다.

이제마의 성명을 이해하는 데에는 두 가지 점이 고려되어야 한다. 하나는 이제마의 성명은 천성과 인명으로 해석하더라도 과거의 천명과 인성처럼 여전히 도덕의 근원이라는 점이다. 다른 하나는 도덕의 근원을 자각하고 실현하는 내용과 방법이 과거와는 근본적으로 다르다는 점이다. 이러한 두 가지 고려는 그의 성명관이 갖고 있는 독창성과 한계성을 동시에 드러내기 위한 것이다.

성명이 천으로부터 인간에게 혜각과 자업의 능력으로 부여된다는 것은 앞장에서 이미 살펴보았다. 이제마는 이 성명이 곧 인류도덕의 근원이 된다는 것을 다음과 같이 설명한다.

> 남의 선행을 좋아하면서 나도 선행할 줄 아는 것은 지극한 천성(天性)의 덕(德)이요, 남의 악행을 미워하면서 나는 결코 악행을 하지 않는 것은 올바른 정명(正命)의 도(道)인 것이다. 지·행(知·行)이 쌓이면 그것이 바로 도·덕(道·德)이요 도덕이 이루어지면 그것이 바로 인·성(仁·聖)이니, 도덕이 다름 아니라 지행이요 성·명(性·命)이 다름 아니라 지행인 것이다.[38]

호선오악의 지행이 쌓인 것이 덕과 도, 곧 도덕이고, 이 도덕을 이루어낸 것이 인성(仁聖)이다. 그런데 성명은 인간에게 혜각과 자업으로 주어지므로 호선오악의 지행은 곧 혜각과 자업의 지와 행을 의미하고, 인성은 혜각과 자업의 인격화를 의미한다. 달리 표현하면 혜각과 자업은 인간에게 주어진 선천적인 것으로서 인성을 이루어내는 능력이며, 이 능력이 발휘되었을 때 비로소 도덕은 실현된다. 그러므로 성명, 지행, 도덕, 그리고 인성은 모두 같은 맥락에서 이해되지만 그 선후를 논하면 성명은 곧 도덕의 근원이 된다.

성명은 이처럼 이제마에 있어서도 역시 도덕의 근원이다. 그러나 이미 말한 바와 같이 성명은 천리나 상제천의 명령과 같은 형이상학적 개념이 아니다. 성명은 실제적으로 몸의 작위 능력으로 주어지며, 이 능력이 바로 도덕 행위를 가능하게 한다. 몸이 천과 인간을 관찰하고 바로 세우며, 또 지혜와 행업을 행하고 호선 오악 사심 태행한다는 것은 바로 이것을 설명한 말이다.[39]

그러면 몸의 작위 능력은 어떻게 도덕 행위를 가능하게 하는가? 작위 능력은 보편성으로 주어지지만 구체적인 도덕 행위는 자율의 문제다. 따라서 도덕행위의 실행 여부는 각자의 의지에 달려 있다. 이러한 이유에서 이제마는 도덕 행위의 자율성을 특별히 강조한다.

> 사람들의 이목비구(耳目鼻口)가 호선(好善)하는 마음은 뭇 사람들의 이목비구를 놓고 논해본다 하더라도 요·순(堯·舜)에게 채찍 한

---

38) 같은 곳 34장: 好人之善 而我亦知善者 至性之德也 惡人之惡 而我必不行惡者 正命之道也 知行積則道德也 道德成則仁聖也 道德非他知行也 性命非他知行也.

39) 각주 35), 36) 참조.

개만큼도 더 나은 데가 없다. 사람들의 폐비간신(肺脾肝腎)이 오악(惡惡)하는 마음은 요순의 폐비간신을 놓고 논해 본다 하더라도 뭇 사람들에게 채찍 한 개만큼도 덜한 데가 없다. 사람마다 다 요순이 될 수있다는 것은 이 때문인 것이다. 사람들의 함억제복(頷臆臍腹) 중에는세상을 속이려는 마음이 늘 숨겨져 있으니 제 본심을 간직하고 제 본성을 기른 연후라야 요순 같이 지혜롭게 될 수 있다. 사람들의 두견요둔(頭肩腰臀) 밑에는 남을 속이려는 마음이 가끔 감추어져 있으니자신을 가다듬고 正命을 바로 세운 연후에라야 사람마다 다 요순의행실처럼 될 수 있다. 사람마다 다 자기 스스로 요순이 되지 못한다는 것은 이 때문이다.[40]

인간에게는 호선오악하는 마음과 세상을 속이고 남을 속이려는 마음이 동시에 존재한다. 호선오악하는 마음은 몸에 주어진 보편성이므로 성인과 범인의 구별이 있을 수 없다. 세상과 남을 속이는 마음 역시 모든 인간에게 없을 수 없지만, 성인과 범인은 선천적으로 결정되는 것이 아니다. 성인과 범인의 구별은 세상과 남을 속이려는 마음을극복하여 본성을 기르고 정명을 바로 세우는 노력에 따라 결정된다.이처럼 호선오악의 보편성은 인간의 노력에 따라 그 실현 여부가 결정된다. 이제마가 요순과 같은 도덕행위의 자율성을 강조한 까닭이 여기에 있다.

그런데 이제마의 몸을 이해할 때에는 두 가지 점에 유의해야 한다.

---

40) 『보원』, 「성명론」 26장: 人之耳目鼻口好善之心 以衆人耳目鼻口論之 而堯舜未爲加一鞭也 人之肺肝腎脾惡惡之心 以堯舜肺脾肝腎論之 而衆人未爲少一鞭也 人皆可以爲堯舜者以此 人之頷臆臍腹之中 誣世之心每每隱伏也 存其心養其性然後 人皆可以爲堯舜之知也 人之頭肩腰臀之下 罔民之心種種暗藏也 修其身立其命然後 人皆可以爲堯舜之行也 人皆自不爲堯舜者以此.

첫째, 몸은 사람마다 다르다는 점이다. 이것은 물론 기능적인 측면의 구분인데, 몸의 유형은 크게 네 가지로 분류된다. 사상인(四象人), 곧 태양인, 태음인, 소양인, 소음인이 바로 그것이다.

> 사람이 타고난 장부의 이치에 같지 않은 것에 네 가지가 있는데, 폐가 크고 간이 작은 사람을 태양인(太陽人)이라 하고, 간이 크고 폐가 작은 사람을 태음인(太陰人)이라 하며, 비가 크고 신이 작은 사람을 소양인(少陽人)이라 하고, 신이 크고 비가 작은 사람을 소음인(少陰人)이라 한다.[41]

사상인의 분류는 물론 임상 경험에 근거를 둔 것이다. 분류의 기준은 폐비간신의 크기인데, 여기서 대소는 형태의 크기가 아니라 기능의 차이를 말한다. 그리고 몸의 장기 가운데 폐비간신에 한정하여 그 대소를 말한 것은 구조적 설명을 위한 것이지만 다른 장기들은 각기 폐비간신의 기능과 관련이 있어 그 기능들은 폐비간신의 기능 안에 포함된다고 보기 때문이다.[42] 그러나 어떻든 중요한 것은 인간이란 선천적으로 각기 다른 몸을 갖고 태어나며, 네 가지 유형으로 분류된다는 점이다.[43] 이러한 분류는 물론 몸의 차이를 밝히기 위한 것이지만 여기에는 또 몸은 완전하지 못하다는 뜻을 포함하기도 한다.

---

41) 같은 책, 四端論 1장: 人稟臟理有四不同 肺大而肝小者 名曰太陽人 肝大而肺小者 名曰太陰人 脾大而腎小者 名曰少陽人 腎大而脾小者 名曰少陰人.

42) 같은 책, 臟腑論 4장: … 故胃脘與舌耳頭腦皮毛 皆肺之黨也. 5장: … 故胃與兩乳目背膂筋 皆脾之黨也. 6장: … 故小腸與臍鼻腰脊肉 皆肝之黨也. 7장: … 故大腸與前陰口膀胱骨 皆腎之黨也.

43) 이것은 종래에 인간을 오행설에 근거하여 다섯 가지 유형으로 파악한 것과는 근본적으로 다른 것이다.

둘째는 악행의 근원이 되는 인간의 욕심도 사람마다 다르다고 파악한다. 인간은 호선오악하는 존재이면서 동시에 욕망을 추구하는 존재다.[44] 그런데 욕망을 추구하는 마음도 사람에 따라 다르다는 것이 이제마의 주장이다.

> 사람의 심욕(心慾)에 네 가지 같지 않은 것이 있으니, 예를 버리고 방종하게 구는 사람을 비인(鄙人)이라 하고, 의를 버리고 안일을 꾀하는 사람을 나인(懦人)이라 하며, 지를 버리고 남을 속이려 드는 사람을 박인(薄人)이라 하고, 인을 버리고 지극한 욕심을 부리는 사람을 탐인(貪人)이라 한다.[45]

이제마는 욕심에 따른 인간의 유형도 네 가지로 분류한다. 욕심을 구분하는 기준은 인의예지의 사단이다. 인간의 욕심은 인의예지의 사단심(四端心)을 보존하지 못하는 데서 시작된다. 욕심에 따른 유형 분류는 임상의 결과에 근거한 것으로 보이는데, 그는 욕심이 사상인의 체질과 어떤 관계가 있는지는 밝히지 않고 있다. 따라서 비박탐나인(鄙薄貪懦人)의 구분은 사상인의 분류와는 구별해야 한다. 이처럼 욕심을 분류하여 인간을 유형화한 것 역시 종래에는 발견할 수 없는 매우 독창적인 분석이 아닐 수 없다.

이제마가 유학적 인간관을 외면하고 이처럼 사상인론을 제시한 근본 이유는 어디에 있는 것일까? 사상인론은 표면상 인간의 체질은 천

---

44) 같은 책, 四端論 9장: 聖人之心無慾云者 非淸淨寂滅如老佛之無慾也 聖人之心深憂天下之不治 故非但無慾也 亦未暇及於一己之慾也.

45) 같은 책, 四端論 2장: 人趨心慾有四不同 棄禮而放縱者名曰鄙人 棄義而偸逸者名曰懦人 棄智而飾私者名曰薄人 棄仁而極慾者名曰貪人.

품(天稟)으로 정해지며, 그 체질은 각자 다르다는 것을 밝히기 위한 것으로 보인다. 그러나 더 근본적인 의미는 체질의 다름은 성정(性情)의 발현에도 차이가 있음을 밝히기 위한 것으로 보인다. 그는 인간의 성품은 체질에 따라 발현되며, 그 발현 양상도 다르다는 것을 다음과 같이 주장한다.

　태양인은 애성(哀性)은 원산(遠散)하지만 노정(怒情)은 촉급(促急)하니 애성이 원산하면 기(氣)가 폐로 주입되어 폐는 더욱 성(盛)하고 노정이 촉급하면 기가 간을 격동(激動)시켜 간은 더욱 깎일 것이니 태양인의 장국(臟局)이 폐대(肺大) 간소(肝小)로 형성되는 까닭은 이 때문이다. 소양인은 노성(怒性)은 굉포(宏抱)하지만 애정(哀情)은 촉급하니 노성이 굉포하면 기가 비로 주입되어 비는 더욱 성하고 애정이 촉급하면 기가 신을 격동시켜 신은 더욱 깎일 것이니 소양인의 장국이 비대(脾大) 신소(腎小)로 형성되는 까닭은 이 때문이다. 태음인은 희성(喜性)은 광장(廣張)하지만 락정(樂情)은 촉급하니 희성이 광장하면 기가 간으로 주입되어 간은 더욱 성하고, 락정이 촉급하면 기가 폐를 격동시켜 폐는 더욱 깎일 것이니 태음인의 장국이 간대(肝大) 폐소(肺小)로 형성되는 까닭은 이 때문이다. 소음인은 락성(樂性)은 심확(深確)하지만 희정(喜情)은 촉급하니 락성이 심확하면 기가 신으로 주입되어 신은 더욱 성하고 희정이 촉급하면 기가 비를 격동시켜 비는 더욱 깎일 것이니 소음인의 장국이 신대(腎大) 비소(脾小)로 형성되는 까닭은 이 때문이다.[46)]

---

46) 같은 곳 10장: 太陽人哀性遠散而怒情促急 哀性遠散則氣注肺而肺益盛 怒情促急則氣激肝而肝益削 太陽之臟局所以成形於肺大肝小也 少陽人怒性宏抱而哀情促急 怒性宏抱則氣注脾而脾益盛 哀情促急則氣激腎而腎益削 少陽之臟局所以成形於脾大腎小也 太陰人喜性廣張而樂情促急 喜性廣張則氣注肝而肝益盛

희로애락의 성(性)은 사상인의 체질에 따라 원산(遠散), 굉포(宏抱), 광장(廣張), 심확(深確)의[47] 형태로 작용하지만, 반대로 희로애락의 정(情)은 촉급의 형태로 작용한다. 이 성정의 작용에 따라 폐비간신의 장기는 제 기능을 하기도 하고 손상을 입기도 한다. 구체적으로 말하면 희로애락의 기(氣)가 순동(順動)하여 원산, 굉포, 광장, 심확하면 중절(中節)하게 되지만,[48] 역동(逆動)하면 부중절(不中節)하여 체질에 따른 몸 부위가 상하게 된다.[49] 순동은 곧 희로애락의 중절을 의미하고 역동은 부중절을 의미한다. 여기서 성정의 역동과 순동에 따라 인체가 폐대간소나 간대폐소 등으로 형성되는 까닭, 즉 사상인의 체질 형성에 따른 의학적 이론을 다 열거할 수는 없다. 그러나 어떻든 이제마가 밝히고자 한 것은 희로애락의 성정은 사상인 체질 형성의 요건이며, 인간의 행위에 개인차가 있는 것은 선천적인 체질의 차이에 기인한다는 사실이다.

이처럼 인간의 체질은 선천적으로 차이가 있게 주어지기 때문에 성정[喜怒哀樂]의 실중(失中)은 피할 수 없다. 그러면 체질에 따른 개인차는 선천적이기 때문에 성정의 실중을 극복할 수 없다는 것인가. 만일 극복할 수 없다면 성명의 실현은 불가능하다. 그러나 이제마는 선

樂情促急則氣激肺而肺益削　太陰之臟局所以成形於肝大肺小也　少陰人樂性深確而喜情促急 樂性深確則氣注腎而腎益盛 喜情促急則氣激脾而脾益削 少陰之臟局所以成形於腎大脾小也.

47) 이것은 희로애락의 性이 발현하는 양상을 멀리 흩어지거나 넓게 안아주고 퍼지며 굳어지는 모양으로 표현한 것이다.

48) 같은 곳 15장: 哀怒之氣順動則發越而上騰 喜樂之氣順動則緩安而下墜 哀怒之氣陽也 順動則順而上升 喜樂之氣陰也 順動則順而下降.

49) 같은 곳 16장: 哀怒之氣逆動則暴發而並於上也 喜樂之氣逆動則浪發而並於下也 上升之氣逆動而並於上則肝腎傷 下降之氣逆動而並於下則脾肺傷.

천적으로 불완전한 체질을 극복할 수 있는 길을 열어놓는다. 즉 선천
적으로 주어진 사상인의 체질은 인사(人事)의 자율적 수신[克己]을 통
해 교정되고 정상화될 수 있다고 한다.

> 태소음양인(太少陰陽)의 장국단장(臟局短長)은 음양이 변화한 것
> 이니 천품(天稟)에 따라 이미 결정된 것은 본디 논할 것도 없으며, 천
> 품에 따라 이미 결정된 것 외에도 또 단장이 있어서 그렇듯 천품이
> 완전하지 못한 자는 인사의 수·불수(修·不修)에 따라 명수(命數)도
> 좌우될 것이니 불가불 삼가야 할 것이다.[50]

음양 변화에 의해 결정되는 사상인의 장부유형(臟腑類型)은 결정론
과 비결정론이라는 두 가지 측면이 있다. 결정론적인 면은 언급할 필
요가 없지만 인사의 수·불수에 의해 명수(命數)가 결정되므로 이것은
비결정적이다. 따라서 인간은 체질에 따른 성정의 실중은 벗어날 수는
없지만, 반면 이를 극복할 수 있는 여지는 남아 있다. 이러한 언급은
불완전한 몸의 한계에도 불구하고, 인간의 몸에는 스스로 판단하고 행
동하는 자율적 능력이 있다는 것을 의미한다.

그러면 이제마는 이 자율적 능력이 어떻게 가능하다고 생각하는가?
이제마는 심(心)에서 자율 능력의 가능성을 찾는다. 물론 이 심은 오장
의 심장이 아니라 마음, 곧 주재심(主宰心)을 의미한다.

> 마음(心)은 일신(一身)의 주재자가 되어 네 모퉁이와[51] 심장을 등

---

50) 같은 곳 23장: 太少陰陽之臟局短長 陰陽之變化也 天稟之已定固無可論 天稟已
    定之外 又有短長而不全 其天稟者則人事之修不修而命之傾也 不可不慎也.

에 지고 앞가슴의 중앙을[52] 올바로 향하면 불빛처럼 밝아서 이목비
구가 살피지 못하는 것이 없으며, 폐비간신이 헤아리지 못하는 것이
없고, 함억제복이 정성을 다 하지 않는 것이 없으며, 두견요둔이 공
경하지 않는 것이 없다.[53]

마음이 일신(一身)을 주재한다는 것은 마음에는 몸을 주재할 수 있
는 기능이 갖추어져 있다는 것을 의미한다. 마음의 주재는 정중(正中)
할 수 있는 능력인데, 이 정중할 수 있는 능력에 의해 몸이 호선오악
하고 사심 태행하는 기능은 물론이요, 사상인의 체질 분류에서 보여
준 선천적인 과불급(過不及)의 차이도 극복할 수 있다. 다시 말하면 마
음이 정중의 주재 기능을 발휘할 때 비로소 몸은 천기를 살피고 인사
를 헤아리며, 사심과 태행이 아니라 정성과 공경을 다 할 수 있다. 그
러므로 이 주재심은 곧 영명주재성(靈明主宰性)이라고 해야 할 것이다.
주재심은 정중하여 광명영철(光明瑩徹)할 수 있기 때문이다.

이상의 고찰에서 우리는 성명을 이해하는 이제마의 관점은 과거와
는 근본적으로 다르다는 것을 알 수 있다. 그가 파악한 성명은 더 이
상 천리나 상제의 명령과 같은 관념적인 이해의 대상이 아니라 몸에
부여된 작위 능력으로서 구체적 개념이다. 이 작위 능력은 인간이 품
부된 본성을 스스로 기르고 또한 정명(正命)을 바로 세우는 자율적 행
위를 가능하게 한다. 그는 이 자율성을 근거로 도덕은 자율적 행위에
의해 이루어진다고 주장한다. 물론 몸에는 도덕행위를 저해하는 사심

---

51) 隅는 四隅로서 肺脾肝腎의 四臟을 가리킨다.
52) 心(主宰心)이 있는 곳.
53) 같은 책, 장부론 17장: 心爲一身之主宰 負隅背心 正向膻中 光明瑩徹 耳目鼻口
   無所不察 肺脾肝腎 無所不忖 頷臆臍腹無所不誠 頭肩腰臀 無所不敬.

이나 욕심도 함께 있지만 자율 능력은 이를 극복 가능하게 한다. 그러나 도덕의 실현 여부는 행위주체자인 인간 자신에게 책임이 있다. 때문에 도덕행위를 통해 성명을 실현하기 위해서는 천기를 살피고 인사를 헤아려서 존심양성(存心養性)과 수신입명(修身立命)할 따름이요, 더이상 천리나 상제천의 명령을 필요로 하지 않는다. 이러한 이제마의 성명관은 유가의 관점을 벗어나 있으며, 그 관점은 천리 중심에서 몸 중심으로 선회한 것이라고 해야 할 것이다.

4. 맺는 말

지금까지 필자는 전통적인 유학사상에 근원을 두면서도 그 해석에 있어서는 근본적으로 입장을 달리하는 이제마의 성명관을 고찰했다. 그는 성명을 형이상학적 관념이 아닌 몸 중심의 구체적 개념으로 설명한다. 이 장은 이러한 이제마의 성명을 구조와 기능, 그리고 자각과 실현의 측면에서 고찰하여 몸 중심으로 전개되는 구체적 내용을 집중적으로 살펴보았다. 이러한 시도는 이제마의 성명관은 종래 유가적 성명관과 어떠한 차이를 보이며, 또 그 차이의 근본적 이유는 무엇인가를 밝히는 데 있다.

이제마의 성명관과 유학적 관점과의 차이는 다음과 같이 정리할 수 있다. 첫째, 성명을 몸에 주어진 선천적 능력으로 이해할 뿐이며, 더이상 형이상학적 설명을 하지 않는다는 점이다. 이것은 성명에 대해 과거의 입장을 벗어나 그의 독자적인 관점이 있음을 천명한 것으로 해석할 수 있다. 천(天)이 성명의 근원이라는 사실 이외에 형이상학적 설명을 전혀 찾아볼 수 없다는 것은 이러한 사실을 입증한다. 따라서 이제마에 있어서 성명은 천명(天命) 인성(人性)이 아니라 몸에 주어진 천성(天性)과 인명(人命)이다.

둘째, 성명은 몸과 구조적 관계 속에서만 그 이해가 가능하다는 점이다. 천인성명의 사원구조를 이루는 성명은 인간의 생명 탄생과 동시에 몸에 부여된다. 그리고 몸에 부여된 이 성명은 선천적 작위 능력의 기능으로 작용한다. 따라서 이 기능은 몸에 혜각과 자업의 능력으로 주어진 인간의 보편성이다.

셋째, 성명은 인간의 보편성으로 주어지지만 그것을 자각하고 실현하는 것은 체질에 따라 달라야 한다고 보는 점이다. 몸은 사람마다 다 차이가 있는데, 이제마는 이것을 네 가지로 분류하여 사상인으로 유형화한다. 따라서 성명이 몸에 보편성으로 주어졌다고 하더라도 이를 실현하는 것은 몸의 유형에 따라 그 방법을 달리해야 한다.

넷째, 몸에는 스스로 판단하고 행동하는 자율적 능력이 주어져 있다는 점이다. 몸은 사상인으로 분류되는 결정론적인 측면과 인사의 수·불수에 의해 명수(命數)가 결정되는 비결정론적인 측면이 있다. 체질에 따른 성정의 실중(失中)은 피할 수 없지만, 인간은 수신하여 실중을 극복할 수 있다. 몸에는 실중의 불완전성과 함께 이를 극복하는 자율적 능력이 주어져 있기 때문이다.

마지막으로 몸 중심의 성명관은 철저하게 임상 경험에 바탕을 둔 실증적 주장이라는 점이다. 인간을 사상인의 네 가지 체형으로 분류하고 성명의 자각과 실현도 체형에 관련이 있다는 그의 주장은 객관적인 임상 지식에 근거한 것이다. 그의 성명관은 구체적이고 실증적이라는 점에서 과거의 형이상학적 관점과는 변별된다.

　이러한 차이는 성명 이해의 관점을 형이상학적 관점에서 몸 중심으로 선회시킨 결과로 해석할 수 있다. 그러나 이것은 단순한 관점의 선회가 아니라 실증적 검증을 토대로 한 해석이라는 데 주목해야 한다. 그는 인간마다 성정(性情)의 발현이 다른 것은 체질의 차이에 연유한다는 사실을 발견하고, 몸의 분석을 통해 성명을 설명하고 있기 때문이다. 따라서 그는 몸 내지는 체질의 차이를 인정하지 않는 형이상학적 해석은 받아들일 수 없었던 것이다. 어떻든 이제마가 그 동안 절대적 권위를 지켜오던 형이상학적 해석의 틀을 벗어나 몸 중심의 해석을 시도한 것은 유학사의 입장에서 성명 이해의 새로운 지평을 열어 놓은 것으로 평가받아야 할 것이다. 나아가 임상 경험에 바탕을 둔 그의 실증적 해석 방법은 형이상학적 관점과 의학 또는 과학적 지식의 접목을 통해 인간을 종합적으로 해석하려는 독창적인 성과로 평가될 수 있을 것이다.

제4장
사상설적 인간관

    조선조 말기에 활동했던 이제마는 전통 의학을 외면하고 이른바 사상의학(四象醫學)이라는 매우 독창적인 한의학 이론을 제창했다. 그런데 그는 그의 저술 어느 곳에서도 전통의학을 외면하고 사상의학을 제창하게 된 이유를 직접적으로 밝히지 않고 있다. 그가 전통의학을 외면한 근본적인 이유는 어디에 있는 것일까? 이제마 스스로 이유를 밝히지 않는 이상 그 해답은 사상의학의 이론적 구조에 대한 검토를 통해서 밝혀야만 할 것이다.

    이제마는 전통 한의학 이론은 따르지 않았지만 한의학이 유학사상에 그 이론의 바탕을 두는 전통은 그대로 이어받고 있다. 본래 중국 한의학은 유학과 깊은 관계 속에서 발전해 왔다. 중국의 한의학은 이미 상고시대부터 싹트기 시작했지만 그 체계를 갖추게 된 것은 선진시기에 유학이 '공자학'으로서 일가를 이룬 이후의 일이다. 그 후 유학사상은 기존의 학문을 배척하고 새로운 학설을 세우는 변화를 거듭했는데, 의가(醫家)도 역시 유가 학설의 변화에 따라 옛 처방을 배척하고 각기 일파를 창설하게 된다.[1] 이러한 중국 한의학의 영향을 받은 우리 나라의 한의학 역시 유학사상과 밀접한 관계 속에서 발전하게 된다.

유학사상과의 밀접한 관계는 이제마의 사상의학에 있어서도 예외는 아니다. 이제마를 흔히 조선조 후기 실학자로 분류하는 것은 그의 의학사상이 유학에 바탕을 두고 있기 때문이다. 따라서 이제마의 사상의학을 적절히 이해하기 위해서는 그의 유학사상에 대한 이해가 선행되어야 한다는 것은 두말할 필요가 없다. 그런데 이제마의 유학사상은 그 사승관계를 말하기 어려울 정도로 매우 독창적이다.[2] 그의 사상은 조선조 후기 실학적 성격을 지니고 있는 것이 사실이지만, 그의 사상이 어느 특정한 실학자의 영향을 받아 형성되었다고 보기는 어렵다. 이제마의 사상의학설이 독창적이라는 까닭이 여기에 있다.

그러면 이제마의 사상의학은 어떤 점에서 그 이론적 근거를 유학에 두고 있으면서도 유학사상과 차이를 보이는 것일까? 이 의문을 풀어 가는 것이 바로 사상의학의 이해에 관건이라고 생각한다. 그리고 이 의문을 풀어 가는 데에는 다양한 접근 방법이 있겠지만, 필자는 이제마의 인간관을 검토하는 것이 그 핵심적 열쇠가 될 수 있다고 본다. 그것은 이제마가 유학사상에서는 찾아볼 수 없는 새로운 인간 이해에 기초하여 그의 사상의학을 전개하고 있기 때문이다. 이러한 맥락에서 필자는 사상의학의 인간관을 유학의 인간관과 대비적으로 검토함으로써 그 이론적 독창성을 드러내려고 한다.

---

1) 林殷(문재곤 역), 『한의학과 유교문화의 만남』(서울: 예문서원, 1999), 25쪽.
2) 李乙浩, 「李東武 四象說 論攷」, 『철학연구』 제7집(1972), 1쪽 참조.

1. 유가의 인간관

이제마의 사상의학이 비록 새로운 형태의 인간 이해라 할지라도 그
것은 유학사의 관점에서 볼 때 전통적인 유가의 인간관에 기초를 두고
있다. 그런데 유가의 인간관은 유학사상 자체의 문제라고 할 만큼 중
요한 것이지만 이러한 유가 인간관의 변화를 철학사적인 입장에서 일
별해 본다는 것은 매우 어려운 일이다. 따라서 여기에서는 이제마의
인간관과 관련해서 유학의 인간관에 어떤 변화가 있었는가를 주희와
정약용을 중심으로 간략히 살펴보고자 한다. 왜냐하면 이들의 인간관
은 다 같이 공맹유학에 바탕을 두고 있으면서도 그 접근 방법과 내용
에 있어서 이제마의 인간관과 선명하게 대비될 수 있기 때문이다.

잘 알려진 것처럼 공맹유학 시대는 인본주의적 인간관이 확립된 시
기이다. 이 시기의 유학은 이른바 수기치인(修己治人)의 학으로서 인
간은 윤리적·정치적·교육적 존재로 이해된다. 다시 말하면 인간은
수기의 측면에서는 윤리적 존재요, 치인의 측면에서는 정치적 존재요,
수기치인의 완성이라는 측면에서는 교육적 존재로 파악된다. 따라서
이때는 인간을 자연과 독립된 존재요, 금수와는 다른 도덕적 존재로
파악함으로써 천지인(天地人) 삼재(三才)를 통괄하는 주재자로 이해하
는 인문주의적 인간관이 확립된 시기이다.

공맹유학 시대의 인간관은 송대에 이르러 크게 변화된 모습을 보인
다. 위·진·수·당(魏·晋·隋·唐)시대의 노·불학(老·佛學)에 영
향을 받은 송대 초기 유학자들은 공맹유학을 철학적으로 재해석하기
시작한다. 주렴계(周濂溪)로부터 시작된 이러한 작업은 주희에 이르러

이론적 의리지학으로 재구성되어 이른바 '리학(理學)'으로 집대성된다.

송대 유학에서는『중용』수장의 '천명지위성(天命之謂性)'과『주역』
건괘의 '건도변화 각정성명(乾道變化 各正性命)'을 해석하면서 천과
건도를 우주(天)로, 성(性)과 성명(性命)을 인물(人物)의 성으로 풀이한
다. 주희는 이러한 해석을 바탕으로 인간을 포함한 모든 존재를 이기
론으로 설명한다. 그에 의하면 우주만물은 기화(氣化)로 이루어지며,
그 기화의 주재원리는 리(理)이다. 인간과 만물이 생겨날 때 천으로부
터 리를 부여받는데, 이 리가 곧 성(性)이다.[3] 그리고 인간의 성에는
동물과는 달리 인의예지의 사덕(四德)이 선천적으로 구유되어 있는데,
이 사덕은 천도인 원형이정(元亨利貞)의 사덕에 근원한 것이다. 따라서
천명으로 부여된 인간의 성은 본래부터 선한 것으로서 순선하다.『맹
자』의 '성선지성'(性善之性)과『주역』계사전의 '계지자 성야(繼之者
性也)'는 곧 이를 가리키는 말인데, 이것이 이른바 본연지성이다. 인성
은 이처럼 순선한 것이지만 우주의 기화는 천차만별로 나타난다. 그러
므로 인간의 성은 각자 다르게 나타난다. 각자 다른 성의 차이가 곧
기질지성이다. 이 기질지성은 기질의 청탁에 따라 선과 악이 함께 있
을 수 있다. 기질의 탁함이나 인간의 사사로운 욕망은 순선한 본성을
가리게 되므로 욕망의 절제와 억제를 통해서 도덕적 선을 실현해야 한
다는 것이 수양론의 요지이다.

여기에서 주목되는 것은 인간의 성은 천으로부터 부여받는 리이기
때문에 천리와 성리는 곧 둘이 아닌 하나로 인식된다는 점이다. 주희
는 이러한 인식을 바탕으로 천리를 따르는 것이 인간의 도덕적 윤리가

---

3) 朱熹,『中庸章句』1장.

되어야 한다고 생각한다. 인간의 성은 천리로 주어진 것이기 때문에
여기에는 다른 도덕적 가치 기준이 개입될 여지가 없다. 성리로서의
인성의 실현이 곧 인간의 도덕 윤리의 실천인 동시에 천리의 실현이
되기 때문이다. 또 하나 주목해야 할 것은 주희가 기(氣)를 인간을 형
성하는 중요한 조건이면서도 악행의 원천으로 인식한다는 점이다. 그
가 기질의 청탁으로 인해 선과 악이 함께 있을 수 있다고 한 것은 도
덕적 불선은 오직 탁한 기질에 그 원인이 있다고 보았기 때문이다. 따
라서 그는 이기이원론을 통해 모든 것을 해석하면서도 이기의 가치론
적 측면에서 리를 존귀한 것으로 기를 비천한 것으로 설명한다. 기는
인간의 선한 본성을 실현하는 장애가 될 수 있기 때문에 사사로운 욕
망이나 탁한 기질은 항상 경계와 배제의 대상이다. 그가 천리를 보존
하고 인욕(人欲)을 억제할 것을 주장한 것은 사사로운 욕망을 억제하
지 못하고서는 인간의 도덕적 수양이나 행위는 불가능하다고 보기 때
문이다. 주희가 인간의 사적인 욕망을 철저히 부정하고 자강불식(自强
不息)하여 영원불변하는 천도에 순응할 것을 요구하는 까닭이 여기에
있다. 여기에서 우리는 천인합일(天人合一)을 지향하는 인간을 이상적
인간으로 생각하는 성리학적 인간관을 발견할 수 있다.

　정주학을 수용한 한국 성리학자들은 정주의 사상을 바탕으로 하면
서도 우주론보다는 인간의 심성 문제에 더 많은 관심을 보인다. 사
단·칠정과 인심·도심에 관한 논변이나 인물성동이 논쟁 등은 인간
이해에 대한 진일보된 한국 성리학의 업적이라 할 수 있다. 그러나 이
러한 업적에도 불구하고 이들이 이해하는 인간은 주희의 성리학적 인
간관의 틀을 벗어났다고 볼 수 없다. 이들은 각기 다른 일면이 없지

않지만 크게 보면 주희의 이기론적 인간관의 틀 안에서 이해되기 때문
이다.

이러한 이기론적 인간관은 정약용에 이르러서 근본적인 변화를 보
인다. 정약용은 성리학적 이기론의 근거가 되는 태극을 천지가 분화하
기 이전의 혼돈한 시원자요, 음양의 배태자요, 만물의 태초로 이해하
면서도 성리학자들이 말하는 무형의 리(理)로는 이해하지 않는다.[4] 많
은 옛 경전들을 검토해 보면 리자는 맥리(脈理), 다스림(治理), 법을 다
스림(法理)이라는 글자를 가차한 것이며, 형체가 없는 것을 리, 형질이
있는 것을 기, 하늘이 명한 본성을 이, 칠정의 발동을 기라고 한 예는
없기 때문이다. 따라서 성을 리로 해석하는 성리학적 리 개념은 유가
경전에 근거한 주장이라고 볼 수 없다.[5] 그리고 기 개념도 공자가 말
한 호색(好色), 호투(好鬪)의 혈기나 맹자가 말한 몸에 가득한 기(體之
充)와는 본질적으로 다르다. 인간이 생동하고 느끼는 데에는 오직 혈
기가 있을 뿐이며, 이 기는 마치 천지에 있는 공기[遊氣]와 같이 사람
의 몸에 충만한 것이다. 따라서 이 혈기로서의 기는 형질이 있는 것을
기라 하는 성리학적 기 개념과는 본질적으로 다른 것이다.[6] 이와 같이

---

4) 丁若鏞, 『易學緒言』, 『與猶堂全書 3집』(서울: 경인문화사, 1982), 3권, 1쪽: 太極
者 天地未分之先 渾敦有形之始 陰陽之胚胎 萬物之太初也. … 但所謂太極者是
有形之始 其謂之無形之理者 所未敢省悟也.

5) 정약용, 『맹자요의』, 『전서 2』, 2권, 26쪽: 理字之義因可講也 … 曷嘗以無形者
爲理 有形者爲氣 天命之性爲理 七情之發爲氣乎 … 靜究字義皆脈理治理法理
之假借爲文者 直以性爲理有古據乎.

6) 같은 책, 1권, 17쪽: 氣之爲物不可不覈 若以後世理氣之說 渾合言之 則大不可也
原夫吾人之所以生養動覺 惟有血氣二物 … 故孔子論好色好鬪之理 兼言血氣
而孟子論不動心之理 單言氣以氣爲物 … 故孟子自註曰氣者體之充 夫充於體者
何物 非他氣也 是氣之在人體之中 如遊氣之在天地之中 … 總與理氣之氣不同

정약용은 성리학적 이기(理氣) 개념을 공맹유학의 이기 개념과는 본질적으로 다른 것이라고 이해한다. 그가 성리학적 이기론을 인정하지 않았던 이유는 바로 여기에 있었던 것이다.

성리학적 이기 개념을 부정한 정약용은 성명 개념에 대해서도 역시 원시유학에 근거하여 부정적 견해를 갖는다. 정약용에 의하면 천에는 자연으로서의 천의 의미도 있지만 천명의 천은 신격(神格)을 지닌 무형한 천이다.[7] 이는 곧 영명무형한 천으로서의 상제천을 가리킨다. 그는 천명을 다시 부성지명(賦性之命)과 득위지명(得位之命)으로 나누어 보는데, 전자는 윤리적 천명이요, 후자는 정치적 천명이라고 할 수 있다.[8] 여기서 성과 관련시켜 보아야 할 것은 윤리적 천명이다. 인간이란 영명한 성품을 천명으로 부여받는 존재인데,[9] 상제는 바로 이 영명을 통해 인성의 지향을 지시하고 감시하고 명령한다.[10] 그런데 이 영명은 천명으로 부여받은 것이기 때문에 인간은 상제와 같은 류의 영명을 지니게 되어 천명을 감응할 수 있게 된다.[11] 요컨대 상제는 인간에게 영명을 부여하고 또 이 영명을 통해서 인간을 주재하지만, 인간도 역시 이 영명을 통해 상제가 경계하는 소리를 들을 수 있게 된다는 것이다.[12] 따라서 정약용은 내재적 존재인 상제는 인간의 도심에 깃들어

(理氣家凡有形質者謂之氣).

7) 정약용, 『중용책』, 『전서 1』, 7쪽: 臣以爲高明配天之天 是蒼蒼有形之天 維天於穆之天 是靈明主宰之天.

8) 정약용, 『시경강의』, 『전서 2』, 3권, 15쪽: 天命有賦性之命 有得位之命.

9) 정약용, 『중용강의보』, 『전서 2』, 1권, 2쪽: 天下萬民各於胚胎之初 賦此靈明超越萬類享用萬物 … 人之受天只此靈明.

10) 정약용, 『심경밀험』, 『전서 2』, 26쪽: 天於賦生之初 予之以此性 使之違惡以趨善.

11) 정약용, 『중용자잠』, 『전서 2』, 1권, 5쪽: 天命不但於賦生之初界以此性 原來無形之體 妙用之神以類相入與之相感也.

있다고 한다.[13] 이렇게 보면 정약용이 파악한 상제는 외재적 존재가
아니라 내재적 존재임을 알 수 있다.

천명의 천을 상제로 파악한 정약용은 천명으로 부여받은 인간의 성
을 천리가 아닌 마음의 기호라고 해석한다.[14] 기호에는 육체적 기호인
형구지기호(形軀之嗜好)와 정신적 · 윤리적 기호인 영지지기호(靈知之
嗜好)가 있는데,[15] 전자는 기질성이요, 후자는 도의성을 말한다.[16] 기
질성은 육체가 기호하는 것이 그 속성이요, 도의성은 선을 좋아하고
악을 미워하며 덕을 좋아하고 더러운 것을 부끄럽게 여기는 것이 그
속성이다.[17] 이러한 속성에 근거해 보면 인심은 기질이 발한 것이요,
도심은 도의가 발한 것이다.[18] 인성은 바로 이 도의와 기질의 합일체
이다.[19] 다시 말하면 도의와 기질은 이원적 요소가 아니라 인성의 양
면성이다. 이는 인성을 본연과 기질로 분리하여 보는 성리학의 이원적
성설과는 근본적으로 다른 것이다. 정약용이 인성을 성리학자들과는
다르게 파악한 것은 인간을 이해하는 데에 근본적인 변화가 있었음을

---

12) 같은 책, 3쪽: 天之喉舌寄在道心 道心之所儆告 皇天之所命戒也.

13) 같은 책, 3쪽: 天之喉舌 寄在道心.

14) 같은 책, 2쪽: 然據性字本義而言之 則性者心之嗜好也 … 天命之性 亦可以嗜好言.

15) 정약용, 「자찬묘지명」, 『시문집』, 『전서 1』, 16쪽: 有形軀之嗜好有靈知之嗜好
    均謂之性 … 以耳目口體之嗜爲性 此形軀之嗜好也 天命之性 性與天道性善 盡
    性之性 此靈知之嗜好也.

16) 정약용, 『맹자요의』, 『전서 2』, 2권, 19쪽: 蓋人性者合道義氣質二者而爲一性者
    也 禽獸性者純是氣質之性而已.

17) 같은 곳: 其爲物也 樂善而惡惡 好德而恥汚.

18) 같은 책, 20쪽: 故粵自上古已有人心道心之說 人心者氣質之所發也 道心者道義
    之所發也.

19) 같은 책, 19쪽: 蓋人性者合道義氣質二者而爲一性者也 禽獸性者純是氣質之性
    而已.

의미한다.

정약용이 성리학적 인간 이해와 다른 가장 큰 변화를 보인 것은 인간을 신(神)과 형(形)이 묘합(妙合)되어 이루어진 합일체적 존재로 파악한 데 있다.[20] 그는 육체의 변화는 마음의 영향에 의한 것이라는 구체적인 의학적 지식을 동원함으로써 신형이 묘합되어 있다고 주장한다.[21] 그리고 심신 또한 묘합된 것이라고 보며, 신과 형을 묘합시키는 추뉴(樞紐)가 심이라고 본다.[22] 나아가 정약용에 따르면 이 심은 신명(神明)이 사는 집으로서[23] 신묘한 활동 능력을 갖는다.[24]

이 신형묘합의 논리에서 주목해야 할 것은 정약용은 신과 함께 형을 인간의 존재 형태의 한 축으로서 그 가치를 인정한다는 점이다. 주희는 악행의 원인을 기품이나 사사로운 욕망의 탓으로 보기 때문에 선행을 위해서는 이를 철저히 경계하고 타고난 착한 본성을 회복해야 한다고 주장한다. 그러나 정약용은 인간을 욕망이 있는 존재로 파악하면서도 반드시 이 욕망을 악의 원인으로 돌리지 않는다.[25] 인간이 무엇인가를 추구하는 것은 그 대상이 이록이든 도의든 본래적인 욕망이 있기 때문에 가능하다. 따라서 그는 오히려 이록과 도의를 따르는 결과에 관계없이 욕망 그 자체를 긍정한다. 욕심의 부정은 선악의 도덕적 문제를

---

20) 정약용, 『논어고금주』, 『전서 2』, 9권, 17쪽: 人者 妙合神形而混然爲一者也 故其發之爲心者 有因道義而發者謂之道心 有因形質而發者謂之人心.
21) 정약용, 『맹자요의』, 『전서 2』, 1권, 19쪽: 然神形妙合肥瘠相關 心廣則體胖 慾盛則眸眊 美在中則睟面而盎背 愧內在則汗出而色赧 皆神形妙合之明驗也.
22) 같은 책, 32쪽: 神形妙合乃成爲人 … 心爲血府 爲妙合之樞紐 故借名曰心.
23) 정약용, 『맹자요의』, 『전서 2』, 2권, 28쪽: 心者 吾人神明之所宅也.
24) 정약용, 『심경밀험』, 『전서 2』, 37쪽: 心之爲物 活動神妙.
25) 정약용, 『중용자잠』, 『전서 2』, 1권, 4쪽: 民之生也不能無慾 循其慾而充之 放辟邪侈無不爲已.

따지기 이전에 본질적으로 삶을 포기하는 결과가 되기 때문이다.[26]

이와 같이 정약용은 도의와 기질을 인성의 양면성으로 파악하고 나아가 인간을 신과 형이 묘합된 존재로 파악했다. 특히 그는 인간을 관념이 아닌 심신이 묘합되어 존재하는 구체적 증거를 제시했으며, 또한 그는 욕망을 악의 원인이 아닌 삶을 추구하는 원동력으로 이해했다. 정약용이 제시하는 이러한 신형묘합적 인간 이해는 성리학적 인간관과 구별되는 매우 구체적이고도 새로운 형태의 인간관이라 할 수 있을 것이다.

이상과 같이 주희와 정약용은 다 같이 공맹유학의 인간관에 그 근거를 두고 있지만 정약용은 주희가 취했던 형이상학적 관점을 버리고, 실증적인 관점을 통해 인간을 심신묘합의 존재로 해명하고 있다. 그러면 유학에 바탕을 둔 사상의학자로서의 이제마는 인간을 어떻게 이해하고 있는가? 이제 사상의학의 철학적 기반을 이루는 이제마의 인간관을 살펴보고자 한다.

2. 사원구조적 인간

이제마의 대표적 저술인 『격치고(格致藁)』와 『동의수세보원(東醫壽世保元)』을 검토해보면 거의 모든 문장이 사상(四象)구조로 이루어져

---

26) 정약용, 『심경밀험』, 39쪽: 吾人靈體之內 本有願欲一端 若無此欲心 即天下萬事
都無可做 唯其喩於利者欲心從利祿上穿去 其喩於義者欲心從道義上穿去 欲之
至極二者皆能殺身而無悔 所謂貪夫殉財 烈士殉名也. 余嘗見一種人其心泊然無
欲 不能爲善不能爲惡 不能爲文不能爲産業 直一天地間棄物 人可以無欲哉.

있음을 볼 수 있다. 그런데 이 사상구조는 인간의 네 가지 체질을 분류하는 단순한 구조가 아니라 이제마 의학이론의 사상적 기저를 이루는 하나의 구조적 원리를 담고 있음을 발견할 수 있다. 이 구조적 원리는 어떻게 이루어져 있는 것일까? 이제 이제마 사상의학의 총론이라 할 수 있는 『동의수세보원』 제1장 「성명론」을 중심으로 구조적 원리를 찾아보고자 한다. 「성명론」에는 이제마가 말하는 사상체질의 구조적 원리가 가장 잘 드러나 있기 때문이다.

이제마는 사상체질을 설명하기에 앞서 인간을 고립적인 개체로서가 아니라 구조적 틀 속에서 파악하고 있음을 「성명론」 첫 장에서 밝히고 있다.

> 천기(天機)에는 네 가지가 있으니, 첫째는 지방(地方)이요, 둘째는 인륜(人倫)이요, 셋째는 세회(世會)요, 넷째는 천시(天時)니라.
> 인사(人事)에는 네 가지가 있으니, 첫째는 거처(居處)요, 둘째는 당여(黨與)요, 셋째는 교우(交遇)요, 넷째는 사무(事務)니라.[27]

이제마의 구체적인 언급은 없지만 「성명론」의 이 대전제는 인간이란 천기와 인사라는 구조적 틀 속에서 존재한다는 사실을 설명하려는 것이다. 이를 분석해 보면 천기와 인사는 서로 대를 이루며, 또 이들은 각기 지방·인륜·세회·천시와 거처·당여·교우·사무라는 네 가지 틀로 형성되어 있다. 이것은 사실 이제마 사상설의 기저를 이루는 사원구조의 대전제로 이해해야 한다. 왜냐하면 이제마의 사상설은 모

---

27) 李濟馬, 『東醫壽世保元』, 성명론 1~2장: 天機有四 一曰地方 二曰人倫 三曰世會 四曰天時. 人事有四 一曰居處 二曰黨與 三曰交遇 四曰事務.

두 이 사원구조를 바탕으로 설명되고 있기 때문이다.

그러면 천기와 인사의 이 네 가지 구조는 인간과 어떤 관련이 있다는 것인가? 이제마는 인간의 신체부위를 천기와 인사에 직접 관련시켜 설명함으로써 천기와 인사와의 관계 속에서 구조적인 인간 이해를 시도한다.

> 귀는 천시를 듣고 눈은 세회를 보며 코는 인륜을 맡고 입은 지방을 맛본다.[28]

> 폐는 사무에 통달하고 비는 교우를 섭취하며 간은 당여를 정립하고 신은 거처를 안정케 한다.[29]

이목비구가 천기를 감각적으로 지각하고, 폐비간신이 인사에 관여한다는 것은 무엇을 의미하는가? 그것은 인체를 독립된 개체가 아니라 천기와 인사와의 유기체적 관계 속에서 존재한다는 것을 상징적으로 표현한 것이다. 유학에서 자연과 분리된 인간을 생각하지 않는다는 것은 이미 오래된 상식이다. 이제마의 이러한 설명 역시 유학의 인간관에 바탕을 둔 견해로 보아야 할 것이다. 그리고 천기와 인사의 네 구조와 인체의 네 부위를 대를 이루어 관여한다고 설명한 것은 역시 인체를 이해하는 데 있어서도 구조적 이해에 그 바탕을 두고 있음을 암시하는 것이다. 그는 이러한 이유에서 과거의 오장설을 취하지 않고 폐비간신이라는 사장설을 취한 것이다. 이러한 구조관계는 인간의 행

---

28) 같은 곳 3장: 耳聽天時 目視世會 鼻嗅人倫 口味地方.
29) 같은 곳 5장: 肺達事務 脾合交遇 肝立黨與 腎定居處.

동양식을 설명하는 곳에서 더욱 선명히 드러난다.

> 턱에는 주책이 있고 가슴속에는 경륜이 들어 있으며 배꼽에는 행
> 검이 있고 아랫배에는 도량이 있다.30)

> 머리에는 식견이 들어있고 어깨에는 위의가 갖추어져 있으며 허리
> 에는 재간이 있고 볼기에는 방략이 있다.31)

신체의 일부인 함억제복과 두견요둔에 경륜이나 식견 등 인간의 행
동양식이 갖추어져 있다는 것은 무엇을 말하는가? 인간의 신체와 행동
양식의 관련성을 해명하는 의학적 설명은 필자의 능력을 넘어선 것이
다. 그러나 한 가지 분명한 것은 인간의 정신활동이나 행동양식은 신
체와 무관하지 않은 것으로 파악했음은 의심의 여지가 없어 보인다.
이러한 사실은 다음 인용문에서 더욱 명백하게 드러난다.

> 이목비구는 천에서 관찰하게 되고 폐비간신은 사람에게서 바로 서
> 며 함억제복은 그 지혜를 실천에 옮기고 두견요둔은 그의 행업을 실
> 행한다.32)

이것은 신체가 천과 인간과의 관계는 물론이요 자신의 지·행(知·
行)까지도 관여한다는 설명이다. 물론 이러한 설명은 이제마의 의학적

---

30) 같은 곳 7장: 頷有籌策 臆有經綸 臍有行檢 腹有度量.
31) 같은 곳 9장: 頭有識見 肩有威儀 腰有材幹 臀有方略.
32) 같은 곳 11장: 耳目鼻口觀於天也 肺脾肝腎立於人也 頷臆臍腹行其知也 頭肩腰
　　臀行其行也.

경험을 토대로 한 것이지만, 인간의 신체가 자신의 행동양식에까지 관여한다는 주장은 유학 이론에서는 찾아보기 힘든 독창적인 견해가 아닐 수 없다. 이러한 점에서 인간의 구체적인 정신활동이 신체와 무관하지 않다는 주장은 이제마의 인간관을 밝히는 중요한 단서가 된다고 할 수 있겠다.

그런데 여기에서 주목되는 것은 이제마가 가리키는 구체적인 신체부위이다. 위에서 제시된 신체부위는 모두 16곳이다. 이목비구는 감각적 지각기관이요, 폐비간신은 장기이다. 또한 함억제복과 두견요둔은 각기 신체의 전면부위와 후면부위를 가리킨다. 이을호 교수는 이들 신체 부위가 전체적으로 보면 복합사원구조로 형성되어 있음을 밝혀 정전황극형(井田皇極形)으로 도식화하여 설명하고 있다.[33] 여기에서 우리는 이제마가 천인관계는 물론이요 인간의 신체까지도 구조적 관계로 이해하고 있다는 것을 알 수 있다. 그의 인간 이해 방식이 구조적이라는 까닭이 바로 여기에 있다.

이제마는 이 복합적 사원구조를 바탕으로 신체활동이 구체적으로 어떻게 이루어지는가를 설명한다. 그는 인간의 신체란 단순히 신체가 갖고 있는 형태적 기능에 그치는 것이 아니라 정신활동 기능까지 갖추고 있다고 생각한다. 물론 이러한 기능은 구조적인 연관 속에서 이루어진다.

> 귀는 선성(善聲)을 좋아하고, 눈은 선색(善色)을 좋아하고, 코는 선취(善臭)를 좋아하고, 입은 선미(善味)를 좋아한다.[34]

---

33) 李乙浩,「李東武 四象說 論考」,『철학연구』제7집(1972), 4쪽 참조.
34) 李濟馬,『東醫壽世保元』,「성명론」15장: 耳好善聲 目好善色 鼻好善臭 口好

폐는 악성(惡聲)을 싫어하고, 비는 악색(惡色)을 싫어하고, 간은 악
취(惡臭)를 싫어하고, 신은 악미(惡味)를 싫어한다.[35]

턱에는 교심(驕心)이 있고, 가슴에는 긍심(矜心)이 있고, 배꼽에는
벌심(伐心)이 있고, 배에는 과심(夸心)이 있다.[36]

머리에는 천심(擅心)이 있고, 어깨에는 치심(侈心)이 있고, 허리에
는 나심(懶心)이 있고, 볼기에는 욕심(慾心)이 있다.[37]

이목비구가 아름다운 소리나 색 등을 좋아하고 반대로 함억제복이
나쁜 소리나 냄새 등을 싫어한다는 것은 무엇을 말하는가? 그것은 신
체가 형태적 기능만이 아니라 좋아하고 싫어하는 정신활동의 기능도
함께 갖추고 있다는 것을 의미한다. 함억제복과 두견요둔에 교긍벌과
하고 천치나욕하는 마음이 있다는 것 역시 같은 맥락에서 이해되어야
한다. 이제마는 이처럼 인간에게 호선 오악하고 사심(邪心) 태행(怠行)
하는 마음이 인간에게 보편적으로 주어져 있다고 생각한다.[38] 말하자
면 그는 도심의 양면성을 호선오악으로, 그리고 인심의 양면성을 사심
태행으로 표현한 것이다. 어떻든 이제마는 신체를 단순히 신체가 갖는
물리적 기능뿐만 아니라 정신적 활동기능까지 갖추어져 있다고 이해
한 것이다.

善味.

35) 같은 곳 17장: 肺惡惡聲 脾惡惡色 肝惡惡臭 腎惡惡味.
36) 같은 곳 19장: 頷有驕心 臆有矜心 臍有伐心 腹有夸心.
37) 같은 곳 21장: 頭有擅心 肩有侈心 腰有懶心 臀有慾心.
38) 같은 곳 23장: 人之耳目鼻口 好善無雙也 人之肺脾肝腎 惡惡無雙也 人之頷臆臍
腹 邪心無雙也 人之頭肩腰臀 怠行無雙也.

이러한 사원구조적 인간 이해는 성명론에 있어서도 그대로 이어진
다. 이제마는 천이 인간에게 성명(性命)을 부여함을 다음과 같이 설명
한다.

하늘이 만민을 내실 때에 성(性)은 혜각(慧覺)으로서 마련해 주었
으니 만민이 삶에 있어서 혜각이 있으면 살고 혜각이 없으면 죽는다.
혜각이란 덕(德)이 생겨나게 하는 것이기도 하다.39)

하늘이 만민을 내실 때에 명(命)은 자업(資業)으로서 마련해 주었
으니 만민이 삶에 있어서 자업이 있으면 살고 자업이 없으면 죽는다.
자업이란 도(道)가 생겨나게 하는 것이기도 하다.40)

그의 설명에 따르면 인간은 성과 명을 천으로부터 부여받는데, 인간
에게서 드러나는 그 구체적인 성·명의 모습은 곧 혜각과 자업이다.
달리 말하면 성과 명은 인간에게 부여된 본성과 이 본성을 실현하는
역사적 사명을 뜻한다고 할 수 있다.41) 따라서 명은 천의 명령으로 이
해하는 성명론과는 근본적으로 그 의미가 다르다. 이에 관한 것은 후
술하겠지만 어떻든 여기에서 우리는 성·명의 문제에 있어서도 천·
인·성·명으로 구조화하여 설명함으로써 인간을 구조적으로 이해하
고자 했음을 알 수 있다.

---

39) 같은 곳 30장: 天生萬民性以慧覺 萬民之生也 有慧覺則生 無慧覺則死 慧覺者德
之所由生也.
40) 같은 곳 31장: 天生萬民命以資業 萬民之生也 有資業則生 無資業則死 資業者道
之所由生也.
41) 김만산, 「주역의 관점에서 본 사상의학원리(1)」, 『동서철학연구』 제18호, 한국동
서철학회(1999), 30쪽 참조.

이상과 같이 이제마는 인간을 개별자가 아닌 구조적인 관계 속에서 이해하고자 한다. 즉 천기를 지방, 인륜, 세회, 천시라는 네 구조로 설정하고 이 구조 속에 인간이 존재하며, 그 인간은 다시 거처, 당여, 교우, 사무라는 인사의 네 구조 안에서 존재하는 것으로 파악하며, 나아가 신체 역시 사원구조로 설명하고, 그 신체가 천기와 인사에 관여하는 것으로 파악한다. 그리고 성·명의 문제에 있어서도 과거와는 달리 구조화하여 설명한다.

이제마는 그의 사상의학을 유학사상에 바탕을 두고 전개하면서도 왜 이처럼 인간을 구조적으로 설명하려 하는가? 그것은 그가 유학의 시각과는 달리 임상 체험을 통하여 인간은 구조적으로 체질이 다르다는 것을 확인했기 때문이다. 이제 구조적 인간 이해에 바탕을 둔 그의 인간관을 살펴보고자 한다.

3. 사상설적 인간관

이제마는 사상의학의 총론이라 할 수 있는 『동의수세보원』 첫 머리에 성명론과 사단론을 다루고, 또 그 내용 있어서도 요·순 또는 공·맹과 같은 성인을 이상적 인간으로 제시하고 있다. 이러한 점에서만 보더라도 그가 지향하는 이상적 인간은 본질적으로는 유학사상이 제시한 이상적 인간의 범주를 벗어나지 않는다는 것을 알 수 있다. 그러나 그가 인간을 이해하는 관점은 근본적으로 과거의 방식을 넘어서 있다는 데 주목할 필요가 있다. 사상인 곧 태양, 태음, 소양, 소음인이라는 개념에서도 알 수 있듯이 그는 이미 인간을 네 가지 유형으로 나누고 있기 때문이다. 이제 구조적 이해의 관점에 유의하면서 그의 인간관을 살펴보고자 한다.

이제마는 천기나 천생만민(天生萬民) 또는 성·명을 말하면서도 천에 대한 구체적인 언급이 없다. 그러나 이들 개념의 내용을 살펴보면 천생의 천은 천생증민유물유칙(天生蒸民有物有則)이나[42] 천생덕어여(天生德於予)의[43] 천과 의미가 같고, 천기는 앞서 살펴보았던 것처럼 인간의 존재 근거로서의 의미를 갖는다. 따라서 천기는 이제마의 독창적인 개념으로서 인간을 포함한 만물의 존재 근거로 이해되며, 천생의 천은 성·명의 근원이라는 점이 다를 뿐 근원적 천이라는 점에서는 선진시대의 천 개념과 동일하다고 할 수 있다.[44]

이제마가 말하는 천은 모두 인식이 가능하며 인식해야만 하는 대상이다. 천기는 인간의 존재 구조를 밝히는 형이상학적 개념인 동시에 인간의 감각기관에 의해 지각되는 대상이기도 하다. 상징적 설명이기는 하지만 이목비구가 천시, 세회, 인륜, 지방을 듣고 보고 냄새맡고 맛본다고 한 것은 이를 두고 한 말이다.[45] 그런데 여기서 주목해야 할 것은 이목비구가 천기를 인식하는 주체가 된다는 점이다. 이제마는 왜 감각기관인 이목비구를 인식의 주체로 파악하는가? 이에 대한 해답은 천생의 천과 성·명과의 관계 속에서 찾을 수 있다.

---

42) 『詩經』, 「大雅 蒸民」; 『孟子』, 「告子」 상.

43) 『논어』, 「술이」.

44) 李乙浩, 「李東武 四象說 論考」, 『철학연구』 제7집(1972), 7쪽 참조.

45) 『보원』, 「성명론」 36장: 或曰吾子之言 … 耳之聽天時 目之視世會則可也 而鼻何以嗅人倫 口何以味地方乎 曰處於人倫察人外表默探各人才行之賢不肖者 此非嗅耶 處於地方均嘗各處人民生活之地利者 此非味耶.

천생의 천은 앞장에서 살펴보았던 것처럼 인간에게 성(性)을 혜각으로서 부여하고 명(命)을 자업(資業)으로서 부여한다. 따라서 인간의 존재 의미는 이 혜각과 자업의 간직 여부에 달려 있게 되며 동시에 혜각과 자업은 덕과 도가 생겨나는 곳이기도 하다. 때문에 인의예지 충효우제와 같은 제반 백선(百善)은 혜각에서 나오고, 사농공상 전택방국과 같은 제반 백용(百用)은 자업에서 나온다고 한다.46) 말하자면 인간의 덕은 혜각으로서 주어진 성을 실현하여 얻어지며, 도는 자업으로서 주어진 명을 실현하여 얻어진다는 것이다.

이제마는 이러한 성·명을 박통한 것이 성이요, 독행한 것이 명이라고 설명한다.47) 박통과 독행은 무엇을 의미하는가? 그에 따르면 주책 경륜 행검 도량은 박통하는 자요, 식견 위의 재간 방략은 독행하는 자이다.48) 즉 성은 인간에게 보편성으로 주어진 것이기 때문에 박통하고, 명은 인간 모두에게 주어진 것이지만 각자에게 다르게 주어진 것이기 때문에 독행한다는 것이다. 그런데 주책 경륜 행검 도량은 함억제복에 갖추어져 있고 식견 위의 재간 방략은 두견요둔에 갖추어져 있다. 따라서 인간이 박통할 수 있는 것은 함억제복에 주책 경륜 행검 도량의 능력이 갖추어져 있고, 독행할 수 있는 것은 두견요둔에 식견 위의 재간 방략의 능력이 갖추어져 있기 때문에 가능한 것이다. 그가 함억제복은 지혜를 실천에 옮기고, 두견요둔은 그 행업을 실행한다고

---

46) 같은 곳 32장: 仁義禮智忠孝友悌 諸般百善 皆出於慧覺 士農工商田宅邦國 諸般百用 皆出於資業.

47) 같은 곳 14장: 大同者天也 各立者人也 博通者性也 獨行者命也.

48) 같은 곳 13장: 籌策博通也 識見獨行也 經綸博通也 威儀獨行也 行檢博通也 材幹獨行也 度量博通也 方略獨行也.

말한 것은 바로 여기에 근거한 주장이다.

이와 같이 이제마는 성과 명은 신체에 갖추어져 있고 또 신체의 활동을 통해 드러난다고 생각한다. 따라서 이목비구가 천시를 듣고 세회를 본다거나 폐비간신이 사무에 통달하고 교우를 섭취한다는 등 인간의 신체가 주체가 되어 사물을 인식한다는 설명은 이와 같은 맥락에서 이해되어야 한다. 나아가 이목비구가 아름다운 소리나 색 등을 좋아하고 반대로 나쁜 소리나 냄새 등을 싫어하며, 함억제복과 두견요둔에 교긍벌과하고 천치나욕하는 마음이 있다는 설명도 마찬가지다. 이렇게 보면 천이 인간에게 성을 부여한다는 유학의 입장은 그대로 수용하면서도 성이 드러나는 것을 신체의 부위와 연관시켜 이해하는 이제마의 관점은 천리나 심의 기호로 풀이하는 관념적 해석으로부터 멀어져 있음을 알 수 있다.

그러면 천이 부여해 준 성·명은 신체에 갖추어져 있으면서 어떻게 그 모습을 드러내는가? 이제마는 그것이 심에 의해 그 모습을 드러낸다고 생각한다.

> 사람들의 이목비구가 호선하는 마음은 뭇 사람들의 이목비구를 놓고 논해본다 하더라도 요·순에게 채찍 한 개만큼도 더 나은 데가 없다. 사람들의 폐비간신이 오악하는 마음은 요·순의 폐비간신을 놓고 논해본다 하더라도 뭇 사람들에게 채찍 한 개만큼도 덜한 데가 없다. 사람마다 다 요·순이 될 수 있다는 것은 이 때문인 것이다. 사람들의 함억제복 중에는 세상을 속이려는 마음이 늘 숨겨져 있으니 제 본심을 간직하고 제 본성을 기른 연후에야 요·순 같이 지혜롭게 될 수 있다. 사람들의 두견요둔 밑에는 남을 속이려는 마음이 가끔 감추

어져 있으니 자신을 가다듬고 명을 바로 세운 연후에야 사람마다 다 요·순의 행실처럼 될 수 있다. 사람마다 다 자기 스스로 요·순이 되지 못한다는 것은 이 때문인 것이다.[49]

성인과 범인의 구별 없이 이목비구 등 신체에 호선 오악하고 무세 망민하는 마음이 있다고 한 것은 무슨 뜻인가? 그것은 신체에 부여된 성·명은 마음을 통해 드러난다는 것을 말한다. 호선 오악과 무세 망민(사심, 태행)하는 마음은 앞장에서 언급했던 것처럼 심의 양면성인 도심과 인심의 다른 표현이다. 호선 오악하는 마음 곧 도심이 발동하여 선을 실현함으로써 인간은 비로소 요·순과 같은 성인이 될 수 있다. 동시에 이 도심은 무세 망민하는 인심에 의해 제약을 받기는 하지만 인간은 존심 양성과 수신 입명의 수양을 통해 요·순의 지혜[知]와 행실[行]을 이룰 수 있다.

그러면 인심을 극복하고 도심을 실현할 수 있는 가능성은 어디에 있는가? 이제마는 함억제복과 두견요둔에는 주책 경륜 행검 도량과 식견 위의 재간 방략이 있고, 또 지[四知]와 행[四行]의 실행 능력이 있다고 한다.[50] 그런데 지는 박통의 성(性)이요 혜각이며, 행은 독행의 명(命)이요 자업이다. 그러므로 함억제복과 두견요둔의 사지(四知)와 사

---

49) 같은 곳 26장: 人之耳目鼻口好善之心 以衆人耳目鼻口論之 而堯舜未爲加一鞭也 人之肺肝腎惡惡之心 以堯舜肺肝腎論之 而衆人未爲少一鞭也 人皆可以爲堯舜者以此 人之頷臆臍腹之中 誣世之心每每隱伏也 存其心養其性然後 人皆可以爲堯舜之知也 人之頭肩腰臀之下 罔民之心種種暗藏也 修其身立其命然後 人皆可以爲堯舜之行也 人皆自不爲堯舜者以此.

50) 같은 곳 11장: 耳目鼻口觀於天也 肺脾肝腎立於人也 頷臆臍腹行其知也 頭肩腰臀行其行也.

행(四行)은 곧 혜각과 자업의 근본이 된다.[51] 따라서 혜각과 자업의 근
본이 되는 지·행의 능력이 곧 인심을 극복하고 도심을 실현할 수 있
는 가능성의 근거인 것이다. 그러나 함억제복과 두견요둔에 이 지·행
의 능력이 갖추어져 있다고 해서 언제나 인심을 극복할 수 있는 것은
아니다. 이 때문에 그는 함억제복과 두견요둔은 어리석고[愚] 사람답
지 않다고[不肖] 하고,[52] 또 내 마음과 몸이 되어 있을지라도 어리석
음과 불초함을 면하는 것은 자신에게 달려 있다고 말한다.[53] 이것은
이제마가 인간에게 자율권이 주어져 있으며, 또 이러한 자율적 노력에
의해 인심이 극복될 수 있다는 것을 말하는 것이다.

　사실 이제마에게 있어 자율적 노력은 매우 중요한 의미를 갖는다.
그것은 성·명을 자각하고[知] 실행하는[行] 관건이 되기 때문이다.
남의 선행을 좋아하면서 나 또한 선행할 줄 아는 것은 지성(至性: 天
性)의 덕이요, 남의 악행을 미워하면서 나는 결코 악행을 하지 않는 것
은 정명(正命: 天命)의 도이다. 지·행이 쌓이면 그것이 바로 도·덕이
요 도·덕이 이루어지면 그것이 바로 인·성(仁·聖)이므로 도·덕은
다름 아니라 지·행이요 성·명이 다름 아니라 지·행이다.[54] 이 때
문에 이제마는 지·행의 실행을 위해 존심 양성하고 수신 입명하는

51) 李濟馬, 洪淳用·李乙浩 譯述, 『四象醫學原論』(서울: 수문사, 1973), 19쪽 참조.
52) 『보원』,「성명론」28장: 耳目鼻口人皆知也 頷臆臍腹人皆愚也 肺脾肝腎人皆賢
　　也 頭肩腰臀人皆不肖也.
53) 같은 곳 29장: 人之耳目鼻口天也 天知也 人之肺脾肝腎人也 人賢也 我之頷臆臍
　　腹我自爲心 而未免愚也 我之免愚在我也 我之頭肩腰臀我自爲身 而未免不肖也
　　我之免不肖在我也.
54) 같은 곳 34장: 好人之善 而我亦知善者 至性之德也 惡人之惡 而我必不行惡者 正
　　命之道也 知行積則道德也 道德成則仁聖也 道德非他知行也 性命非他知行也.

자율적 노력을 강조한 것이다.

이제마의 성·명을 통해 보면 인간을 이해하는 시각이 과거와는 매우 달라져 있음을 볼 수 있었다. 인간의 신체를 복합적인 사원구조로 설명하고 바로 이 신체의 부위에 성·명이 혜각과 자업으로 부여된다고 하는 점에 있어서는 더욱 그러하다. 그러나 이제마 인간관의 가장 중요한 변화는 이러한 성·명의 구조적 이해를 바탕으로 인간을 네 가지 유형으로 분류하여 이해하는 데 있다. 이것이 이른바 태양, 태음, 소양, 소음의 사상인(四象人)이다.

사상(四象)은 주역의 태극(太極), 음양(陰陽), 사상(四象), 팔괘(八卦)로 이어지는 사상에서 취한 개념이라는 것은 이미 잘 알려진 사실이다. 이제마는 사상 개념에 대한 구체적인 설명이 없이 다만 그것을 사원구조 원리로서 내세우고 있을 따름이다.[55] 어떻든 이 사원구조에 근거한 네 유형의 인간은 장부(臟腑)의 이치가 같지 않다는 데에 기초한 분류이다. 그리고 장부의 구조원리로 폐비간신을 내세우고 그 외의 장부는 다루지 않는다.

> 사람이 타고난 장부의 이치에 같지 않은 것에 네 가지가 있는데, 폐가 크고 간이 작은 사람을 태양인(太陽人)이라 하고, 간이 크고 폐가 작은 사람을 태음인(太陰人)이라 하며, 비가 크고 신이 작은 사람을 소양인(少陽人)이라 하고, 신이 크고 비가 작은 사람을 소음인(少陰人)이라 한다.[56]

---

55) 李乙浩, 「李東武 四象說 論考」, 『철학연구』 제7집(1972), 3~4쪽 참조.
56) 『보원』, 「사단론」 1장: 人稟臟理有四不同 肺大而肝小者 名曰太陽人 肝大而肺小者 名曰太陰人 脾大而腎小者 名曰少陽人 腎大而脾小者 名曰少陰人.

서구 세계에서는 이미 고대 그리스에서 서양의학의 아버지인 히포 크라테스(Hippocrates)가 사대체액설(四大體液說: 粘液·膽汁·多血·憂 鬱)을 제시했으며, 20세기 초에 오스트리아의 병리학자인 란트슈타이 너(K. Landsteiner)가 사대혈액형설(四大血液型說: A·B·AB·O)을 제시하여 인간을 구별해 보려는 시도가 있었다. 그러나 이제마의 사상 인은 단순히 체액이나 혈액이 아니라 장리로부터 심성에 이르기까지 이를 종합하고 체계화하여 분류한 것이다.[57] 사상인은 단순히 폐비간 신의 크고 작음을 기준으로 분류한 듯이 보인다. 그러나 크고 작음은 상징적 표현이라는 점에 유의해야 한다. 왜냐하면 사상인은 희로애락 의 성정(性情)이 원산 촉급하면 폐비간신이 성(盛)하거나 삭(削)하게 되 어 그 기능이 강하거나 약한 장국(臟局)이 형성된다고 보는데 이를 대 소(大小)로 표기하기 때문이다.

> 태양인은 애성(哀性)은 원산(遠散)하지만 노정(怒情)은 촉급하니 애 성이 원산하면 기(氣)가 폐로 주입되어 폐는 더욱 성하고 노정이 촉 급하면 기(氣)가 간을 격동시켜 간은 더욱 깎일 것이니 태양의 장국 이 폐대(肺大) 폐소(肝小)로 형성되는 까닭은 이 때문이다. 소양인은 노성(怒性)은 굉포(宏抱)하지만 애정(哀情)은 촉급하니 … 태음인은 희성(喜性)은 광장(廣張)하지만 락정(樂情)은 촉급하니 희성이 광장하 면 기(氣)가 간으로 주입되어 간은 더욱 성하고 락정이 촉급하면 기 (氣)가 폐를 격동시켜 폐를 더욱 깎을 것이니 태음의 장국이 간대 폐 소로 형성되는 까닭은 이 때문이다. 소음인은 ….[58]

---

57) 李濟馬, 『四象醫學原論』, 36쪽 참조.
58) 『보원』, 「사단론」10장: 太陽人哀性遠散而怒情促急 哀性遠散則氣注肺而肺益 盛 怒情促急則氣激肝而肝益削 太陽之臟局所以成形於肺大肝小也 少陽人怒性

이것은 사상인의 장국이 희로애락의 성정(性情)에 의해 형성됨을 보
여 주는 구체적인 설명이다. 장부는 선천적으로 주어진 것이지만 사상
인의 장국은 성정의 원산·괭포·광장·심확하는 작용에 의해 형성
된다. 따라서 성정은 장국 형성의 절대적인 요건이다. 이제마는 희로
애락의 성정이 장국에 구체적으로 어떻게 작용하는지에 관해 매우 복
잡한 설명을 하고 있다. 그러나 어떻든 이제마는 희로애락의 성정이
중절(中節)하지 못하고 폭노심애(暴怒深哀)하거나 랑락심희(浪樂深喜)
하면 폐비간신이 상(傷)하기 때문에 경계할 것을 강조한다.[59]

> 태소음양(太少陰陽)의 장국단장(臟局短長)은 음양이 변화한 것이
> 니 천품(天稟)에 따라 이미 결정된 것은 본시 논할 것도 없다. 그러나
> 천품에 따라 이미 결정된 것 외에 또한 단장(短長)이 있어서 천품이
> 완전하지 못한 자는 인사(人事)의 수(修)·불수(不修)에 따라 명수(命
> 數)도 좌우될 것이니 불가불 삼가야 할 것이다.[60]

장부유형은 음양 변화에 의해 결정되므로 천품은 변화할 수 없다.
그러나 성정(희로애락)의 실중(失中: 부중절)은 인사의 수신에 의해 정
상화될 수 있다. 말하자면 사상인의 체질은 천품으로 타고난 것이지만
각각의 체질이 갖고 있는 특성을 살피고 이 특성에 따라 폭노심애하고

宏抱而哀情促急 … 太陰人喜性廣張而樂情促急 喜性廣張則氣注肝而肝益盛
樂情促急則氣激肺而肺益削 太陰之臟局所以咸形於肝大肺小也 少陰之臟局 ….
59) 李濟馬, 『四象醫學原論』, 51~52쪽 참조.
60) 『보원』, 「사단론」 23장: 太少陰陽之臟局短長 陰陽之變化也 天稟之已定固無可
論 天稟已定之外 又有短長而不全 其天稟者則人事之修不修而命之傾也 不可不
愼也.

랑낙심희하는 성정을 수신을 통해 중절해 간다면 주어진 생명을 온전히 보전할 수 있다는 것이다. 수·불수의 자율성은 성·명의 지행(知行)에 있어서 뿐만 아니라 성·정의 장국 형성에 있어서도 관건이 되어 있음을 알 수 있다. 요컨대 사상인은 선천적으로 주어진 유형이며 후천적 변화는 없다. 따라서 사상인 이외의 유형, 예컨대 팔괘나 오행설(五行說)에 근거한 유형은 존재하지 않는다.

이제마가 사상의 유형으로 나누어 파악한 인간은 철저히 유학사상에 근거를 둔 것이다. 그러나 인간을 천기와 인사의 사원구조 속에서 신체 안에 혜각과 자업으로 주어진 성·명을 자각하고 실행하는 자율적 존재로 파악한 것은 과거에는 볼 수 없는 새로운 견해가 아닐 수 없다. 특히 인간은 네 유형의 다른 모습으로 태어나며 사상인의 장국이 희로애락의 성·정(性·情)에 의해 형성된다는 이론은 매우 독창적인 견해라 할 수 있다.

4. 맺는 말

지금까지 필자는 이제마 사상의학에 담겨 있는 인간관을 고찰했다. 이제마의 인간관을 주희와 정약용의 인간관을 대비하여 고찰한 결과 필자는 그의 인간관은 유학사상에 근거를 두고 있으면서도 유학적 인간관과는 근본적으로 다르다는 것을 발견할 수 있었다. 즉 주희는 인성을 천리로 해석하여 인간을 형이상학적 관점에서, 그리고 정약용은 인성을 마음의 기호로 해석하여 인간을 심신이 묘합된 존재라는 관점에서 이해했다. 그러나 이제마는 인성을 우리의 신체 안에 주어져 있는 것으로 해석함으로써 도덕적 행위 주체로서의 인간을 몸 중심의 관점에서 이해하는 관점의 차이를 드러내었다. 이를 근거로 필자는 다음과 같은 결론을 내리고자 한다.

첫째, 이제마는 그의 사상의학을 유학사상에 근거하여 전개하면서도 기본 틀에서부터 그 내용에 이르기까지 인간 이해의 관점을 바꾸는 대수술을 시도했다. 그것은 자신의 임상에서 얻어진 확신에서 시도된 것으로서 종래 관념적인 인간관으로서는 효과적인 치병 방법을 얻을 수 없다고 판단했기 때문이다.

둘째, 이제마가 시도한 수술은 크게 두 가지로 나누어 볼 수 있다. 하나는 인간을 추상적인 형이상학적 세계가 아니라 구조적 틀 속에서 자신에게 부여된 성·명을 자각하고 실행하는 존재로 파악한 것이요, 또 하나는 사상인이라는 네 유형을 제시하여 인간의 체질은 기계처럼 동일하지 않다고 보는 점이다. 그것은 호선 오악하는 성이나 희로애락의 정이 인간에게 보편성으로 주어지면서도 체질에 따라 각기 다르게 나타나며 또 장부에 다르게 작용한다고 파악했기 때문이다.

셋째, 이제마는 성·명이나 성·정 같은 형이상학적 개념을 인간의 신체 안에 끌어내림으로써 도덕적 선행이나 생명의 보존 여부를 인간 자신의 책임으로 돌려놓았다. 인간에게 부여된 성·정을 자각하고 실행하거나 또는 희로애락의 성정을 절제하여 생명을 보전하는 것은 인간의 자율성의 문제로 파악했기 때문이다.

비록 사상이라는 가설에 의해 형성된 인간상이기는 하지만 이제마가 제시한 사상인은 인간을 이해하는 새로운 시각으로 받아들일 수 있을 것이다. 요컨대 이제마의 사상인은 유교적 전통 안에서 인간을 이해하는 독창적인 시각을 제공했다고 할 것이며, 이러한 의미에서 필자는 이를 '사상설적 인간관'이라 이름하고자 한다.

제5장
윤리관

　고려 말에 전래된 주자학은 조선조 초기에 조선의 정치적·사회적 지배 이념으로 확립된 이후 차츰 절대적인 권위를 갖게 되었다. 주자학은 조선조 사회의 전반에 걸쳐 많은 영향을 끼치게 되었는데, 특히 윤리 사상의 영향은 거의 절대적이라고 할 수 있다. 그러나 조선조 후기에 이르러 주자학은 점차 그 정당성을 의심받기 시작했고, 특히 17세기를 전후하여 전래된 양명학, 서학, 고증학 등은 당시의 실학자들에게 주자학에 대해 더욱 회의적인 시각을 갖게 했다.[1] 그런데 다양한 논의에도 불구하고 이들의 논의는 주자학의 극복이라는 측면에서 볼 때 아직 초기 단계에 머물러 있다고 할 수 있다. 반주자적 경전 해석과 함께 제도 개혁 등 경세학적 논의를 시도하고 있지만 그들은 아직 주자학 전반을 극복하는 새로운 학문 체계를 갖추지 못했기 때문이다.

　주자학의 극복은 정약용에 의해 이루어졌다고 할 수 있다. 그는 반

---

1) 금장태, 『한국실학사상연구』(서울: 집문당, 1987), 18쪽 참조.

주자학적 태도에 그치는 것이 아니라 새로운 학문 체계를 구축하여 유학의 근본정신을 되찾고자 하였다. 정약용의 입장은 근본적으로는 유학을 이해하는 패러다임의 변화라고 할 수 있다. 그는 유학의 핵심 사상인 성(性)·명(命)을 해석함에 있어서 주희와는 완전히 다른 인식 체계를 모색하기 때문이다. 이러한 측면에서 보면 이제마의 사상 체계 역시 새로운 패러다임의 모색이라고 해석할 수 있다. 이제마는 성·명의 해석에 있어서 주자학은 물론이요 정약용과 확연히 구별되는 학문 체계를 이루고 있기 때문이다.[2] 그러면 주희와 정약용의 학문 체계를 부정하는 이제마의 관점은 어떠한 것인가? 본고는 이러한 이제마의 학문 체계를 이해하는 한 방법으로 그의 윤리관을 검토하려고 한다. 그의 윤리관은 주희는 물론이요 정약용과 다른 독자적인 접근 방법과 방향을 드러내고 있기 때문이다. 본고는 이제마 윤리 사상의 근거가 되는 성·명의 문제, 인간의 이해 방식, 나아가 윤리적 존재의 자각과 실천의 문제를 주희와 정약용과의 대비적 관점에서 검토하여 그의 윤리 이론의 독자성을 밝혀나갈 것이다.

1. 윤리사상 근거로서의 성·명

이제마의 사상의학(四象醫學)을 검토하면 과거의 학문과는 다른 두 가지 태도가 발견된다. 하나는 전통 한의학 이론을 거부하고 사상의학

---

2) 필자는 이제마의 성명관은 과거 천리나 상제설적 성명관의 구도를 벗어나 있음을 밝힌 바 있다. 이 책 3장, 70~71쪽 참조.

이라는 독창적인 의학 이론을 전개한다는 점이다. 다른 하나는 종래 한의학자들이 그러했듯이[3] 유학 사상을 한의학 이론의 바탕으로 하면서도 기존의 유학 이론과는 다른 독창적인 이론을 전개한다는 점이다. 그의 독창적인 이론은 윤리사상의 근거가 되는 성·명의 해석에서 가장 잘 드러난다. 그리고 성·명에 대한 이제마의 해석의 독창성은 주희와 정약용과의 대비적 관점에서 고찰할 때 더욱 선명히 드러난다.

성·명을 유학의 주요 문제로 다룬 것은 북송의 유학자들이다. 그들은 도(道)·불(佛)을 극복하는 새로운 유학 이론을 정립하기 위해『중용』첫 장의「천명(天命)」과『주역』건괘의 '천(天)'·'건도(乾道)'를 우주[天]로, 그리고 성과 성명을 인물의 성으로 해석했다. 성·명의 이러한 형이상학적 해석은 이후에 학문적 입장에 따라 해석이 달라졌고, 주희 역시 모든 이론을 이기이원론(理氣二元論)을 바탕으로 전개했다.

주희는 윤리 사상의 근거가 되는 성명을 이기론(理氣論)으로 재구성한다. 주희의 성·명에 대한 견해는 우주 생성에 관한 설명에 잘 나타나 있다. 그는『중용』1장의 "천명지위성(天命之謂性)"절을 해석하면서 "천이 음양오행으로 만물을 낳을 때 기(氣)는 형체를 이루고 리(理) 또한 부여하는데, 이것은 마치 명령하는 것과 같다"고 설명한다.[4] 그런데 태극은 리(理)이므로 천명은 곧 태극의 리(理)를 가리키고, 천이 만물을 낳는다는 것 또한 천리의 운행을 가리킨다. 그러므로 천명은 명령하는 것으로 표현했을 뿐이요, 그것은 곧 이법으로서 천리의 운행을 의미한다. 우주만물은 기화(氣化)에 의해 생성되고, 기화의 주재원

---

3) 林殷(문재곤 역),『한의학과 유교문화의 만남』, 25~41쪽 참조.

4) 朱熹,『중용장구』, 1장.

리는 리(理)라는 것이 그의 우주론의 요지다.

우주의 생성을 이기로 설명한 주희는 인간의 타고난 성(性) 역시 리
(理: 天理)로 파악한다. 이러한 견해는 "사람과 만물이 태어남에 각기
부여받은 바의 리(理)를 얻음으로 인하여 건순(健順)·오상(五常)의 덕
을 삼으니 이것이 이른바 성"이라는 언급에서 확인할 수 있다.[5] 그런
데 성을 리(理)로 설명할 경우 인성과 물성의 차이가 없게 되고, 인간
들의 성에도 차이가 없게 되는 문제가 발생한다. 그는 기의 정/편(正
偏)과 통/색(通塞) 또는 기질지성의 청/탁(淸濁) 등으로 이 문제를 해명
하려고 했지만, 이 해명 역시 논란의 여지를 남기고 있다. 여기서 중요
한 것은 우주 생성의 과정과 인성을 모두 이기 개념으로 설명하여 성
명을 형이상학적 개념으로 해석했다는 점이다.

주희의 성·명에 대한 형이상학적 해석은 한국 성리학에 절대적 영
향을 주었지만 정약용은 이를 일체 인정하지 않는다. 정약용도 태극을
주희처럼 음양의 배태자나 만물의 태초로서 유형의 시원으로 파악한
다.[6] 그러나 정약용은 태극을 이기론으로 이해하지는 않는다. 옛 경전
들을 검토해 보면 理 개념은 대체로 맥리(脈理), 치리(治理), 법리(法理)
의 의미로 쓰이고 있을 뿐이며 이기론과는 관계가 없기 때문이다.[7] 기
의 개념도 공자가 말하는 혈기(血氣)나 맹자가 말하는 몸에 가득한 기

---

5) 같은 곳.
6) 丁若鏞, 『易學緖言』, 『與猶堂全書 3집』(서울: 경인문화사, 1982), 3권, 1쪽: 太極
者 天地未分之先 渾敦有形之始 陰陽之胚胎 萬物之太初也. … 但所謂太極者是
有形之始 其謂之無形之理者 所未敢省悟也.
7) 정약용, 『맹자요의』, 『전서 2』, 2권, 26쪽: 理字之義因可講也 … 曷嘗以無形者
爲理 有形者爲氣 天命之性爲理 七情之發爲氣乎 … 靜究字義皆脈理治理法理
之假借爲文者 直以性爲理有古據乎.

를 인정할 뿐 이기론적 기 개념을 인정하지 않는다.8) 정약용이 이해하는 성명은 그 근본적인 시각부터 주희와는 다르기 때문이다.

정약용은 천을 자연천(自然天)과 영명(靈明)한 주재 능력을 지닌 상제천(上帝天)으로 구분한다.9) 상제천의 명(命)은 다시 윤리적 천명인 부성지명(賦性之命)과 정치적 천명인 득위지명(得位之命)으로 구분한다.10) 천은 이 부성지명을 인간에게 영명한 성품으로 부여하여11) 인성의 지향을 감시하고 명령한다. 동시에 인간은 이 영명한 성품을 통하여 천명을 감응한다.12) 그러므로 천과 인간이 서로 감응하게 하는 매개체는 영명성(靈明性)이다. 영명성은 인간의 도심에 내재하며, 인간은 이를 통해 상제천이 경계하는 목소리[喉舌]를 들을 수 있다.13) 천의 후설(喉舌)은 도심에 내재하는 영명성의 자각을 통해서만 가능하므로 상제천은 그 성격상 내재적 존재다.

정약용은 인간에게 영명성으로 주어진 성을 마음의 기호로 해석한다.14) 그는 인간은 신형(神形)이 묘합된 존재이며,15) 기호에는 육체가

---

8) 같은 책, 1권, 17쪽: 氣之爲物不可不蔽 若以後世理氣之說 渾合言之 則大不可也 原夫吾人之所以生養動覺 惟有血氣二物 … 故孔子論好色好鬪之理 兼言血氣 而孟子論不動心之理 單言氣以氣爲物 … 故孟子自註曰氣者體之充 夫充於體者 何物 非他氣也 是氣之在人體之中 如遊氣之在天地之中 … 總與理氣之氣不同 (理氣家凡有形質者謂之氣).

9) 정약용, 『중용책』, 『전서 1』, 7쪽: 臣以爲高明配天之天 是著著有形之天 維天於 穆之天 是靈明主宰之天.

10) 정약용, 『시경강의』, 『전서 2』, 3권, 15쪽: 天命有賦性之命 有得位之命.

11) 정약용, 『중용강의보』, 『전서 2』, 1권, 2쪽: 天下萬民各於胚胎之初 賦此靈明超 越萬類享用萬物 … 人之受天只此靈明.

12) 정약용, 『중용자잠』, 『전서 2』, 1권, 5쪽: 天命不但於賦生之初界以此性 原來無 形之體 妙用之神以類相入與之相感也.

13) 같은 책, 3쪽: 天之喉舌寄在道心 道心之所儆告 皇天之所命戒也.

기호하는 형구(形軀)의 기호와 정신이 기호하는 영지의 기호가 있다고
말한다.16) 좀더 말하면 인간은 육체와 정신이 묘합된 존재이기 때문에
육체가 기호하는 기질성과 선을 좋아하고 악을 싫어하며 덕을 좋아하
고 더러운 것을 부끄럽게 여기는 도의성(道義性)이 함께 있다는 것이
다. 여기서 중요한 것은 인간의 성은 도의와 기질이 합쳐져 하나의 성
을 이룬다는 사실이다.17) 정약용이 말하는 도의와 기질은 인성의 양면
성이요, 이원적 요소가 아니다. 이러한 입장은 성을 본연과 기질의 성
으로 구분했던 주희의 견해와는 근본적으로 다른 것이다.

성·명은 유교적 전통의 윤리 사상의 공통적 근거가 되지만 이를
이해하는 이들의 견해는 이처럼 천의 해석에서부터 현격한 차이를 보
인다. 이제마 역시 성·명을 윤리 도덕의 근거로 이해한다. 그러나 그
가 이해하는 성·명은 다음과 같은 세 가지 측면에서 이들과는 근본
적으로 다르다.

첫째, 이제마는 천이 인간에게 성명을 부여한다고 말하면서도 천의
존재 자체에 대해서는 언급하지 않는다. 그는 오직 천이 인간에게
성·명을 부여한다는 사실, 그리고 성·명은 인간에게 혜각과 자업으
로 주어진다는 사실만을 언급한다.18) 이것은 천리설이나 상제설을 받

---

14) 같은 책, 2쪽: 然據性字本義而言之 則性者心之嗜好也 … 天命之性 亦可以嗜好言.

15) 정약용, 『논어고금주』, 『전서 2』, 9권, 17쪽: 人者 妙合神形而混然爲一者也 故
其發之爲心者 有因道義而發者謂之道心 有因形質而發者謂之人心.

16) 정약용, 「자찬묘지명」, 『시문집』, 『전서 1』, 16쪽: 有形軀之嗜好有靈知之嗜好
均謂之性 … 以耳目口體之嗜爲性 此形軀之嗜好也 天命之性 性與天道性善 盡
性之性 此靈知之嗜好也.

17) 정약용, 『맹자요의』, 『전서 2』, 2권, 19쪽: 蓋人性者合道義氣質二者而爲一性者
也 禽獸性者純是氣質之性而已.

18) 李濟馬, 김용준 편, 『東醫壽世保元』(서울: 박문서관, 1921), 「성명론」 30장: 天生

아들이지 않겠다는 뜻으로 해석되기도 하지만, 그의 관심은 천이 아니라 성·명을 부여받은 인간에게 있다는 것을 간접적으로 표현한 것이다. 이제마의 성명론은 부여받은 성·명을 어떻게 자각하고 실현할 것인가에 집중되어 있다는 것이 이러한 해석을 가능케 한다.

둘째, 성·명은 천리나 상제천의 명령과 같은 추상적 개념이 아니라 구체적 실증적 개념이다. 이제마에 의하면 천은 인간에게 성을 혜각으로, 명을 자업으로 부여한다. 혜각과 자업으로 주어진 성·명은 천과 인간의 구조적 기능적 관계에 기초한 구체적 개념이다. 성·명은 천·인·성·명이라는 사원구조를 형성하고 동시에 이 구조 안에서 이들의 관계가 설명되기 때문이다. 좀더 구체적으로 설명하면 그는 몸을 이목비구(耳目鼻口), 폐비간신(肺脾肝腎), 함억제복(頷臆臍腹), 두견요둔(頭肩腰臀)으로 구조화하여 이해하고 이목비구와 폐비간신은 각기 천기인 천시, 세회, 인륜, 지방과 인사인 사무, 교우, 당여, 거처를 관여하고,[19] 함억제복과 두견요둔은 각기 주책, 경륜, 행검, 도량과 식견, 위의, 재간, 방략의 능력을 갖추었다고 한다.[20] 말하자면 인간의 몸은 성·명을 혜각과 자업으로 부여받기 때문에 천기와 인사를 인식할 수 있는 기능은 물론이요 행위 능력까지 동시에 갖는다는 것이다. 이제마의 성·명이 추상적 개념이 아니라는 근거가 여기에 있다.

萬民性以慧覺 … 天生萬民命以資業 …. 李濟馬, 『格致藁』권2, 艮箴 상: 天下億兆之命 在厥初生 莫不各受哲命於天而考其終也 亦莫不各供成命於天也. 無曰高高在上 視之不見 聽而不聞 體物而不可遺.

19) 『보원』, 「성명론」 3장: 耳聽天時 目視世會 鼻嗅人倫 口味地方 ; 같은 곳 5장: 肺達事務 脾合交遇 肝立黨與 腎定居處.

20) 같은 곳 7장: 頷有籌策 臆有經綸 臍有行檢 腹有度量 ; 같은 곳 9장: 頭有識見 肩有威儀 腰有材幹 臀有方略.

셋째, 이제마의 성·명은 천명과 인성이 아니라 천성과 인명이다. 이제마에 따르면 천기는 대동(大同)한 것이요 인사는 각립(各立)하는 것이며, 주책, 경륜, 행검, 도량은 박통(博通)한 것이요 식견, 위의, 재간, 방략은 독행(獨行)하는 것이다. 그리고 박통한 것은 성(性)이며, 독행한 것은 명(命)이다. 이 설명에 따르면 대동한 것이 천이고 박통한 것이 성이므로 대동박통은 곧 천성(天性)이요, 각립하는 것이 인(人)이요 독행하는 것이 명(命)이므로 각립독행은 곧 인명(人命)이다. 여기서 대동과 박통은 혜각(慧覺)으로서 보편성을 의미하고, 각립과 독행은 자업(資業)으로서 독자적 행위를 의미한다. 다시 말하면 성·명은 대동박통, 곧 보편성으로서의 천성과 각립독행, 곧 독자적 행위로서의 인명을 의미한다. 따라서 이제마의 성·명은 천명과 인성이 아니라 천성과 인명이다.[21]

성·명을 윤리 도덕의 근거로 해석한 것은 새로운 것이 없지만, 주목해야 할 것은 성·명을 이해하는 이제마의 관점이다. 주희는 노·불(老·佛)의 학문을 극복하기 위해 공·맹의 원시유학을 이기이원론으로서 새롭게 해석했고, 정약용은 다시 주자학을 포함한 오학(五學)의 부장을 걷어냄으로써 공·맹의 근본정신을 회복하려고 했다. 그러나 이제마는 천에 대한 추상적 논의를 배제하고, 성·명을 몸과의 구조적 관계 속에서 구체적 개념으로 해석함으로써 천명과 인성을 천성과 인명으로 바꾸어 놓았다. 사상의학의 결정체인 『동의수세보원』 첫 머리 성명론에서 이러한 관점을 피력한 것은 그가 성·명을 포함한 유학의 근본 문제를 새로운 시각에서 해석한 것임을 예고한 것이다. 필자는

---

21) 이 책 3장, 71쪽 참조.

이러한 관점에서 인간이해에 대한 이제마의 새로운 해석을 검토하려
고 한다.

2. 구조적·기능적 인간

앞장에서 말한 바와 같이 주희는 공·맹이 확립한 인본주의적 인간
관을 이기이원론으로 재해석했으나, 정약용은 다시 공·맹의 근본 정
신에 기초하여 인간을 신형(神形)이 묘합된 존재로 파악했다. 그런데
이제마는 또 다시 이들과는 다른 새로운 인간관을 제시한다. 이제 이
들 인간관의 차이를 비교하는 방법을 통하여 이제마의 관점을 밝혀 보
려고 한다.

주희는 인간을 포함한 만물의 생성 과정을 이기라는 보편적 원리로
해명한다. 모든 생명체는 생명을 부여받을 때 기화(氣化)에 의해 형체
를 이루고, 동시에 기화를 주재하는 리(理)를 부여받는다. 따라서 천명
으로 주어진 성은 理로 대체된다. 그런데 인간의 성은 사덕(四德)을 선
천적으로 구유하기 때문에 동물의 성과 구별된다. 그리고 이 사덕은
천도인 원형이정(元亨利貞)에 뿌리를 둔 것이기 때문에 인간의 성은
순선(純善)하다. 이것이 이른바 본연지성이다.

그러나 인간은 순선의 성을 지니고 있음에도 불구하고 우주의 기화
는 천차만별로 나타나기 때문에 인간의 성은 각자 다르게 나타난다.
이 다르게 나타나는 성이 이른바 기질지성이다. 기질지성은 본연성과
는 달리 청탁이 있고 그에 따라 선악이 결정된다. 인간이 순선한 본연

지성을 지니고 있으면서도 악행을 하는 것은 바로 탁한 기질지성에 연유한다. 따라서 주희는 본연성에 따르는 마음을 도심, 탁한 기질이나 사사로운 욕망에 따르는 마음을 인심으로 나누고, 인심을 억제하고 자강불식(自强不息)하여 천도에 순응할 것을 요구한다.

이처럼 주희는 성을 천리로 보고 본연·기질성의 이중 구조로 해석한다. 그리고 인간은 이러한 이중 구조 안에서 갈등 속에 놓여있는 존재로 설명한다. 그의 의도는 물론 인간을 이기론으로 재구성하여 이해하려는 것이다. 그러나 이것은 또한 인간이란 인심을 억제하고 도심을 따르는 선 지향적 존재임을 밝히기 위한 것이다. 이러한 점에서 그의 인간관은 비록 이기론으로 대체되었지만 맹자의 성선설을 충실히 계승한 것으로 해석할 수 있다.

이기론적 인간관은 전통 유학에 근간을 두면서도 인간 이해의 새로운 시도라는 점에서 그 의의를 찾을 수 있다. 그러나 정약용은 주희의 이기론적 인간관을 부정하고 공·맹의 근본 정신에 기초하여 인간을 새롭게 이해한다. 정약용의 관점은 크게 다음과 같은 네 가지로 요약할 수 있다.

첫째, 인간은 정신과 육체가 묘합된 합일체적 존재다. 육체의 변화는 마음의 영향에 기인한다는 그의 의학적 검증은 신형묘합의 구체적 증거다.[22] 『대학』 7장 신유소분치(身有所忿懥) 절의 '신(身)'자를 '심(心)'자로 바꾸지 않는 것이 옳다는 것도 신과 형은 이원적 요소가 아니라 묘합체라는 데에 근거한 주장이다.[23]

---

22) 정약용, 『맹자요의』, 『전서 2』, 권1, 19쪽: 然神形妙合肥瘠相關 心廣則體胖 慾盛則眸眊 美在中則睟面而盎背 愧在內則汗出而色赧 皆神形妙合之明驗也.

23) 정약용, 『대학공의』, 『전서 2』, 1권, 29쪽: 身心妙合不可分言 正心卽所以正身

둘째, 인간은 도의와 기질의 양면성을 지닌 존재다. 인간의 성은 도의와 기질의 성이 합쳐져 하나의 성을 이룬다.[24] 성에는 영지의 기호인 도의성과 형구의 기호인 기질성이 있지만 이것은 둘이 아닌 하나 곧 양면성이다. 이 양면성 가운데 도의성이 발현한 것이 도심이요, 기질성이 발현한 것이 인심이다.

셋째, 인간은 상제천의 존재를 믿으며 선을 지향하는 종교적 윤리적 존재다. 인간은 도의와 기질의 양면성으로 인해 언제나 도심과 인심이 다투는 갈등 구조 속에 있다. 그러나 도의성을 따라 선을 지향하는 것은 도심 안에서 계속되는 천의 후설[喉舌: 천명]을 경계하고 삼가며 두려워하기 때문이다.[25] 인간은 이처럼 상제천의 존재를 의심하지 않고 도덕적 선을 지향하는 종교적 윤리적 존재다. 넷째, 인간은 스스로 자신의 행위를 결정하는 자율적 존재다. 인간은 자율성을 부여받기 때문에 선악의 행위를 스스로 결정하고 그 결과도 함께 책임진다. 선악 행위는 타고난 성이 아니라 도의성을 실현하려는 자율의지가 결정하기 때문이다.[26] 따라서 욕망 자체는 악의 원인이 아니라 오히려 삶의 원동력이 된다.

無二層工夫也 孔子曰其身正不令而行 其身不正雖令不從 孔子曰苟正其身矣 於從政乎何有 不能正其身 如正人何 孟子曰其身正天下歸之 梅氏君牙猶云 爾身克正 罔敢不正.

24) 정약용, 『맹자요의』, 『전서 2』, 2권, 19쪽: 蓋人性者合道義氣質二者而爲一性者也 禽獸性者純是氣質之性而已.

25) 정약용, 『중용자잠』, 『전서 2』, 1권, 3쪽: 天之喉舌寄在道心 道心之所儆告 皇天之所命戒也.

26) 정약용, 『맹자요의』, 『전서 2』, 1권, 34~35쪽: 故天之於人予之以自主之權 使其欲善則爲善 欲惡則爲惡 游移不定其權在己 不似禽獸之有定心. 故爲善則實爲己孔 爲惡則實爲己罪 此心之權也 非所謂性也.

이러한 정약용의 시각은 그가 전통적인 주자학적 이기론을 벗어나고 있음을 명백히 보여 준다. 물론 그의 관점은 원시유학에 근거하고 또 인간의 도덕 행위를 상제천의 주재 안에 포함시키는 한계를 지니고 있다. 그러나 인간을 신형이 묘합된, 그리고 자율적 의지에 의해 욕망을 절제하고 도덕적 선을 지향하는 존재로 파악한 것은 몸을 새롭게 탐색하는 계기를 제공했다고 평가할 수 있을 것이다.

이러한 측면에서 본다면 이제마가 시도한 인간 이해의 관점은 몸을 이해하는 본격적인 탐색이라고 할 수 있다. 왜냐하면 이제마는 임상에서 얻어진 검증된 지식을 토대로 몸이 갖고 있는 기능을 탐색하고 있기 때문이다. 물론 그의 임상 지식이 어떠한 것인지는 필자의 영역을 넘어선 분야이다. 그러나 이것은 의학적·임상적 지식이 몸의 철학적 탐구에 접목될 수 있는 가능성을 제공했다는 점에서 의미가 적지 않다.

이러한 이제마의 사상설적 인간 이해는 크게 다섯 가지 관점에서 정리할 수 있다.

첫째, 인간은 천성과 인명을 혜각과 자업으로 부여받은 존재다. 앞장에서 밝혔듯이 이제마가 말하는 성·명은 천명과 인성이 아니다. 그는 혜각과 자업을 자각하고 실현하는 데 관심을 보일 뿐이며, 성·명의 개념 자체에 대해서는 일체의 언급이 없다. 성·명을 혜각과 자업으로 대체한 것은 확인할 수 없는 초월적 개념의 설명 방식을 과감히 벗어 던지고 설명과 검증이 가능한 방식을 택한 것으로 보인다. 매우 합리적이고 실증적이며 현실적인 태도가 아닐 수 없다.

둘째, 인간은 구조적 관계 속에서 존재하는 유기체적 존재다. 인간은 천기 즉 지방·인륜·세회·천시의 구조 속에서 인사 즉 거처·당여·교우·사무를 행하는 유기적 관계를 유지하면서 존재한다. 유기적 관계는 인간의 몸에 천기와 인사에 관여할 수 있고 주책, 경륜, 행검, 도량과 식견, 위의, 재간, 방략의 능력을 발휘할 수 있는 지행(知行)의 역량이 갖추어져 있기 때문에 가능하다. 여기서 주목해야 할 것은 두 가지다. 하나는 몸을 이목비구, 폐비간신, 함억제복, 두견요둔의 네 묶음으로 하여 복합적 사원 구조화를 시도한 점이요,[27] 다른 하나는 몸은 생리적 기능 외에 유기적 관계를 유지할 수 있는 능력을 갖는다고 보는 점이다. 복합적 사원구조는 종래 오행설에 바탕을 둔 관념적 인식 방법을 수정하여 몸을 구조화하여 인식하려는 새로운 시도이며, 몸에 천기와 인사에 관여할 수 있는 능력이 있다고 파악한 것은 몸을 인식하는 구체적이요 실증적 방식이기 때문이다.

셋째, 네 묶음으로 구조화한 몸의 부위는 음양대대의 상응관계에 있다. 이목비구와 폐비간신은 천기·인사에 관여하고[28] 함억제복과 두견요둔은 지행에 관여하는 상응관계에 있다.[29] 이목비구와 폐비간신은 다시 각기 천기와 인사에 관여하고, 함억제복과 두견요둔은 각기 지와 행에 관여하는 상응관계에 있다. 이러한 상응관계는 음양대대에 바탕을 둔 것으로서 사상론의 근간을 이루고 있다. 사상론은 천기와 인사, 성과 명, 지와 행은 물론이요 호선과 오악, 상승과 하강, 상초와

27) 李乙浩, 「李東武 四象說 論考」, 『철학연구』 제7집(철학연구회, 1972), 4쪽.
28) 『보원』, 「성명론」 11장: 耳目鼻口觀於天也 肺脾肝腎立於人也 頷臆臍腹行其知也 頭肩腰臀行其行也.
29) 같은 곳 23장: 人之耳目鼻口 好善無雙也 人之肺脾肝腎 惡惡無雙也 人之頷臆臍腹 邪心無雙也 人之頭肩腰臀 怠行無雙也.

하초, 온열과 냉한 등 음양의 상응관계를 바탕으로 전개되기 때문이
다.30)

넷째, 몸 가운데 함억제복과 두견요둔에는 지행만이 아니라 사심(邪
心)과 태행(怠行)도 발동하는 이중성이 있다. 몸의 복합 구조 가운데
이목비구와 폐비간신은 오직 호선 오악의 능력만을 발휘한다.31) 그러
나 지행의 능력을 발휘하는 함억제복과 두견요둔은 교긍벌과(驕矜伐
夸) · 천치나욕(擅侈懶慾)의 사심과 태행을 발휘하기도 한다.32) 이것은
선악을 지향하는 인간의 이중성을 몸과 결부시킨 설명이다. 이러한 이
중성은 과거에도 인심도심설이나 본연기질양성론 등으로 논의된 바
있다. 따라서 몸이 갖고 있는 이중성은 인심도심설을 몸에 맞추어 재
구성한 것으로 판단된다.

다섯째, 몸이 갖고 있는 이러한 능력에도 불구하고 이를 주재하는
것은 마음이다. 주재는 정중할 수 있는 능력을 의미한다. 마음이 이 주
재 능력을 발휘하면 이목비구와 폐비간신이 모든 것을 살피고 헤아리
며, 함억제복과 두견요둔이 모든 것에 정성을 다하고 공경하게 된
다.33) 좀더 설명하면 몸이 지니고 있는 능력도 마음의 주재를 받을 때
비로소 호선오악의 선을 지향하고 또 악행의 근원이 되는 사심을 극복
하게 된다는 것이다. 물론 이 주재심은 천으로부터 부여받은 영명주재

---

30) 李濟馬, 洪淳用 · 李乙浩 譯述, 『四象醫學原論』(서울: 수문사, 1973), 16~17쪽 참조
31) 『보원』, 「성명론」 15장: 耳好善聲 目好善色 鼻好善臭 口好善味. 17장: 肺惡惡
    聲 脾惡惡色 肝惡惡臭 腎惡惡味.
32) 같은 곳 19장: 頷有驕心 臆有矜心 臍有伐心 腹有夸心. 21장: 頭有擅心 肩有侈
    心 腰有懶心 臀有慾心.
33) 같은 책, 「장부론」 17장: 心爲一身之主宰 負隅背心 正向膻中 光明瑩徹 耳目鼻
    口無所不察 肺脾肝腎 無所不忖 頷臆臍腹無所不誠 頭肩腰臀 無所不敬.

성이다.[34) 마음을 몸의 주재자라 한 것은 유학의 입장을 그대로 수용
한 것이지만, 막연한 주재가 아니라 몸이 지니고 있는 능력과 주재의
결과까지 구체적으로 분석한 것은 과거와 다른 점이다.

지금까지 살펴본 이제마의 인간관은 유학적 관점과 크게 달라져 있
음을 발견할 수 있다. 그것은 한마디로 천 중심에서 인간 중심으로의
전환이다. 과거에는 몸보다는 인간의 존재 근거인 천리나 상제를 밝히
는 데 치중했지만 이제마는 몸에 혜각과 자업으로 부여된 성 · 명을
밝히는 데에만 관심을 보인다. 특히 그가 임상 지식을 토대로 몸을 구
조화하여 이해하고 또 몸에 혜각과 자업이 천기와 인사를 살피거나 지
행의 능력으로 주어진다고 파악한 것은 구체적이면서도 현실적 인간
이해의 방식이다. 물론 그의 인간 이해 방식은 하나의 가설로서 실증
적 과학적 검증의 절차가 미완의 과제로 남아 있기는 하다. 그러나 몸
을 성 · 명을 실현하는 주체로 파악한 것은 인간 이해의 새로운 전기
를 마련한 것으로 평가해도 좋을 것이다.

3. 윤리적 존재의 자각과 실천

성 · 명과 인간을 새롭게 인식한 이제마의 관점은 윤리관에서도 그
대로 이어진다. 이제마의 윤리적 관점은 외견상 윤리적 근거를 천에
두고 있다는 점, 그리고 이를 자각하고 실천하는 주체를 인간으로 파
악하고 있다는 점에서 유교적 시각과 크게 다를 바 없다. 그러나 그

---

34) 이 책 3장, 80~81쪽 참조.

내용을 좀더 면밀히 검토해보면 이제마의 주장에는 이전의 견해들과 명백히 구별되는 근본적인 차이가 있다는 것을 알 수 있다. 여기에서 는 이제마가 말하는 윤리적 존재의 자각과 실천 방법을 주희와 정약용 과의 대비적 관점에서 고찰하려고 한다.

앞서 살펴보았듯이 주희는 우주의 생성과 인성의 문제를 이기 개념 을 통해 설명한다. 인성은 본연성과 기질성의 이중 구조를 이루는데, 본연성은 인의예지의 사덕으로 주어지는 보편성으로서 순선하다. 반면 기질성은 각자의 기질에 따라 다르게 나타나는 독자성인데, 기질의 청 /탁에 따라 선악은 결정된다. 인간은 이처럼 본연 기질의 양면성을 갖 는다. 이로 인해 인간에게는 본연성이 아니면 기질성을 따르려는 마음 이 공존하는데, 본연성에 따르는 마음을 도심, 기질성에 따르는 마음 을 인심으로 구별한다. 주희는 도덕적 선을 실현하기 위해서 순선한 본연성이 인의예지의 사덕으로 주어져 있음을 자각하는 한편, 기질에 따르는 인심을 억제하고 도심을 따를 것을 권고한다. "거인욕 존천리 (去人欲 尊天理)"는 주희의 윤리적 관점을 가장 함축적으로 표현한 것 이다.

그러나 정약용은 인간을 신형이 묘합되어 영지와 형구의 기호를 함 께 지니는 존재로 파악한다. 그것은 곧 인간이란 영지의 기호인 도의 와 형구의 기호인 기질의 욕구를 동시에 추구하는 갈등 구조 속에 있 음을 의미한다. 인간의 삶에서 끊임없이 전개되는 이러한 갈등은 자주 지권(自主之權)으로 주어진 자율성에 의해 해소되어야 한다는 것이 정 약용의 입장이다.[35] 즉 정약용은 선악을 판단하고 실현하는 것을 자율

---

35) 정약용, 『맹자요의』, 『전서 2』, 1권, 34~35쪽: 故天之於人予之以自主之權 使其 欲善則爲善 欲惡則爲惡 游移不定其權在己 不似禽獸之有定心. 故爲善則實爲

의 문제라고 파악한 것이다. 주희는 욕구를 악행의 원인으로 보고 도
덕적 행위를 위해서 마땅히 절제되고 억제되어야 할 것으로 여긴다.
그러나 욕구 자체는 선도 악도 아니다. 따라서 욕구를 악행의 원인으
로 볼 수 없다. 인간에게는 원욕(願欲)이 주어져 있는데, 이 원욕은 인
간의 삶을 영위하는 긍정적 요소로 작용한다. 즉 인간은 원욕이 있기
때문에 이록(利祿)을 추구하거나 도의(道義)를 추구한다는 것이다.36)
따라서 선악 행위에 대한 판단은 욕구 자체가 아니라 과욕을 절제하는
자율적 행위의 결과에서 찾아야 한다. 이러한 분석은 인간의 윤리적
행위와 욕구와의 관계, 그리고 자율성의 문제를 보다 선명하게 구획해
서 보아야 한다는 주장으로 해석된다. 물론 정약용이 말하는 자율성은
상제천(上帝天)의 경고에 의존하는 종교적 한계를 갖는다. 그러나 도덕
의 판단과 윤리적 행위에 있어서 원욕을 긍정하고 인간의 자율성과 책
임의 문제를 분리시켜 보는 시각을 제시했다는 점에서 그 중요성을 평
가할 수 있을 것이다.

그러면 이제마는 윤리적 존재로서의 자각과 실천 방법을 어떻게 설
명하고 있는가? 앞에서 보았듯이 이제마는 천기와 인사를 살피는 능력
이나 지행의 능력이 몸에 선천적으로 주어진다고 생각한다. 때문에 그
는 윤리 실천의 문제에 있어서도 몸의 지행 능력을 중심으로 설명한
다. 그의 설명은 다음과 같이 다섯 가지로 요약할 수 있다.

己孔 爲惡則實爲己罪 此心之權也 非所謂性也.

36) 정약용,『심경밀험』,『전서 2』, 39쪽: 吾人靈體之內 本有願欲一端 若無此欲心
即天下萬事都無可做 唯其喩於利者欲心從利祿上穿去 其喩於義者欲心從道義
上穿去 欲之至極二者皆能殺身而無悔 所謂貪夫殉財 烈士殉名也. 余嘗見一種人
其心泊然無欲 不能爲善不能爲惡 不能爲文不能爲産業 直一天地間棄物 人可以
無欲哉.

첫째, 인간은 타고난 체질에 따라 성·정(性·情)의 발현[37)에 개인 차가 있으나 호선오악의 도덕적 행위에는 개인차가 없다. 이제마는 폐 비간신 등 몸의 기능에 개인차가 있음을 발견하고, 이를 정리하여 인 간의 체형을 태양, 태음, 소양, 소음의 네 가지로 분류한다.[38) 체형의 차이는 생리적 기능은 물론이요 성·정의 발현에도 차이를 보인다.[39) 그러나 윤리 도덕의 실현은 체질이 아니라 보편성으로 주어진 도덕성 의 발현 여부에 달려 있다는 것이 이제마의 주장이다. 이목비구와 폐 비간신에는 호선과 오악의 능력이, 그리고 함억제복과 두견요둔에는 주책 경륜 행검 도량과 식견 위의 재간 방략의 능력이 있다. 그러나 함억제복과 두견요둔에는 또한 사심과 태행이 동시에 존재하기 때문 에 비도덕적 행위가 이루어진다.[40) 사심 태행으로 인해 비도덕적 행위 가 이루어진다는 주장은 욕구로 인해 비도덕적 행위가 이루어진다고 보는 과거의 주장과 크게 다르지 않다. 다만 종래에는 욕구를 기질이 나 형구의 기호라는 다소 포괄적 설명에 그치는 데 비해 이제마는 사 심 태행이 발생하는 몸의 구체적인 부위를 제시함으로써 윤리적 행위 는 몸과 밀접한 관련이 있다는 것을 밝히고 있는 점이 다르다.

둘째, 비도덕적 욕구인 사심과 태행은 신독치지(愼獨致知)에 의해 극복될 수 있다. 이제마에 따르면 도는 천이 인간에게 준 명(命)이요, 덕은 인성이 반드시 이루어야 할 어떤 것이다. 따라서 도덕은 인간에

---

37) 性情은 성명의 性과는 구별된다. 여기의 性은 희로애락의 人性을 의미한다. 順 動하는 것은 성이요, 逆動하는 것은 情이다.
38) 이 책 4장, 107쪽 참조.
39) 이 책 3장, 78쪽 참조.
40) 주 27) 참조.

게서 잠시도 떨어질 수 없으며, 사심과 태행이 이를 방해하더라도 기
필코 실현시켜야만 한다. 그 실현 방법이 신독치지이다.[41] 희로애락의
미발시에 신독치지해야 하는데, 신독치지는 곧 계신공구(戒愼恐懼)하
는 것이다. 신독치지를 쉬지 않고 계속하는 것이 수도의 가르침이
다.[42] 따라서 그는 신독치지를 천하의 대본(大本)으로, 수신행세(修身
行世)를 천하의 달도(達道)로 해석한다.[43] 이러한 그의 해석은 사심과
태행이 도덕의 실현을 방해하지만 자신을 절제하는 노력을 철저하게
계속하면 실현 가능하다는 실천적 입장을 드러낸 것이다.

셋째, 도덕성의 실현은 희로애락의 중절(中節)을 의미한다. 이제마는
희로애락의 미발과 이발(已發)을 홀로 있을 때와 타인과 접응(接應)할
때 나타나는 성으로 구분한다. 그리고 미발의 성을 계신공구의 결과에
따라 중(中)과 불중(不中)으로, 이발의 성을 그 결과에 따라 절(節)과
부절(不節)로 나눈다.[44] 성을 타인과의 접응 전후로 구분한 것은 희로
애락의 성이란 인륜관계에서 발현된다는 것을, 그리고 중절·부중절
은 그 결과를 가리킨다는 것을 밝히려는 것이다. 다시 정리하면 도덕
성의 실현은 타인을 접할 때 발현되는 희로애락의 중절을 의미한다.
성의 실현을 희로애락의 중절로 해석하고, 그 방법으로 계신공구를 강

---

41) 이제마, 『格致藁』권2, 乾箴 하: 道也者 天命之道也. 天命之道 孰可須臾離於斯
　　乎. 德也者 人性之德也. 人性之德 何不顯沛必於是乎. 是故君子必戒愼乎其所不
　　覩 而愼獨致知 恐懼乎其所不聞 而愼獨致知.
42) 같은 곳: 喜怒哀樂之未發 即愼獨致知也 愼獨致知 即戒愼恐懼也 致知愼獨 不息
　　而久 則修道之敎也.
43) 같은 곳: 愼獨而致知者 天下之大本也 修身而行世者 天下之達道也.
44) 같은 곳: 是故喜怒哀樂者 來往立臨之間 與人相接之性 而有節不節也 戒愼恐懼
　　者 不來往不立臨之時 自己獨得之性 而有中不中也. 自己獨得之性盡於內 則與
　　人相接之性盡於外也 性之德也 合內外之道也.

조한 것은 도덕성이란 자신의 계신공구를 바탕으로 타인과의 관계를 통해서 실현된다는 것을 밝히려는 것이다.

넷째, 중절의 선행 요건으로 제시된 지천(知天)의 천은 천리나 상제를 지칭하는 개념이 아니다. 이제마는 중절을 실현하기 위한 선행 요건으로 지천지인을 제시한다.45) 그런데 지천의 천은 천리나 상제와는 본질적으로 다른 개념이다. 이제마는 왕래임입(往來臨立)하는 가운데 인간의 희로애락이 생겨나는데, 희로애락은 인성이고 왕래임입하는 것은 천명이라고 정의한다. 그리고 천명이 인성으로 주어진 것이 천명의 성이고, 이 인성이 천명을 따르는 것이 솔성(率性)의 도라고 한다.46)

왕래임입을 천명이라고 한 것은 무슨 의미인가? 왕래는 시간을, 그리고 임입은 일에 임하여 뜻을 세우는 것이므로 곧 시간적 존재로서의 인간이 갖는 소명(召命) 의식을 의미한다.47) 따라서 지천지인은 자신에게 주어진 소명과 인간이란 희로애락의 인성이 주어진 존재임을 자각하는 것이다. 그러므로 이제마의 천명은 인간이 도덕적 존재임을 자각하고 스스로 세운 윤리적 소명 의식이다. 이 윤리적 소명 의식으로서의 천명은 천리나 상제의 명과 같은 형이상학적 개념과는 구분되어야 한다. 지천지인은 희로애락의 중절을 이루기 위해서는 스스로 소명 의식을 갖는 윤리적 존재라는 자각이 선행되어야 한다는 것을 의미할 따름이기 때문이다. 천에 대한 이제마의 해석이 과거와는 본질적으로

---

45) 같은 곳: 知天然後 喜怒哀樂 已發而節也 知人然後 喜怒哀樂 未發而中也 知天 知人 聖之所能也 抑其未次者 雖賢也 能之乎.

46) 같은 곳: 往必有哀 來必有樂 臨必有怒 立必有喜 喜怒哀樂 人性也 往來立臨 天 命也 以天命而授人性者 天命之性也 以人性而順天命者 率性之道也.

47) 池圭鎔 역해, 『東武 格致藥譯解』(서울: 영림사, 2001), 221쪽 참조.

다른 차이점이 여기에 있다.

마지막으로 일신을 주재하는 심(心)의 이해 방식은 몸 중심적이다. 이제마 역시 심이 신(身)을 주재한다는 전통적인 유가의 입장을 견지한다. 그러나 심을 이해하는 관점은 과거와 매우 다르다. 주희와 정약용은 학문적 입장은 다르지만 심을 이해하는 관점에는 공통점이 있다. 심이 일신을 주재한다는 것, 심의 주재 능력은 천명으로 주어진다는 것, 그리고 천명은 인간에게 계속된다는 것 등이 그것이다. 이들의 견해에서 보면 인간에게는 항상 천리나 상제의 의지를 살피고 따라야 한다는 당위성이 부여된다. 그 결과 심의 주재는 천 중심으로 이루어진다. 따라서 심은 언제나 천에 의지하게 되어 독자적 주재 능력은 갖지 못하는 문제점이 있다.

이제마는 천에 대한 일체의 언급이 없이 심을 일신의 주재자로 설명한다. 그가 파악한 심은 두 가지 점이 과거와 다르다. 하나는 심을 도덕 행위의 주체로 인식한다는 점이다. 그는 심의 주재에 대해 마음을 올바르고 밝게 하면 몸이 제 기능을 다하여 도덕 행위가 가능할 것이라고 한다. 이것은 심의 주재는 선천적 속성이 아니라 후천적 행위와 관련이 있다는 것을 밝힌 것이다. 또 마음을 올바르고 밝게 하는 것이 도덕 행위의 관건이라면, 이것은 도덕 행위의 주체가 천이 아닌 심이라는 것을 천명한 것이다. 이러한 입장은 공·맹과 요·순의 지혜가 선을 추구하는 마음 공부에 있다는 것을 강조하고 있다는 점에서 더욱 분명해진다.[48] 다른 하나는 심의 주재는 몸이 지니고 있는 지행 능력

---

48) 『보원』, 성명론 26장: 人之耳目鼻口好善之心 以衆人耳目鼻口論之 而堯舜未爲
加一鞭也 人之肺肝腎惡惡之心 以堯舜肺肝腎論之 而衆人未爲少一鞭也 人皆可
以爲堯舜者以此 人之頷臆臍腹之中 誣世之心每每隱伏也 存其心養其性然後 人

을 주재한다는 점이다. 선을 좋아할 줄 아는 것은 지성(至性)의 덕이고, 악행을 미워하고 행하지 않는 것은 정명(正命)의 도이다. 그런데 호선오악의 지행이 쌓이는 것이 도덕이고, 이 도덕을 이룬 것이 인성(仁聖)이므로 그는 도덕을 곧 지행이라고 한다.[49] 다시 말하면 도덕은 호선오악을 알고 행하는 과정을 의미하고, 인성(仁聖)은 도덕의 결과를 의미한다. 때문에 그는 존심(存心)과 양성(養性)의 과정을 거쳐야만 요·순처럼 지혜로울 수 있다고 한다.[50] 존심과 양성은 물론 도덕 실천의 과정을 의미한다. 이 과정에는 오직 호선오악의 지행만이 있을 따름이요, 더 이상 천리나 상제의 명은 개입될 여지가 없다. 이처럼 호선오악의 지행은 존심과 양성의 과정을 통해 이루어지므로 심의 주재는 곧 도덕 실천의 과정을 주재하는 것이 된다. 결론적으로 심의 주재는 곧 몸이 지니고 있는 호선오악의 지행 능력을 주재하는 것이다.

지금까지 이제마가 이해한 윤리적 존재로서의 자각과 실천의 문제를 주희와 정약용과의 차이점을 중심으로 검토했다. 차이의 핵심은 크게 인간의 존재 방식, 천과 성에 대한 이해, 그리고 몸에 대한 이해로 압축할 수 있다. 이제마는 이들 문제를 모두 인간을 중심으로 이해하면서 지금까지 관심을 두지 않았던 몸을 윤리적 논의의 중심으로 옮겨 놓았다. 물론 이러한 논의는 유교의 틀까지 완전히 벗어난 것은 아니지만 몸이 자각과 실천을 주도한다는 해석은 매우 독창적인 관점이다.

皆可以爲堯舜之知也 人之頭肩腰臀之下 罔民之心種種暗藏也 修其身立其命然後 人皆可以爲堯舜之行也 人皆自不爲堯舜者以此.

49) 같은 책, 34장: 好人之善 而我亦知善者 至性之德也 惡人之惡 而我必不行惡者 正命之道也 知行積則道德 道德成則仁聖也 道德非他知行也 性命非他知行也.

50) 주 46) 참조.

이러한 관점이 사상의학 이론과 임상에 그대로 반영된 것은 임상에 있어서도 검증 가능하기 때문으로 생각된다. 어떻든 이제마는 몸을 천성과 인명이 무엇인지를 자각하고 실천하는 주체로 생각한다. 몸을 윤리적 행위의 주체로 제시한 이제마의 윤리관은 인간 이해의 새로운 길을 제시한 것으로 평가할 수 있을 것이다.

4. 맺는 말

지금까지 필자는 이제마의 윤리관을 주희와 정약용과의 비교적 관점에서 고찰했다. 비교의 주요 내용은 윤리관의 근거, 인간 이해, 그리고 윤리적 존재로서의 자각과 실천의 문제다. 비교 결과 이제마는 몸 중심의 새로운 윤리관을 정립했음을 알 수 있었다. 주희는 천리 중심의 윤리관을 정립했고, 정약용의 윤리관은 인간의 자율성을 기초로 했지만 그 자율성은 항상 상제천(上帝天)의 명령과 직결된다는 점에서 한계가 있다. 그러나 이제마는 형이상학적 관점을 완전히 벗어나 몸 중심의 윤리관을 정립했다. 관점의 차이는 크게 세 가지다.

첫째, 성·명은 추상적 논의가 아닌 인간과의 구조적 관계 속에서 이해되어야 한다. 이제마가 성·명을 천성(天性)과 인명(人命)으로 해석한 것은 곧 인간이란 천인합일을 지향하면서도 천기와 인사의 구조적 관계 속에 존재한다는 것을 밝히기 위해서이다. 이러한 해석은 천인관계를 천 중심에서 인간 중심으로, 그리고 합일 지향에서 구조적 관계로 바꾸어 놓은 것이다. 이것은 윤리적 근거를 추상적 논의가 아

니라 구체적으로 인간에게 주어진 천성과 인명에서 찾아야 한다는 것
을 주장하는 것이다.

둘째, 몸에는 생리적 기능 이외에 윤리 도덕적 행위 능력의 기능이
갖추어져 있다. 혜각과 자업은 이목비구 폐비간신 등 몸의 부위에 선
천적으로 주어진 지행 능력이다. 이 지행 능력으로 인해 인간은 천기와
인사를 자각하고 호선오악의 도덕 행위를 할 수 있다. 여기서 주목해야
할 것은 이 주장은 임상 결과를 토대로 했다는 점이다. 즉 이제마는 임
상을 통해 몸의 생리적 기능이 네 유형으로 다르게 나타남을 발견했고,
또 몸에는 도덕적 기능까지 갖추어져 있음을 발견했다. 이러한 발견은
임상의 검증을 통해 이루어졌다는 점에서 더욱 중요한 의미를 갖는다.
어떻든 몸에는 생리적 기능과 함께 도덕적 기능까지 있다고 파악한 것
은 인간 이해의 새로운 지평을 열었다고 할 것이다.

셋째, 심은 몸이 지니는 지행 능력을 주재하는 것이다. 몸은 그 특성
상 도덕적 욕구와 함께 비도덕적 욕구도 지니기 때문에 사심, 태행이
나 희로애락의 부중절도 있기 마련이다. 이를 극복하는 방법은 신독치
지(愼獨致知)와 계신공구(戒愼恐懼)이지만, 지천지인하는 윤리적 존재
로서의 자각이 선행되어야 한다. 이러한 노력은 모두 몸이 지니는 지
행 능력의 실천 과정을 가리킨다. 따라서 심이 주재하는 것은 단순히
욕구가 아니라 몸이 지니고 있는 도덕 실천 능력을 주재하는 것이다.

이제마의 윤리관이 이상과 같은 차이를 나타낸 것은 한마디로 인간
을 이해하는 관점의 차이에 기인한다. 차이의 핵심은 이제까지 억제나
절제의 대상이었던 몸을 행위의 중심으로 인식하는 데 있다. 필자는
이러한 인식이 한의학적 임상 지식에 근거하여 체계적으로 이루어졌

다는 점에 주목한다. 이제마는 몸에는 생리적 기능과 함께 도덕적 행위 능력이 내재해 있음을 발견하고 이를 바탕으로 몸이 갖고 있는 보편적, 독자적 행위 능력을 체계화했다. 그 결과 몸은 천부인성(天賦人性)의 구도를 벗어나지 않으면서도 행위의 자율성을 확보하게 된 것이다. 이러한 인식 체계는 과학적 검증을 거쳐야만 정당한 평가를 받을 수 있을 것이다. 그러나 지금까지 윤리 도덕 행위의 걸림돌이었던 몸이 그 중심에 서게 된 것은 인간 이해의 시각을 넓혀주었다는 점에서 높이 평가되어야 할 것이다. 그리고 인간을 이해하는 방법으로 의학을 포함한 과학적 지식이 접목될 수 있는 가능성을 제시했다는 점에서도 새롭게 평가되어야 할 것이다.

제6장
사단론

공자에 있어서 도덕 가치와 행위는 모두 인(仁)을 근거로 실현되고 구체화된다. 그런데 공자는 인을 실현한 이상적인 인간으로 성인을 제시하지만, 한 인간이 성인의 인격에 도달할 수 있는 근거나 방법에 대해서는 명확하게 언급하지 않는다. 공자를 계승한 맹자는 도덕 실천의 가능 근거와 실현 방법을 제시하여 도덕적인 인격 완성의 가능성을 모색한다. 그는 도덕 실천의 가능 근거를 인성의 선함에서 찾으며, 성선 (性善)의 증거로 사단(四端)을 제시한다. 맹자 이후 인성의 본질을 규명하려는 이러한 형태의 주장은 순자(荀子, B.C. 289~239)의 성악설, 양웅(揚雄, B.C. 53~A.D. 18)의 성악혼설(善惡渾說), 한유(韓愈, A.D. 768~824)의 성삼품설(性三品說) 등에서 찾아볼 수 있다. 이들은 각기 다른 입장에서 인성을 논하고 있지만, 인성은 대체로 선과 악 또는 선 악이 혼재되어 있다는 관점에서 논의된다.

인간의 성품을 보다 심화시켜 분석해 보려는 시도는 송대의 성리학에 이르러 본격화된다. 성리학자들은 우주의 생성은 물론 인간의 성품도 이기(理氣)개념으로 해명한다. 이들 가운데 주목해야 할 것은 맹자의 성선설을 계승했다는 주희의 경전 해석 관점이다. 그의 해석은 중국 성리학을 집대성했다는 점에서 뿐만 아니라 조선조 성리학에 절대적 영향을 주었다는 점에서 매우 중요하다. 중국 성리학을 수용한 조선조 성리학자들은 우주의 형성보다는 인간의 심성 문제에 대해 더 많은 관심을 보인다. 그러나 그들의 논의는 대체로 이기론에 바탕을 둔 것으로서 근본적으로는 정(程)·주(朱)의 입장을 벗어나지 못한 것이다.

정·주의 입장을 벗어난 인성의 해석은 정약용의 성기호설에서 찾을 수 있다. 정약용은 공맹 유학의 근본정신을 되찾는 입장에서 육경 사서를 재해석하고, 인성도 이러한 맥락에서 그 본의를 찾고자 한다. 그는 인성을 천리가 아닌 마음의 기호로 해석한다. 그리고 인간은 신형(神形)이 묘합(妙合)된 존재이기 때문에 기호에도 몸과 마음의 기호가 있다고 주장한다. 이러한 주장은 종래 인성을 단순히 선과 악으로 이해하거나 또는 천리로 이해하는 방식과는 다른 것이다. 즉 정약용은 성기호설을 단순한 주자학의 부정이 아니라 인성을 이해하는 새로운 방식으로 제시한다.

이 장은 정약용과는 또 다른 입장에서 제시된 이제마의 인성론에 주목하고자 한다. 잘 알려진 것처럼 이제마는 사상의학을 창시한 한의학자이다. 그리고 한의학의 전통이 그러하듯이 그 역시 사상의학의 이론적 근거를 유학 사상에 둔다. 그런데 그는 유학 사상을 과거와는 다른 방식으로 설명한다. 즉 그는 유학의 개념들을 몸과 결부시켜 설명함으로써 그것들을 구체화한다.[1] 이러한 설명은 인성론에 있어서도 동일한 방식으로 전개된다. 여기서는 이제마의 인성론을 고찰하는 한 방법으로 그의 사단론을 검토하고자 한다. 사단에 대한 이제마의 해석은 주희나 정약용과는 전혀 다른 시각에서 이루어지고 있으며, 또 사단론을 통해 그의 인성론을 전개하고 있기 때문이다. 따라서 이 글은 사단개념에 대한 검토, 이제마의 사단에 대한 구조적 이해, 사단심의 실현방법을 주희와 정약용과의 대비적 관점에서 검토할 것이다. 그리하여 이들과 대비되는 이제마 사단론의 독자적 성격은 무엇이며, 그 의도가무엇인지를 밝히려고 한다.

1. 사단 개념

맹자는 고자(告子)와의 논쟁에서 사단설을 제시하여 인성의 선함을 증명한다. 맹자의 성선설을 수용한 송대 이후 유학자들의 경우 사단곧 측은(惻隱), 수오(羞惡), 사양(辭讓), 시비(是非)의 마음을 인간의 보편성으로 받아들이는 데 대체로 이견이 없으며, 조선조 유학자들 역시같은 입장이다. 그러나 사단을 이해하는 데에는 학문적 관점에 따라해석이 다를 수 있다. 이제마 역시 맹자의 성선설을 수용하지만 그의사단에 대한 해석은 과거와는 다르다. 필자는 이제마의 사단론을 검토하기에 앞서 송대 성리학과 조선조 후기 실학을 대표하는 주희와 정약용이 어떠한 해석상의 차이를 보이는지를 간략히 검토하고자 한다. 사

---

1) 이 책 4장, 105~109쪽 참조.

단에 대한 이들의 해석은 서로 상반된 입장을 보이기 때문이기도 하지만 이제마의 해석과 어떤 차이가 있는지를 비교하기 위해서이다.

송대의 유학자들은 우주는 물론이요 인간의 심성까지 이와 기로써 설명한다. 정이천은 성(性)을 천리[理]로 해석하였는데, 이를 계승한 주희는 사단을 인간에게 주어진 선천적인 것으로 해석한다. 주희는 사덕과 사단에 대해 다음과 같이 설명한다.

> 측은, 수오, 사양, 시비는 정(情)이요 인의예지는 성(性)이다. 심(心)은 성정을 통섭한 것이다. 단(端)은 실마리이다. 정이 발함으로 인하여 성의 본연을 볼 수 있으니 마치 물건이 가운데 있으면 실마리가 밖에 나타남과 같은 것이다.[2]

주희가 단을 실마리(緖)로 해석하는 근거는 무엇인가? 실마리의 사전적 의미는 헝클어진 실 머리나 사건의 첫 머리를 가리킨다. 실의 내용물이나 사건의 실체는 한 눈에 알 수 없지만 실마리를 통해 이들은 본래의 모습을 드러낸다. 인의예지의 성, 즉 사덕 역시 잠재되어 있어서 잘 드러나지 않으나 측은, 수오, 사양, 시비의 정이 발현될 때 그 모습을 드러낸다. 따라서 사단이 발동하기 전에는 마음의 움직임이 없지만 바깥 사물을 감촉하면 그 가운데에 자체 조리와 형식이 있어서 마음이 응하게 된다. 어린 아이가 우물에 빠진 것을 본 순간 인(仁)의 리가 응하여 측은한 마음이 발동하거나, 종묘나 조정을 지나갈 때 예(禮)의 리가 응하여 공경의 마음이 발동되는 것 등이 그 예이다.[3] 이것

---

2) 朱熹,『孟子集註』공손추 上: 惻隱羞惡辭讓是非 情也 仁義禮智 性也 心統性情也 端緖也 因其情之發 而性之本然 加得而見 猶有物在中 而緖見於外也.

이 주희가 단을 사단이 드러나는 실마리로 해석하는 근거이다.

그런데 주희는 단을 머리(頭端)가 아닌 꼬리(尾端)로 해석하기도 한다. 측은한 마음은 성(性)이 발현되어 나오는 곳인데, 이곳을 통하여 그 본체를 알 수 있고, 유행(流行)으로 인하여 그 근원을 알 수 있으므로 미단(尾端)이라고 한다.[4] 그는 서(緒)와 미(尾)의 언어적 논리의 모순을 체용(體用)의 논리로 해명한다. 체용의 논리로 말하면 체가 있는 이후에 용이 있으므로 단을 尾라고 할 수 있다. 그러나 시종(始終)의 논리로 말하면 사단은 시발처가 되므로 단은 실마리이다. 따라서 단을 설명하는 개념으로서의 서와 미는 모순관계가 아니라고 한다.[5]

그런데 단을 해석하는 주희의 의도는 서와 미에 있지 않다. 단은 어떻게 설명하더라도 사덕이 드러나는 과정을 설명하는 개념일 뿐이다. 단 해석의 근본 의도는 사덕은 인간에게 선천적으로 내재한다는 사실을 역으로 추리해 내려는 데 있다. 주희는 사덕을 미발의 본연지성이라고 믿고, 단의 해석을 통해 이를 증명한 것이다. 다시 정리하면 그는 단의 해석을 통해 사덕은 인간에게 내재된 보편성이라는 사실을 검증하고자 한 것이다. 요컨대 주희의 주장은 사덕이란 인간의 선천적인 보편성이며, 이 보편성은 측은, 수오, 사양, 시비 등의 사단 즉 실마리

---

3) 주희, 『주자대전』 권58, 「答陳器之」(問玉山講義): 如赤子入井之事感 則仁之理 便應而 惻隱之心於是乎形, 如過廟過朝之事感 則禮之理便應 而恭敬之心於是 乎形.

4) 주희, 『주자어류』 권95, 程子之書一: 蔡 季通問康叔臨云 凡物有兩端 惻隱爲仁 之端 是頭端 是尾端. 叔臨以爲尾端. … 先生云 不須如此分. … 惻隱是性之動 處. 因其動處以知其本體 是因流以知其源 恐只是尾端.

5) 주희, 『주자대전』 권59, 「答何巨元」: 四端之說 若以體用言之 則體爲首而用爲 末 若自其發處而言 則發之初爲首而發之終爲末 二說亦不相妨.

를 통해서 드러나는 것으로 정리할 수 있다.

그러나 정약용은 사덕을 선천적 보편성으로 인식하지 않는다. 그 이유는 크게 두 가지이다. 하나는 '단'의 원의를 분석해 보면 실마리의 의미가 아니요, 다른 하나는 덕은 선천적인 보편성이 아니라는 것이다. 정약용은 단이나 덕의 개념을 고경에 전거를 두고 해석한다. 단 개념의 해석에 따라 사단의 개념이 달라지기 때문에 그는 단의 원의를 매우 중요시 한다. 경전의 원의를 추적해 보면 단은 대체로 시작 내지는 시점의 의미로 해석된다. 『중용』의 '조단(造端)', 『좌전』(文公 元年)의 '리단(履端)', 『예기(曲禮)』의 '갱단(更端)'6) 등을 보면 단은 모두 시초 또는 시작의 의미이다.7) 그는 『맹자요의』에서 단이 시작의 의미로 해석되는 더 많은 예를 제시한다.8) 그러나 그는 무엇보다도 맹자가 자주(自註)하여 "불이 처음 타는 것과 같고(始然), 샘물이 처음 솟아오르기 시작하는 것과 같다(始達)"고 한 두 개의 시(始)자가 단의 뜻을 뚜렷이 드러낸다고 주장한다.9) 이로 미루어 보면 단은 보편성으로서의 사덕이 드러나는 실마리가 아니라 무엇인가 처음으로 이루어지기 시작하는 것임을 알 수 있다. 따라서 그는 조기(趙岐)가 단을 "사람은 모두 인의예지의 首를 가지고 있기에 이를 인용한 것이라"고 해석한 단수설(端首說)을 사단 해석의 정론으로 수용한다.10)

단 개념은 덕(德) 개념과 관련지어 보면 더욱 분명해진다. 주희가 사

---

6) 화제를 바꾸어 다시 말을 꺼내는 시초.

7) 정약용, 『詩文集』 권19, 「答 李汝弘」, 39쪽 참조.

8) 정약용, 『孟子要義』 권1, 23쪽 참조.

9) 같은 곳: 孟子親自注之曰 若火之始然 泉之始達 兩箇始字 磊磊落落 端之爲始 亦旣明矣.

10) 장복동, 『다산의 실학적 인간학』, 전남대학교 출판부, 2002, 69쪽 참조.

덕을 인간의 보편성으로 이해하여 "인·물(人·物)이 태어날 때 각기 부여받은 리(理)로 인하여 건순·오상의 덕을 삼는다"[11]라고 한 것은 이른바 성즉리설에 근거한 주장이다. 이 설에 따르면 인간은 보편성으로서의 덕을 부여받고 태어난다. 어린 아이가 우물에 빠진 것을 보고 측은한 마음이 발동하고, 종묘나 조정을 지나갈 때 공경의 마음이 발동하는 것은 이미 인이나 예의 리가 인간에게 주어져 있음을 입증하는 것이다. 인을 마음의 덕이요 사랑의 이치[心之德 愛之理]라고 해석한 것도 같은 맥락에서 이해할 수 있다. 주희는 이처럼 인간은 태어날 때 이미 덕을 보편성으로 부여받는다고 생각한다.

그러나 정약용은 이러한 덕 개념에 동의하지 않는다. 공자의 인 개념은 성즉리설로 설명할 수 없다고 판단하기 때문이다. 공자는 인을 행함[爲仁]은 남이 아니라 자신에게 달려 있다고 한다. 위인(爲仁)의 위자는 힘써 행하는 것 또는 착수해서 결과를 도모하는 것을 의미한다. 위(爲)자의 뜻으로 보면 인은 결코 선천적으로 부여되는 덕이 아님을 알 수 있다. 덕은 인륜관계의 결과에 따라 이루어지는 개념이다.[12] 효제충신이나 인의예지의 덕은 행하지 않는다면 덕이라고 말할 수 없다. 본래 성은 선을 좋아하는데, 선을 좋아하는 감동에 따라 발하는 마음 역시 선한 것이다. 바로 이 선한 마음을 확충해가면 인의예지의 덕이 되는 것이다. 즉 덕은 선천적으로 구비되어 있는 것이 아니라 인륜관계에서 선한 마음을 확충하는 행위를 통해서만 이루어진다. 따라서 성은 덕이라고 말할 수 없다. 이로써 보면 인간의 성은 하나의 가능태일 뿐이며, 완성된 덕으로 존재하지 않는다는 것을 알 수 있다.

---

11) 주희, 『중용장구』 1장.
12) 주 8) 참조.

사단 해석에 대한 이상의 검토는 주희와 정약용의 학문적 입장 차이를 확인할 수 있다는 점에서 중요하다. 이들의 입장은 덕을 선천적 보편성으로서 주어진 완성된 형태로 이해할 것인가 아니면 인륜관계의 과정을 통해 이루어는 것으로서 가능성의 형태로 이해할 것인가로 정리할 수 있다. 단 개념의 해석 차이는 물론 덕 개념 이해의 차이에 따른 것이다. 사단에 대한 이러한 해석상의 차이는 정약용이 주자학을 벗어나려는 궁극적 이유가 어디에 있는지를 밝혀 준다는 점에서 그 의미가 크다고 할 수 있다.

그런데 이제마는 이들과는 또 다른 새로운 관점에서 사단을 해석한다. 이제마의 사단론은 사상의학의 기초 이론을 마련하고자 한 것이다. 그러나 그는 사단을 『맹자』에 근거를 두면서도 종래와는 다르게 해석한다는 점에서 주목된다. 이제 장을 달리하여 이제마는 사단을 어떻게 이해하고 있는지를 검토하고자 한다.

2. 사단의 구조

이제마는 『동의수세보원』 1장에서 '성명'을 논한 다음 2장에서 '사단'을 논한다. 『보원』이 그의 주저인 점을 감안하면 사상의학 이론의 핵심이 이 두 장에 정리되고 있음을 짐작할 수 있다. 그러나 사실 사단은 『보원』에 앞서 저술된 『격치고』에서 집중적으로 다루어진다. 시간적으로 보면 『격치고』에서 먼저 사단을 논한 다음 『보원』에서 완성시킨 것이다.

이제마의 사단론 검토는 일단 사단에 대한 유가의 전통적인 이해 방식에서 벗어나야 한다. 이제마의 사단에 대한 이해 방식과 내용은 매우 독창적이기 때문이다. 그렇다고 이제마의 사단론이 맹자의 사단설에 연원한다는 사실까지 부정하는 것은 아니다. 이것은 다만 사단을 이해하는 방식과 내용이 앞장에서 살펴본 주희나 정약용과 같은 전통적인 관점을 벗어나 있다는 것을 의미한다.

사단에 대한 이제마의 이해 방식은 이전과 어떻게 다른가. 이제마의 사단 이해 방식은 먼저 인간의 존재방식에 대한 이해가 선행되어야 한다. 그는 다음과 같은 존재구조 속에서 인간을 이해하고 이를 바탕으로 사단론을 전개하기 때문이다.

> 만물은 신(身)이 사는 곳이고, 신은 심(心)이 사는 곳이고, 심은 사(事)가 사는 곳이다.[13]

이 구절은 『격치고』의 첫 언급이라는 점에서 중요한 의미를 갖는다. 첫 언급은 『격치고』 전체 내용의 기저를 이루는 대전제이기 때문이다. 이제마는 이 대전제를 바탕으로 자신의 독창적인 사단론을 전개한다. 『보원』의 첫 장, 첫 구절에서도 그는 자신의 사상의학 이론이 어떠한 기저 위에서 전개되는가를 먼저 밝히고 있다.[14] 또 하나 중요한 것은 사물장을 포함한 『격치고』의 내용 전개는 모두 유교 경전에 근거하고 있다는 사실이다.[15] 사상의학 이론이 비록 의학 이론이요 또 독창적이

---

13) 이제마, 『격치고』儒略 1. 事物: 物宅身也 身宅心也 心宅事也.
14) 이 책 3장, 65~66쪽 참조.
15) 이제마, 『격치고』권2, 29쪽, 反誠箴: 此箴名義 依倣易象 而乾兌箴 尊道中庸 坤

기는 하지만, 그의 이론은 반드시 유교 경전에 근거를 두고 검토해야
하는 이유가 여기에 있다.

여기에 열거한 물(物)·신(身)·심(心)·사(事)는 『대학』 1장 "물유
본말(物有本末) 사유종시(事有終始)"절과 8조목을 결합하여 재구성한
것이다. 추상적 표현이지만 사는 곳으로 풀이한 댁(宅: 사는 곳)자는
동사로서 몸이 만물이라는 공간에 존재한다는 것을 의미한다. 같은 방
식으로 풀이하면 마음은 몸에, 일[事]은 마음에 존재하게 된다. 이제
마는 이것을 대학의 8조목에 적용하여 물·신·심·사는 각기 수제
(修齊)·성정(誠正)·격치(格致)·치평(治平)을 하는 것으로 설명한
다.16) 이것은 유학의 이상인 수기치인을 물·신·심·사로 대체하여
재구성한 것이다. 따라서 물·신·심·사는 각기 독립적 개체를 지시
하는 개념인 동시에 유기적 관계에 있는 개념이다. 대학의 "물유본말"
절은 학문적 입장에 따라 해석상 차이가 있지만, 본말과 종시를 헤아
리는 주체가 인간이라는 점에서 동일하다.

그런데 이제마는 이 행위 주체인 인간을 다시 심신으로 나누어 설명
한다. 물론 정약용도 이미 심신의 두 측면을 모두 중시하여 인간을 신
형묘합(神形妙合)의 존재로 파악한 예가 있다. 정약용의 논의는 지금
까지 소외된 몸의 측면을 마음과 같이 동등한 측면에서 논의하는 계기
를 제공했다는 점에서 높이 평가할 수 있다. 그러나 이제마는 더 나아
가 심신을 사·물과의 구조적 관계 속에서 해석하는 새로운 이해를
시도한다.

艮箴 欽德大學.

16) 같은 책 권1, 1쪽. 事物장: 萬事大也 一心小也 一身近也 萬物遠也. 治平大也 格
致小也 誠正近也 修齊遠也.

이제마는 먼저 심신이 사물과 어떤 관계에 있는지를 다음과 같이 구조화하여 설명한다.

> 심(心)은 사(事)에 응하는데 박통하고도 주밀해야 하며, 사는 심에 흘러들어 가는데 살피면서도 공손히 해야 하며, 신은 물(物)에 행(行)하는 것인데 정립(定立)하고도 경건해야 하며, 물은 신을 따르는 것인데 신고도 효(效)를 나타내야 한다.17)

설명에 의하면 심신과 사물은 서로 대응하는 관계에 있는데, 심과 신은 각기 사와 물에 응하는 주체요, 사와 물은 객체로서 심과 신에 응한다. 심신에는 각기 혜각과 능행(能行)의 능력이(선천적으로) 주어지기 때문에, 심신은 사물에 대한 근지(勤止)와 성결(誠決)의 대응이 가능하게 된다.18) 심·신·사·물은 취(聚)·군(群)·산(散)·거(居)의 형식으로 존재하는데, 심신이 사물과의 성공적 대응을 위해서는 비록 혜각과 능행의 능력이 갖추어져 있더라도 인의예지로써 능행하고 혜각해야 한다.19) 다소 복잡하고 생소한 이상의 설명은 다음 세 가지 내용으로 요약할 수 있다. 첫째, 심은 사와 신은 물과 대응하는 관계에 있다. 둘째, 심신에는 각기 혜각과 능행의 능력이 주어지기 때문에 사물에 대한 주체적 대응이 가능하다. 셋째, 혜각과 능행의 능력은 인의

---

17) 같은 곳: 心應事也 博而周也 事湊心也 察而恭也 身行物也 立而敬也 物隨身也 載而效也.

18) 같은 곳: 一物止也 一身行也 一心覺也 一事決也, 勤以止也 能以行也 慧以覺也 誠以決也.

19) 같은 곳: 萬物居也 萬身群也 萬心聚也 萬事散也 仁以居也 義以群也 禮以聚也 智以散也.

예지의 도덕적 행위 능력을 의미한다.

이상의 내용에서 도덕과 관련된 이제마의 견해는 두 가지로 정리할 수 있다. 하나는 인간의 도덕 행위는 천이 아닌 사물과의 관계 속에서 이루어진다는 것이다. 유학에서는 일반적으로 인간을 천인합일 지향의 관점에서 이해한다. 때문에 도덕성은 언제나 천과의 관계 속에서 논해지지만 그 관계를 이해하는 방식은 학문적 입장에 따라 다르다. 그런데 이제마는 천과의 관계를 배제하고 사물과의 관계 안에서 도덕 실현의 방법을 모색한다. 도덕은 천과의 추상적 관계가 아니라 사·물과의 구체적 관계 속에서 실현된다고 판단하기 때문이다. 어떻든 이제마의 해석은 도덕에 대한 또 하나의 독자적인 이해 방식이다.

다른 하나는 도덕은 혜각과 능행의 능력에 의해 실현된다는 것이다. 천은 인간에게 혜각과 능행의 능력을 주었으며, 이 혜각과 능행이 도덕을 생겨나게 한다.20) 따라서 혜각과 능행은 곧 사물과 대응하는 심신의 구체적 능력을 가리킨다. 심신은 이 능력을 발휘하여 인의예지 등 모든 도덕적 선을 실현하게 된다.21) 이 주장을 천인합일 지향의 관점과 비교하면 도덕의 실천에 있어서 인간의 역할을 강화시켰다고 할 수 있다. 다시 말하면 이제마는 혜각과 능행의 능력을 도덕적 행위의 근간으로 생각한 것이다.

이제마는 심신에 주어진 혜각과 능행의 능력이 어떻게 도덕적 행위를 가능하게 하는지를 이른바 심신사물 사단론을 제시하여 설명한다.

---

20) 이제마, 『보원』 성명론 30~31장: 天生萬民性以慧覺 萬民之生也 有慧覺則生 無慧覺則死 慧覺者德之所由生也. 天生萬民命以資業 萬民之生也 有資業則生 無資業則死 資業者道之所由生也.

21) 같은 곳 32장: 仁義禮智忠孝友悌 諸般百善 皆出於慧覺 士農工商田宅邦國 諸般百用 皆出於資業.

종래 사단 개념과의 차이를 고려하여 먼저 이제마가 제시하는 사단 개
념부터 살펴보겠다.

용모와 말(言)과 보는 것과 듣는 것은 일(事)의 사단이요, 분별하고
사유하고 묻고 배우는 것은 마음의 사단이며, 굽히고(屈) 풀고(放) 모
으고(收) 펴는 것(伸)은 몸의 사단이고, 지(志)와 담(瞻)과 려(慮)와 의
(意)는 물(物)의 사단이다.22)

이제마의 설명에 따르면 심신사물에는 각기 모언시청(貌言視聽), 변
사문학(辨思問學), 굴방수신(屈放收伸), 지담려의(志瞻慮意)의 사단이
있다. 사사단의 모언시청은 『서경』「홍범」의 오사(五事) 즉 모언시청사
(貌言視聽思)에서 사(思)를 제외하여 사상(四象)으로 구조화한 개념이
요, 심사단의 변사문학은 『중용』 명변(明辨) 신사(愼思) 심문(審問) 박
학(博學) 독행(篤行)의 오불조(五弗措)에서 역시 행(독행)을 제외하여 사
상으로 구조화한 개념이다. 신사단의 굴방수신에서 굴신은 몸을 직선
적으로 굽히고 펴는, 방수는 몸을 모으고 푸는 몸의 움직임을 나타내는
개념이다. 그리고 물사단의 지담려의는 사물에 대한 심신의 의지를 사
상으로 구조화한 개념인데,23) 지와 담은 신, 려와 의는 심의 작용이다.
그런데 심신사물이 하나의 사상 구조를 이루지만, 심신사물에도 각기
사단이 있으므로 이제마의 사단은 아래와 같은 복합적 구조를 이룬다.

22) 이제마, 『격치고』 권1, 1쪽, 事物장: 貌言視聽事四端也 辨思問學心四端也 屈放
收伸身四端也 志瞻慮意物四端也.
23) 같은 책 권1, 16쪽 天時장: 不誠其意 莫盡人意 不正其心 莫盡人慮 不修其身 莫
盡人瞻 不一其力 莫盡人志.

사사단: 모 언 시 청

심사단: 변 사 문 학

신사단: 굴 방 수 신

물사단: 지 담 려 의

이제마는 왜 복합적 구조로 사단을 설명하는가? 그는 과거의 사단론이나 자신이 전개하는 사단 개념에 대한 설명이 없이 오직 복합구조 속에서 새로운 사단론을 전개한다. 이 새로운 사단론의 전개는 사단을 이해하는 새로운 시도를 의미한다고 할 수 있다. 따라서 이 복합구조의 이해는 이제마 사단론 이해의 관건이라고 할 수 있다.

이 복합 사단 구조 이해의 관건은 앞서 본 바와 같이 대응관계에서 찾아야 한다. 겉으로 보면 신사단은 몸의 움직임의 정도를, 그리고 물사단은 인간의 의지를 분류하여 구조화한 것이다. 오사의 사는 모언시청과는 달리 심사단의 영역이기 때문에, 그리고 오불조의 독행은 신사단의 영역으로 분리되기 때문에 사사단과 심사단에서 각기 제외시킨 것이라고 판단된다. 그러나 경전의 개념까지 과감하게 변화시켜 사단으로 구조화한 이유는 다른 데에서 찾아야만 한다. 이제마는 사단 개념을 단지 대응관계로만 설명하고 있기 때문이다.

심신사물은 심과 사, 신과 물이 서로 대응하는 관계에 있다. 즉 심신은 사물에 응하고 행하는 주체로서 대응하고, 사물은 심에 모이고 신에 따르는 대상으로서 응한다. 좀 더 구체적으로 말하면 심은 사에 응하므로 박(博)·주(周)하고, 사는 심에 모이므로 찰(察)·공(恭)하며, 신은 물에 행하므로 입(立)·경(敬)하고 물은 신을 따르므로 재(載)·효

(效)를 나타내야 한다.[24] 이러한 관계는 복합구조의 설명에 있어서도
그대로 이어진다.

본래 『중용』의 박학, 심문, 신사, 명변에서 박·심·신·명하는 것
은 학·문·사·변하기 위한 것이다. 그런데 심사단에서의 학·문·
사·변하는 것은 박·심·신·명하기 위한 것이다. 따라서 심사단의
학·문·사·변은 심이 갖추고 있는 능력으로서의 사단을 의미하며,
박·심·신·명은 심사단의 발현 목표가 된다. 이제마가 숙(肅)·예
(乂)·절(哲)·모(謀)해야 막(邈)·광(廣)·대(大)·탕(蕩)할 수 있다고
한 것은[25] 학·문·사·변의 심사단이 박·심·신·명의 목표가 된
다는 것을 잘 드러내 준다.

신사단의 굴·방·수·신은 적(積)·곽(廓)·홍(弘)·활(豁)하려는
욕구를 나타내는 개념이다. 이 욕구로 인해 이(利)·용(勇)·모(謀)·
지(知)가 서로 추(趨)·조(助)·성(成)·구(救)하게 된다.[26] 이 욕구는
곧 부·귀·현·달의 추구를 의미하는데, 부·귀·현·달의 도는 인
의예지에 있다.[27] 따라서 굴·방·수·신은 부·귀·현·달을 추구
하는 주체이며, 부·귀·현·달은 신사단의 대상으로서 외물이다.[28]

---

24) 주 17) 참조.

25) 같은 책 권1, 8쪽 天下장: 辨所以明也 肅極邈也 思所以愼也 乂極廣也 問所以審
也 哲極大也 學所以博也 謀極蕩也.

26) 같은 책 권1, 9쪽, 天下장: 屈所以積也 利相趨也 放所以廓也 勇相助也 收所以
弘也 謀相成也 伸所以豁也 知相救也.

27) 같은 곳: 富之道仁也 故所止不特富也. 貴之道義也 故所動不特貴也. 顯之道禮
也 故所遇不特顯也. 達之道智也 故所決不特達也. 같은 곳: 仁之所行利與重焉
義之所行勇有奇焉 禮之所行謀亦至焉 智之所行知又切焉.

28) 같은 책 권2, 52쪽 坎箴장: 貧富外物也 住着存中也. 貴賤外物也 廉隅存中也. 顯
困外物也 敦敬存中也. 窮達外物也 計畫存中也.

사사단 모·언·시·청의 대응 대상은 다른 사람[對衆]과 자신[守己]으로 나누어진다. 다른 사람과 대응하는 모·언·시·청은 경(敬)·충(忠)·성(誠)·신(信)하려는 것인데, 이것이 숙·예·절·모이고, 자신을 지키는[守己] 모·언·시·청은 광(狂)·참(僭)·예(豫)·급(急)하지 않으려는 것인데, 이것이 곧 공(恭)·종(從)·명(明)·총(聰)이다. 따라서 경·충·성·신하려 하고, 광·참·예·급하지 않으려는 것은 모·언·시·청에 갖추어진 능력이고, 숙·예·절·모와 공·종·명·총은 그 능력을 실현한 결과이다. 이처럼 숙공, 예종, 절명, 모총은 도심·인심의 모·언·시·청에 의해 이루어지므로29) 모·언·시·청은 대상[對衆]과 수기(守己)에 대응하는 능동적 주체다.

물사단의 지·담·려·의는 천심과 인심의 지·담·려·의로 나누어진다. 천심의 지·담·려·의는 항상 제(濟)·정(整)·화(和)·주(周)하려 하는데, 이것이 측(惻)·수(羞)·사(辭)·시(是)이고, 인심의 지·담·려·의는 모두 탈(奪)·기(欺)·투(妬)·절(竊)하지 않으려는 것인데, 이것이 은(隱)·오(惡)·양(讓)·비(非)이다. 따라서 제·정·화·주하려 하고 탈·기·투·절하지 않으려는 것은 지·담·려·의에 갖추어진 능력이고, 측·수·사·시와 은·오·양·비는 그 실천 결과를 의미한다. 이처럼 측은, 수오, 사양, 시비 역시 천리·인욕의 지·담·려·의에 의해서 이루어지므로30) 지·담·려·의는 측

---

29) 같은 책 권1, 8쪽 志貌장: 是故對衆之貌 皆欲敬而守己之貌 恒不欲狂也. 欲敬者 肅也 不欲狂者恭也 然則無肅恭之兩隅者 非道心人心之貌也. 對衆之言 皆欲忠 而守己之言 恒不欲僭也. 欲忠者乂也 不欲僭者從也 然則無乂從之兩隅者 非道 心人心之言也. 對衆之視 皆欲誠而守己之視 恒不欲豫也. 欲誠者晢也 不欲豫者 明也 然則無晢明之兩隅者 非道心人心之視也. 對衆之聽 皆欲信而守己之聽 恒 不欲急也. 欲信者謀也 不欲急者聽也 然則無謀聽之兩隅者 非道心人心之聽也.

은, 수오, 사양, 시비를 실현하는 능동적 주체다.

　이상과 같이 사단을 복합구조와 대응관계로 설명하는 것은 유래를 찾기 힘든 독창적인 것이다. 그러나 사상의학 이론이 그러하듯이 사단의 구조적 이해 역시 주역에 그 근거를 둔 것이다. 이제마는 심신사물 사단론 전개의 근거를 「계사 上」 "역유태극(易有太極) 시생양의(是生兩儀)"절에 두고 있음을 다음과 같이 설명한다.

　　태극은 심이고, 양의는 심신이며, 사상은 심신사물이다. 팔괘는 사의 종시, 물의 본말, 심의 완급, 신의 선후이다. 건은 사의 시작이고, 태는 사의 끝이며, 곤은 물의 근본이고 간은 물의 말단이며, 리는 마음이 급히 꾀함이고 진은 마음이 천천히 꾀함이며, 감은 몸의 선착이고 손은 몸의 후착이다.31)

　다시 정리하면 심신사물의 구조는 태극의 심(心)에서 분화한 것이고,32) 심신과 사물의 대응 구조는 『대학』의 본말 종시설을 원용하여

---

30) 같은 책 권1, 7쪽 志貌章: 天心之志 恒欲濟而人心之志 皆不欲奪也. 欲濟者惻也 不欲奪者隱也 然則無惻隱兩端者 非天理人欲之志也. 天心之膽 恒欲整而人心之膽 皆不欲欺也. 欲整者羞也 不欲欺者惡也 然則無羞惡兩端者 非天理人欲之膽也. 天心之慮 恒欲和而人心之慮 皆不欲妬也. 欲和者辭也 不欲妬者讓也 然則無辭讓兩端者 非天理人欲之慮也. 天心之意 恒欲周而人心之慮 皆不欲竊也. 欲周者是也 不欲竊者非也 然則無是非兩端者 非天理人欲之意也.

31) 같은 책 권2, 56쪽 巽箴章: 太極 心也 兩儀 心身也 四象 事心身物也 八卦 事有事之終始 物有物之本末 心有心之緩急 身有身之先後 乾事之始也 兌事之終也. 坤物之本也 艮物之末也 離心之急圖也 震心之緩圖也 坎身之先着也 巽身之後着也.

32) 같은 책 권2, 56~57쪽 巽箴章: 太極之心 中央之心也 心身之心 兩儀之心也 事物心身之心 四象之心也.

팔괘에 배속한 것이다. 태극의 심이 심신사물로 분화되고, 심신과 사물이 다시 대응하는 관계로 해석한 것은 태극이 64괘로 분화되고 음양이 대대관계를 이루는 역의 원리를 수용한 것이다. 다만 역의 원리를 수용하되 태극 대신 심을, 그리고 지금까지 소외된 사상을 그 중심에 둔 것은 사단에 대한 그의 인식이 과거의 방식과 다르게 바뀌었음을 간접적으로 드러낸 것이다.

이상의 검토에서 우리는 사단의 새로운 이해를 시도하는 이제마의 관점을 확인할 수 있다. 그 주요 관점은 사단을 확충시켜 심신사물의 복합사단으로 구조화한 것이다. 이제마는 심신사물에 각기 사단이 있음을 전제하고, 심신과 사물은 서로 대응하는 관계를 이루되 심신 곧 인간이 이를 주도하는 것으로 설명한다. 사단 이해의 이러한 구도는 천리설이나 성기호설 같은 관점을 전혀 고려하지 않는 것이다. 이러한 점에서 사단의 구조적 이해는 과거와는 다른 새로운 시도로 해석할 수 있다.

3. 사단의 실현 방법

이제마는 「사물(事物)」 장에서 사단에 대해 두 가지 견해를 피력한다. 첫째, 인의예지의 사단은 사심(私心)으로 판단하는 대상이 아니다. 성인(聖人)이 매사에 인의예지를 말한 것은 인류도덕의 근간이 되기 때문인데, 후인들은 사심으로 판단하여 공적으로는 이로우나 사적으로는 불리하다고 여긴다.[33] 즉 사단은 유·불리를 판단하는 사심의 대상이 아니라 도덕의 근간이라는 것이다. 둘째, 사단의 실현 능력은 인간에게 보편성으로 주어진다. 이목이 잘못되어 보고 듣지 못하는 것은 아름다운 모습이 아니듯이, 사단의 심을 갖추고도 인의예지를 행하지 못하면 우환(憂患), 공구(恐懼), 분치(忿懥), 호요(好樂)에 치우치게 된다. 따라서 맹자는 인간에게 사단이 있는 것은 사체(四體)가 있는 것과 같은데, 사단이 있으면서 스스로 불능(不能)하다고 말하는 것은 스스로를 해치는 것이라고 한다.[34] 즉 사단은 선천적으로 주어진 보편성이기 때문에 불능한 사람은 없으며, 그 실현 또한 당위적이라는 설명이다.

이제마는 이상의 견해를 바탕으로 사단의 발현을 설명한다. 사단의 발현에서 중요한 것은 심과 신이 사물과 대응하는 주체가 된다는 점이다. 전술한 바와 같이 이제마는 사단을 심·신·사·물의 사단으로 대체한다. 그리고 대학의 8조목인 수제(修齊)·성정(誠正)·격치(格致)·치평(治平)을 물·신·심·사의 일로 나누어 배치한다.[35] 이것은 유가 천인합일의 이상을 천리나 상제의 의지를 따르는 추상적 방식이 아니라 격치·성정·수제·치평하는 인간의 주체적이고 구체적인 삶 속에서 찾고자 한 것이다.

이제마는 사단의 발현을 사·신·심·물에 주어진 선천적 능력의

---

33) 같은 책 권1, 2쪽 事物장: 古之聖人言必稱仁義禮智者 誠以一身重寶 不可失也. 後人私心揣之 以仁義禮智 有似利於公 不利於私然者 而叛之 嗚呼 聖人豈敢汝 後生乎.

34) 같은 곳: 無目則無視 無耳則無聽 耳目廢而聾瞽 則豈美形人乎哉. 不智則無助而 憂患 不仁則不立而恐懼 無禮則格戾而忿懥 無義則儳惰而好樂 是可堪乎 可哀 也已. 孟子曰 人之有四端 猶其有四體也. 有是四端而自謂不能者 自賊者也 不 其丁寧之乎.

35) 이제마, 『격치고』 권1, 1쪽 事物장: 萬事大也 一心小也 一身近也 萬物遠也. 治 平大也 格致小也 誠正近也 修齊遠也.

발휘로 설명한다. 사·신·심·물에는 각기 지(止)·행(行)·각(覺)·
결(決)과 거(居)·군(群)·취(聚)·산(散)하는 능력이 갖추어져 있고,[36]
이 능력은 각기 근·능·혜·성과 인·의·예·지를 통해서 발휘되
어야 하는 조건이 따른다.[37] 따라서 이 선천적 능력도 선을 실현하기
위해서는 부단한 노력이 요청된다. 이 능력은 단지 선 지향성일 뿐이
며, 선은 실천의 결과로서 얻어지기 때문이다. 선천적 능력을 지·
행·각·결과 거·군·취·산으로 나눈 것은 자신과 타인을 향한 능
력을 구분한 것이다. 근·능·혜·성은 자신에게 요구되는 덕목이요,
인·의·예·지는 타인과의 관계에서 요구되는 덕목이다.

   이제마 역시 선천적 능력이 발휘되지 못하는 원인을 욕구에서 찾는
다. 지금까지 유학에서 욕구는 대체로 명리(名利)를 추구하는 것으로
이해하고, 동시에 욕구는 인간의 본성을 해치는 것으로 이해한다. 그
러나 이제마는 욕구를 과거와 다르게 이해한다. 욕구에 대한 새로운
관점은 두 가지이다. 하나는 욕구를 분석하여 구조화한다. 이제마는
욕구를 색심(嗇心)·사심(詐心)·치심(侈心)·나심(懶心)과 사심(私心)·
욕심(慾心)·방심(放心)·일심(逸心)으로 나눈다.[38] 전자의 욕구는 결
(決)·지(止)·각(覺)·행(行)을 편(偏)·의(倚)·과(過)·불급(不及)하게
하고, 후자의 욕구는 학(學)·변(辨)·문(問)·사(思)를 매(昧)·암
(闇)·질(窒)·망(罔)하게 하는 것이 그 차이이다.[39] 욕구에 대한 이러

---

36) 같은 책 권1, 1쪽 事物장: 一物止也 一身行也 一心覺也 一事決也. … 萬物居也
   萬身群也 萬心聚也 萬事散也.
37) 같은 곳: 勤以止也 能以行也 慧以覺也 誠以決也. … 仁以居也 義以群也 禮以聚
   也 智以散也.
38) 같은 곳: 嗇心偏也 詐心倚也 侈心過也 懶心不及也. … 私心昧也 慾心闇也 放心
   窒也 逸心罔也.

한 분석은 선천적 행위 능력과 사고 능력이 발휘되지 못하는 원인을 분류하여 구조화한 것이다. 따라서 욕구 역시 네 가지로 유형화할 수 있다.

다른 하나는 욕구를 불선(不善)의 원인으로 인식하지 않는다. 일반적으로 색·사·치·나와 사·욕·방·일하는 욕구는 다 같이 불선의 원인이 된다고 인식한다. 그러나 이제마는 욕구가 반드시 불선은 아니며 욕구의 타당성에서 불선의 원인을 찾아야 한다고 주장한다.

> 물(物)에 대한 사심(私心)은 불선이 아니며 사(事)에 대한 사심(私心)이 불선이다. 사(事)에 대한 욕심(慾心)은 불선이 아니며 물(物)에 대한 욕심(慾心)이 불선이다. 신(身)이 방심(放心)하는 것은 불선이 아니며 심(心)이 방심(放心)하는 것이 불선이다. 심(心)이 일심(逸心)하는 것은 불선이 아니며 신(身)이 일심(逸心)하는 것이 불선이다.[40]

욕구 자체가 아니라 욕구가 무엇을 지향하느냐를 기준으로 선·불선을 구분한 것이다. 사에 욕심을 갖고 물에 사심을 갖는 것은 개인적인 욕구이기 때문에 문제될 것이 없다. 그러나 사(事)에 사심을 갖거나 물(物)에 욕심을 갖는 것은 공적인 사·물(事·物)을 해치게 되므로 불선이 된다. 그리고 몸이 방심하거나 마음이 일심(逸心)하는 것은 사적인 욕구이므로 불선이라고 할 수 없다. 그러나 마음이 방심하거나 몸이 일심하는 것은 타인에게 해가 될 수 있으므로 불선이 된다. 불선의

---

39) 같은 곳: 偏心偏決也 倚心倚止也 過心過覺也 不及心不及行也. … 昧心昧學也 闇心闇辨也 窒心窒問也 罔心罔思也.

40) 같은 곳: 是知 物私非不善也 事私斯不善也 事欲非不善也 物欲斯不善也 身放非不善也 心放斯不善也 心逸非不善也 身逸斯不善也.

원인은 공·사를 분별하지 못하는 데에 있으며, 욕구 그 자체는 선도 불선도 아니다. 따라서 불선은 욕구 자체가 아니라 공·사를 분별하지 못하는 것이 원인이다. 욕구의 선·불선에 대한 판단은 분석적이고 논리적인 사고에 기초해야 한다는 주장으로 해석할 수 있다.

이러한 태도는 선행(善行)을 해석하는 데 있어서도 그대로 이어진다. 유학에서는 일반적으로 욕구를 인심의 발현으로 이해하기 때문에 인심을 절제의 대상으로 인식한다. 도심의 발현은 순선(純善)하지만 인심의 발현은 욕구로 인해 악행이 된다고 보기 때문이다. 그러나 욕구를 절제함으로써 선을 실현할 수 있다는 논리는 근본적으로 욕구에 대한 부정적 시각에 근거한 것이다. 이제마의 욕구에 대한 시각은 부정적이면서 동시에 긍정적이다. 욕구자체는 선도 불선도 아니지만 또 욕구가 원인이 되어 선·불선이 되기 때문이다.

> 색(嗇·詐·侈·懶)심과 같은 불선만 사(私·慾·放·逸)심에서 나오는 것이 아니라 성·근·능·혜의 선함도 역시 사(私·慾·放·逸)심에서 나온다.[41]

사심에서 색심(嗇心)과 같은 불선만 아니라 성·근·능·혜의 선행도 나온다는 것은 과거와는 정면으로 배치되는 해석이다. 이 해석은 욕구란 선·불선 어느 한쪽으로 고정되어 작용하지 않는다는 데에 근거한다. 욕구 자체가 선·불선으로 고정되어 작용하지 않는다면 욕구를 불선의 원인으로 인식하는 시각은 수정되어야 한다. 그리고 선(善)

---

41) 같은 책, 2쪽: 不獨嗇之不善出於私也 雖誠之善亦出於私也 不獨詐之不善出於慾也 雖勤之善亦出於慾也 不獨侈之不善出於放也 雖能之善亦出於放也 不獨懶之不善出於逸也 雖慧之善亦出於逸也.

역시 욕구에 의해 이루어진다면 도심의 발현은 순선하다는 시각도 수정되어야 한다. 선·불선은 오직 욕구 작용의 결과에 따라 결정되기 때문이다.

욕구를 이해하는 이러한 시각은 도덕성의 실현 방법에서도 계속된다. 그에 따르면 인간은 상제로부터 부여받은 성[恒性 = 理: 이치]으로 인해 진정(眞情)을 지니게 되는데 이 정(情)은 무엇인가를 하고 싶은 욕구[欲]이다. 이 욕구가 인간이 지닌 진정과 합치하지 않을 때 이 것을 욕심[慾]이라고 한다. 욕심은 혼자만을 위하는데, 그렇게 되면 그 이로움이 혼자에게 돌아가지만, 함께 이로움을 추구하면 의(義)로 화합하게 된다. 군자가 보통 사람보다 뛰어난 것은 신독하여 사람들이 보지 못하는 것을 되돌아보는데 있다.42) 즉 도덕성의 실현은 욕구에 의해 이루어지며 그것은 다른 사람과 함께 추구할 때 가능하다는 것을 밝히려는 것이다.

이 언급은 도덕성은 물론이요 욕구까지 천부의 능력으로 인식함을 의미한다. 이 능력의 발휘가 도덕성을 실현하는 방법이지만, 그것은 공적 이익과 합치할 때만 가능하다. 따라서 도덕성의 실현은 먼저 욕구인지 아니면 욕심인지를 분별하고 또 그것이 공적 이익과 합치하는 지의 여부를 판단하는 과정이 선행되어야 한다. 이 과정은 인간의 자율적 판단과 행위에 의해 이루어지므로 여기에는 천리나 상제의 명령이 개입될 여지가 없다. 때문에 그는 군자의 개념을 신독하여 다른 사

---

42) 같은 책 권3, 71~72쪽: 有皇上帝降衷于下民 若有恒性 性者理也 有藐下民 聽命 于上帝 箇有眞情 情者欲也 理之未盡於性者 謂之才 … 欲之不合於情者 謂之慾 … 慾者所獨也 所獨者獨倖其理也 同成其利者義之和也 … 然則 君子之所以大 過人者 顧不在於愼其獨而人之所不見乎.

람들이 보지 못하는 것을 되돌아볼 줄 아는 인간의 자율 능력에서 찾
는다. 군자가 보통 사람보다 뛰어난 것은 선천적 능력이 아니라 도덕
성을 발휘하는 자율 능력에 있다고 판단하기 때문이다. 다시 말하면
도덕성은 보편성으로 주어지지만 그 실현 여부는 인간의 자율에 달려
있다는 것이다.

이상에서 논의된 이제마의 주장은 다음과 같은 두 가지로 요약된다.
첫째, 욕구는 심이 무엇인가를 추구하려는 성향일 뿐이다. 욕구가 심
의 한 현상이라면 욕구를 곧바로 불선과 연결시킬 수 없다. 불선은 욕
구 자체가 아니라 공·사를 분별하지 못하는 데에 그 원인이 있기 때
문이다. 둘째, 공·사를 분별하여 욕구를 절제하는 것은 인간의 자율
능력이다.

주희는 과도한 욕구를 선 실현의 장애로 이해하기 때문에 인심의 발
현인 욕구를 억제의 대상으로[存天理遏人欲] 분류한다. 따라서 주희
의 경우 인간의 자율성은 제한적이다. 이와는 달리 정약용은 욕구를
오히려 긍정하고 욕구는 자율[自主之權]적 노력에 의해 절제할 수 있
다고 주장한다. 그러나 이 자율성은 언제나 상제천의 명령에 귀를 기
울이고 따라야 하는 조건이 따른다. 욕구를 긍정하고 자율성을 강조하
지만 종교적 태도를 전제로 한다는 점에서 완전한 자율이라고 하기 어
렵다. 이제마가 도덕성의 실현 방법은 자율성을 근거로 한다는 점에서
는 정약용과 맥을 같이 한다. 그러나 이제마의 자율성은 인간의 논리
적 판단과 실천의지에 근거한다는 점에서 다르다. 달리 말하면 도덕성
의 실현 주체는 곧 인간이라는 것이다. 이러한 맥락에서 보면 이제마
가 도덕성이 천부적인 것임을 말하면서도 천리나 상제천의 의지를 배

제하고 자율을 강조한 것은 사단심의 발현은 인간이 주체임을 밝히기 위한 것이라고 해야 할 것이다.

4. 맺는 말

이제마의 사단론은 성명론과 함께 사상의학의 핵심 이론이다. 그러나 그는 당시 주류를 이루고 있던 주희의 사단 해석이나 그 밖의 해석에 대한 언급이 없이 독자적인 해석을 가한다. 이것은 과거의 관점을 벗어나 자신만의 독자적인 해석을 시도하려는 것이다. 지금까지 검토한 그의 독자적 해석은 다음과 같이 정리할 수 있다.

첫째, 인간은 심·신·사·물의 유기적 관계 속에서 존재한다. 심신은 사물과 서로 대응하는데, 심신은 대응의 주체가 된다. 따라서 심신에 주어진 혜각과 능행의 능력은 사물과의 관계 속에서 발휘된다. 몸이 심과 함께 사물과의 관계를 주도한다는 것은 새로운 인간이해의 시도이다.

둘째, 심신사물에는 각기 사단심이 주어지며, 따라서 복합적 사단구조를 이룬다. 복합구조에 있어서도 심과 신은 사와 물에 응하고 행하는 주체로서 대응하고, 사와 물은 심과 신에 모이고 따르는 대상으로서 응하는 관계에 있다. 이 복합사단은 역의 원리를 수용한 것이지만 지금까지 소외된 사상을 그 중심에 둔 것은 사단을 이해하는 독창적인 방식이다.

셋째, 이제마는 심신사물에 주어진 선천적 능력을 자신과 타인을 향한 능력으로 구분한다. 근·능·혜·성과 인·의·예·지는 자신과 타인과의 관계에서 요구되는 덕목이다. 도덕 능력을 자신과 타인을 향한 것으로 구분한 것 또한 인간의 능력을 이해하는 새로운 해석이다.

넷째, 욕구는 심이 무엇인가를 추구하려는 성향이므로 욕구가 곧 불선은 아니다. 따라서 불선은 욕구에서 비롯되는 것이 아니라 공·사를 분별하지 못하는 데에서 비롯된다. 불선의 원인에 대한 분석은 인간의 논리적·합리적 사고에 기초한 것이다.

다섯째, 인간에게는 공·사를 분별하여 욕구를 절제하는 자율 능력이 있다. 욕구의 절제 능력을 천리 내지는 상제천의 의지보다는 인간의 분별력과 실천의지로 설명한다는 점에서 과거의 자율 설명과는 변별된다.

이상의 독자적 해석은 사단 이해의 관점을 천 중심에서 인간 중심으로 바꾸어 이해한 결과로 해석할 수 있다. 도덕성은 선천적인 것이지만 그 실현은 심신이 사물과 관계하는 과정에서 이루어지기 때문에 이제마는 도덕 행위를 인간이 주도하는 것으로 인식한 것이다. 이러한 인식이 선행의 기준을 천리나 상제의 명령으로부터 욕구의 공·사 분별이라는 인간의 객관적 사고로 전환하게 해 준다. 이제마는 이러한 인식을 토대로 사상의학의 기초 이론을 형성하는 사단론을 전개한 것이다. 어떻든 지금까지 천 중심의 관념적 해석의 틀을 벗어나 인간 중심의 해석을 시도한 것은 유학사의 관점에서 볼 때 사단 이해의 지형을 바꾸어 놓은 것으로 평가할 수 있을 것이다. 특히 사단을 사상의학의 핵심 이론으로 정초한 것은 의학과의 접목을 통해 인간을 보다 과학적 실증적 방법으로 이해하려는 독창적인 시도로 평가할 수 있을 것이다.

제7장
성정론

중의학이나 한의학은 그 이론의 바탕을 유학에 두고 있으며, 유학사상의 변화 발전에 따라 그 이론 또한 변화해 왔다는 것은 전공자들에게는 이미 잘 알려진 상식이다. 이제마의 사상의학 역시 유학사상에 근거하여 형성된 것이다. 성명론이나 사단론 등 사상의학의 주요 이론은 경학에 기초하고 있기 때문이다.[1] 그런데 이제마의 사상의학은 유학적 배경에도 불구하고 그 구체적인 시각과 내용은 이전의 전통적인 유학사상과 근본적으로 다른 점을 발견할 수 있다.

이 장에서 검토하려는 이제마의 성정론 역시 사상의학 형성에 있어서 큰 비중을 차지하지만, 유학의 인성론에 바탕을 둔 것이다. 유학에서 인성을 논하기 시작한 것은 맹자의 성선설 이후의 일이다. 그러나 인성에 관한 본격적인 논의는 송대의 성리학자들에 의해 이루어졌다

---

1) 이을호, 『한국개신유학사시론』(서울: 박영사, 1980), 361쪽.

고 할 수 있다. 이기심성(理氣心性)의 개념에서도 알 수 있듯이 그들은
우주의 생성과 인간의 심성을 분석하고, 이기론의 관점에서 재구성하
여 유학을 새롭게 해석했다. 성정은 이 과정에서 주요 과제로 등장한
다. 조선조 유학자들은 대체로 주자학의 입장에서 이 문제들을 수용하
여 해석한다. 그들은 이기를 해석하는 입장에 따라 성정의 이해를 달
리하였는데, 이에 대한 논의는 주리·주기의 논쟁을 거치면서 심화되
어 간다. 그러나 조선조 후기 실학자들은 공맹유학의 근본정신을 되찾
으려는 입장에서 이러한 문제들을 다시 비판적으로 검토하기도 한다.

  그런데 이제마의 성정을 검토하면 주리·주기의 성리학적 관점이나
이를 비판하는 실학적 관점과도 다른 점이 발견된다. 그는 성정을 독
자적인 관점에서 해석하고, 이를 토대로 사상의학 이론을 수립한다.
따라서 이 장은 송대 성리학의 주요 주제인 성정이 사상의학적 관점에
서 어떻게 해석되고 적용되는지를 검토할 것이다. 이러한 검토를 통해
필자는 이제마가 유학에 바탕을 두면서도 다른 관점에서 성정을 논의
하는 궁극적 이유가 무엇인지를 드러내고, 아울러 그가 새롭게 이해한
성정은 유학의 또 다른 이론으로 성립 가능한지를 탐색할 것이다.

1. 유가의 성정론

  유학적 전통 안에서 성정을 철학적 주제로 다루기 시작한 것은 북송
의 유학자들이다. 그들의 학문은 비록 주공(周公)·공맹의 정신에 근
거를 두었으나 내용은 이기심성을 중심으로 하는 형이상학이었다. 처

음에 그들은 한 대의 경학자들과 마찬가지로 유학의 새로운 해석을 시
도했지만 그것은 결국 우주의 구성과 인간의 심성을 분석하려는 철학
적 흐름을 이어간 것이다. 주렴계(周濂溪)에서 본격적으로 시작된 이
흐름은 주희에 이르러 이론적 의리지학으로 재구성되어 이른바 리학
으로 집대성된다. 려말에 유입된 주희의 리학은 조선조에 들어와 거의
절대적인 권위를 차지하였는데, 실학사상의 대두 이후에도 그 영향은
사라지지 않는다. 이제마 역시 어린 시절에 주자학을 수학하였음은 물
론이다.

잘 알려진 것처럼 주희의 리학은 정이천의 형이상학을 계승하고 주
렴계의 태극도설 등을 포괄하여 체계화된 것이다. 북송의 학자들이 그
러하듯이 주희는 경전 해석을 통해 자신의 학설을 전개하는데, 그의
학설은 특히『중용』의 해석에 잘 드러나 있다. 주희는 첫 장 "천명지
위성(天命之謂性 …)"절을 "천이 음양오행으로 만물을 낳을 때 기는
형체를 이루고 리 또한 부여하는데, 이것은 마치 천이 명령하는 것과
같다"고 해석한다. 이 해석은 태극이 곧 리라는 인식에 근거한 것인데,
그는 태극을 천지만물의 근원으로 이해한다.[2] 따라서 리는 곧 만화(萬
化)의 근원이므로 천명은 곧 리를, 그리고 만물을 낳는다는 것은 리(천
리)의 운행을 가리킨다.

천리의 운행은 다르게 표현하면 만물이 리를 부여받는 것이다. 주희
가 성은 리이고, 인물은 다 같이 리인 성을 부여받는다고 한 것은 이
때문이다.[3] 그러므로 성을 부여하는 천리와 부여받은 성(리)은 이름만

---

2)『주자대전』권45, 答楊子直: 聖人謂之太極者 所以指夫天地萬物之根也.

3) 주희,『中庸章句』1장: 性卽理也 … 人物之生 因各得其所賦之理 以爲健順五常
  之德 所謂性也.

다를 뿐 동일한 것이다. 주희는 이러한 인식을 근거로 솔성(率性)을 당위적인 도덕행위로 해석한다.[4] 즉 도덕행위의 기준은 천리를 따르는 것이어야 한다는 의미이다. 따라서 주희의 경우 천리를 따르는 것 외에 다른 도덕적 가치 기준은 개입될 여지가 없다.[5] 그가 수양을 말할 때 항상 천리 보존을 강조한 것은 이에 근거한 논리이다.

솔성을 통해 도덕행위가 가능하다는 논리는 성정의 해석에 잘 드러나 있다. 주희에 따르면 리는 사물에 있어서는 리이지만 인간의 심에 있어서는 성이다.[6] 그런데 사물의 리가 일음일양(一陰一陽)하는 생생(生生)의 리(理)이듯이 성은 단지 이름이 바뀌었을 뿐 여전히 생생의 리이다.[7] 그는 바로 이 생생의 리가 심에 지각 능력으로 주어진다고 한다. 심의 리는 태극이요 심의 동정은 음양이라고 하거나,[8] 또는 지각 능력은 심의 리요 실제로 지각하는 것은 기(氣)의 영(靈)이라고 한 것은 곧 심에 이러한 능력이 주어져 있음을 설명한 것이다.[9]

주희는 이러한 심이 작용하는 과정을 다시 성(性)과 정(情)의 개념으로 나누어 설명한다. 그에 따르면 성은 리이고, 정은 유출운용(流出運用)된 것인데, 심이 지각하는 것은 곧 이 리를 갖추어 이 정을 행하는 것이다.[10] 이 주어진 리(성)가 미발한 것은 성, 이발(희로애락)한 것은

---

4) 같은 곳: 人物各循其性之自然 則其日用事物之間 莫不各有當行之路 是則所謂道也.
5) 이 책 3장, 88~89쪽 참조.
6) 『주자어류』 권5, 性理二: 性卽理也 在心喚做性 在事喚做理.
7) 같은 곳: 生之理謂性.
8) 같은 곳: 心之理是太極 心之動靜是陰陽.
9) 같은 곳: 所覺者心之理也 能覺者氣之靈也.
10) 『주자대전』 권55, 答潘謙之: 性之是理 情是流出運用處 心之知覺卽 所以具此理 而行此情者也.

정으로 구분된다.[11] 물론 여기서 성의 미발 이발은 곧 심의 동정을 가리킨다. 따라서 심이 미동(未動)한 것이 성이고 이동(已動)한 것이 정이므로 심은 동과 정을 관통하여 있게 된다.[12] 때문에 주희는 심성정을 합하여 성은 심의 리요 정은 성의 동이며, 심은 성정을 주재한다고 말한다.[13] 그러므로 심의 주재는 곧 심의 지각 작용이라는 것을 알 수 있다.

주희는 성을 또 본연성(보편성)과 기질성(특수성)으로 구분한다. 그에 따르면 기질성은 음양 이기(二氣)가 교운(交運)하여 생한 것인데, 그것은 태극[一本]이 나누어진[萬殊] 것이다.[14] 이것을 기질성의 입장에서 보면 성이 기질 속에 들어온[墮在] 것이다.[15] 그러므로 기질성은 근본적으로 본연성과 다르지 않다. 다만 기질은 생성과정에서, 즉 이기오행(二氣五行)이 교제운행(交際運行)할 때 청탁(淸濁)이 있게 된다는 점이 다르다.[16] 그리고 기질의 청탁이 원인이 되어 선/불선이 있게 된다는 것이 주희의 생각이다.[17] 때문에 그는 청한 기질을 부여받은 자는 성현이 되고, 탁한 기질을 받은 자는 우(愚)하고, 불초(不肖)한 자가 되는데, 이것은 마치 구슬[理]이 맑은 물과 탁한 물에 있는 것과 같은 차이라고 설명한다.[18] 요컨대 인간의 기질은 태생적으로 청탁의

---

11) 주희,『중용장구』1장.

12)『성리대전』권33: 未動爲性 已動爲情 心則觀乎動靜而無不在焉.

13) 같은 곳: 性者心之理也 情者性之動也 心者性情之主.

14) 같은 책 권30: 有天地之性 有氣質之性 天地之性 則太極本然之妙 萬殊之一本也 氣質之性 則二氣交運而生 一本而萬殊也.

15) 같은 책 권58: 答徐子融: 氣質之性 只是此性墮在氣質之中.

16) 같은 책 권30: 是理氣交際運行之際 有淸濁 人適逢其會 所以如此.

17)『주자어류』권4: 天地間只是一箇道理 性便是理 人之所以有善有不善 只緣氣質 之禀各有淸濁.

차이가 존재한다는 것이다.

그러나 선/불선의 직접적인 원인은 심의 지각 작용이며, 기질 자체는 불선이 아니다. 주희는 심의 지각 작용은 하나이지만, 그 작용이 형기의 사사로움에서 나오는 것[人心]과 성명(性命)의 바름[正]이 근원이 되어 지각하는 것[道心]은 다르다고 한다.[19] 인심은 인욕(人欲)을 도심은 천리를 의미하는데,[20] 이들 개념은 음식을 먹는 것(천리)과 맛있는 음식을 먹고자 하는 것(인욕)으로 비유된다.[21] 물론 인욕 자체가 불선은 아니지만 인욕은 불의의 욕구로 이어져 불선이 되기 쉽다. 천리가 보존되면 인욕에 빠지는 위험이 없어지므로[22] 주희는 마음에 천리를 보존하여 인욕을 없앨 것을 주장한다.[23] 말하자면 인욕은 불선의 원인이므로 도덕적 선을 실현하기 위해 이른바 "천리를 보존하여 인욕을 버리는[存天理去人欲]" 방법을 제시한 것이다. 성정의 문제 역시 리 중심의 관점에서 전개되고 있음을 확인할 수 있다.

이상과 같이 주희의 성정에 대한 해석은 이기이원론의 관념적 구조 속에서 논리적 일관성을 유지하면서 전개된다. 이제마는 주자학을 배우면서 성장하였기 때문에 이러한 주희의 성정론을 섭렵하였다. 그러나 이제마는 주희의 이론에 대한 일체의 언급이 없이 자신의 논리로

---

18) 『성리대전』 권30: 但氣稟之淸者爲聖爲賢 如寶珠在淸冷水中 稟氣之濁者爲愚爲不肖 如珠在濁水中.

19) 『중용장구』 서문: 心之虛靈知覺 一而已矣 而以爲有人心道心之異者 則以其或生於形氣之私 或原於性命之正 而所以爲知覺者不同 是以 或危殆而不安 或微妙而難見耳.

20) 『이정전서』 권31: 人心人欲 道心天理.

21) 『주자어류』 권13: 飮食者天理也 要求美味人欲也.

22) 같은 곳: 有天理自然之安 無人欲陷溺之危.

23) 같은 곳: 人之一心 天理存則人欲亡 人欲勝則天理滅 … 學者須要於此體認省察之.

성정을 해석한다. 이제마의 성정론은 주희와 어떠한 차이가 있는지 대비적 관점에서 검토하고자 한다.

2. 천인합일과 성·명

이제마가 유학에 이론의 기반을 두는 전통은 천인합일을 지향하는 관점에서 찾을 수 있다. 이제마 역시 인간을 천과의 합일을 지향하는 유기체적 존재로 인식한다. 그런데 그의 합일은 두 가지 점에서 과거의 관점과 다르다. 하나는 천인의 관계를 사상으로 확장하여 구조적인 합일을 추구하는 것이요, 다른 하나는 합일의 내용이다.

지금까지 천은 대체로 상제 내지는 천리로, 인간은 천과의 관계 속에서 존재하는 구도로 설명된다. 이 구도에서 인간은 상제의 명령 또는 천리로 주어지는 인성을 자각하고 실현하는 존재로 이해된다. 그런데 이제마는 천인 관계를 천기와 인사의 관계로 대체하고 이를 다시 사상의 구조로 확장시킨다. 그에 따르면 천기에는 지방·인륜·세회·천시가 있고 인사에는 거처·당여·교우·사무가 있다.[24] 지방·인륜·세회·천시는 극막·극광·극대·극탕한 것인데,[25] 막·광·대·탕은 거리·넓이·크기·자강불식의 시간을 말한다. 그러므로 천기는 시·공간을 포함한 입체적인 구조를 가리키는 개념이다. 그

---

24) 李濟馬, 『東醫壽世保元』, 김용준 편집(서울: 박문서관, 1921), 「성명론」 1~2장: 天機有四 一曰地方 二曰人倫 三曰世會 四曰天時. 人事有四 一曰居處 二曰黨與 三曰交遇 四曰事務.

25) 같은 곳 4장: 天時極蕩也 世會極大也 人倫極廣也 地方極邈也.

리고 거처·당여·교우·사무는 극치(極治)·극정(極整)·극성(極成)·극수(極修)한 것인데,[26] 치·정·성·수는 모두 극기의 노력을 의미한다. 그러므로 인사는 인륜관계를 통해서 맺어지는 인간사회의 구조적 관계를 가리키는 개념이다. 다시 말하면 천기의 사상은 인간이 존재하는 입체적인 세계 구조를 그리고 인사의 사상은 인간이 존재하면서 맺게 되는 구조적 관계를 나타내는 개념이다. 천기와 인사는 주관과 객관의 세계를 동시에 인정하고 구별하지 않는 유학적 세계관을 그대로 이어받은 것이다. 그러나 천인 관계를 네 가지로 구조화시킨 구조적 합일은 이제마의 독창적인 방식이다. 『보원』서두에 명시된 이 구도는 그의 사상체계 전반에 걸쳐 이어진다.

다음은 합일의 내용이다. 유학에서 몸은 인간을 형성하는 요소이지만 동시에 사사로운 욕망의 원인으로 인식되어 항상 극기의 대상이었다. 그러나 이제마는 몸에 대한 인식을 근본적으로 바꾸어 놓는다. 천인간의 합일은 몸의 기능에 의해 이루어진다는 것이 그것이다. 그에 따르면 몸은 이·목·비·구, 폐·비·간·신,[27] 턱·가슴·배꼽·아랫배(함·억·제·복), 머리·어깨·허리·볼기(두·견·요·둔)의 16개 부위로 구분된다. 이 가운데 이·목·비·구와 폐·비·간·신에는 천기나 인사와의 관계를 유지하는 능력이, 그리고 턱·가슴·배꼽·아랫배(함·억·제·복)와 머리·어깨·허리·볼기(두·견·요·둔)에는 행위 능력이 갖추어져 있다. 구체적으로 말하면 귀는 천시를 듣고 눈은 세회를 보며 코는 인륜의 냄새를 맡고 입은 지방을 맛본다.[28] 폐는 사무에 통달하고 비(脾)는 교우를 취합하며 간(肝)은 당여

---

26) 같은 곳 6장: 事務極修也 交遇極成也 黨與極整也 居處極治也.

27) 이 외의 장부는 비슷한 기능을 기준으로 폐·비·간·신에 배속시킨다.

를 정립하고 신(腎)은 거처를 안정케 한다.[29] 그리고 턱에는 주책(籌策)이 가슴에는 경륜(經綸)이 배꼽에는 행검(行檢)이 아랫배에는 도량(度量)이 있으며,[30] 머리에는 식견(識見)이 어깨에는 위의(威儀)가 허리에는 재간(材幹)이 볼기에는 방략(方略)의 능력이 갖추어져 있다.[31] 몸을 감각기관과 장부 그리고 몸의 전면과 후면으로 분류하고, 이것을 다시 각기 네 부위로 세분한 것이다. 이 분류는 물론 구조적 합일의 방식에 따라 몸을 복합적으로 구조화한 것이다.

이러한 몸의 이해는 크게 두 가지 주장을 내포한다. 하나는 천인합일은 몸 기능의 작용을 통해서 이루어진다는 것이다. 지금까지 천인관계는 도심의 작용으로 이해하였다. 그러나 합일은 몸에 주어진 기능이 주도하고, 몸은 마음이 주재할 때 비로소 이루어진다는 것이 이제마의 생각이다.[32] 물론 과거에도 마음을 몸의 주재자로 이해하였지만 그것은 몸의 욕구를 절제하는 주재라는 점에서 차이가 있다. 즉 합일은 마음이 아닌 몸 작용이라는 것이다. 다른 하나는 몸의 기능은 구조적으로 작용한다는 것이다. 몸에는 일차적으로 생명을 유지하는 기능이 있지만 동시에 천기와 인사와의 관계를 조직적으로 유지하는 또 다른 기능이 있다. 이목비구가 천시·세회·인륜·지방을 듣고 보고 냄새 맡고 맛보며, 또 폐비간신이 사무에 통달하고 교우를 취합하며 당여를 정립하고 거처를 안정케 한다는 것은 구조적으로 작용하는 몸의 기능

---

28) 『보원』, 「성명론」 3장: 耳聽天時 目視世會 鼻嗅人倫 口味地方.
29) 같은 곳 5장: 肺達事務 脾合交遇 肝立黨與 腎定居處.
30) 같은 곳 7장: 頷有籌策 臆有經綸 臍有行檢 腹有度量.
31) 같은 곳 9장: 頭有識見 肩有威儀 腰有材幹 臀有方略.
32) 같은 책, 「장부론」 17장: 心爲一身之主宰 負隅背心 正向膻中 光明瑩徹 耳目鼻口無所不察 肺脾肝腎 無所不忖 頷臆臍腹無所不誠 頭肩腰臀 無所不敬.

을 설명한 것이다. 요컨대 천인관계는 몸의 구조적 기능이 가능하게 한다는 것이다. 검증의 문제가 남아 있기는 하지만 이제마의 주장은 자신의 의료시술 경험을 토대로 한다는 점에서 주목된다. 몸의 기능을 관찰하는 의료 경험과 논리적 분석을 토대로 제시한 주장이기 때문이다. 어떻든 몸의 기능을 분석하여 새로운 합일을 시도했다는 점에서 관념적인 합일과는 구별된다고 할 수 있다. 그리고 그것은 지금까지 소외된 몸을 마음과 함께 합일을 지향하는 주체로 인식했다는 점에서 비교된다.

이제마가 몸을 합일의 주체로 인식한 것은 몸 기능의 발견과 함께 천명과 인성에 대한 새로운 이해가 있었기 때문이다. 그는 성명을 새롭게 해석하여 몸에는 합일의 주체적 기능이 갖추어져 있다는 논거를 제시한다. 논거의 핵심은 인간은 성명을 부여받는 존재이지만 성명은 천리나 상제의 명령이 아니라는 것이다. 그가 생각한 성명은 혜각과 자업의 능력이다.

> 하늘이 만민을 내실 때에 성(性)은 혜각(慧覺)으로서 마련해 주었으니 만민이 삶에 있어서 혜각이 있으면 살고 혜각이 없으면 죽는다. 혜각이란 덕(德)이 생겨나게 하는 것이기도 하다.[33]
> 하늘이 만민을 내실 때에 명(命)은 자업(資業)으로서 마련해 주었으니 만민이 삶에 있어서 자업이 있으면 살고 자업이 없으면 죽는다. 자업이란 도(道)가 생겨나게 하는 것이기도 하다.[34]

---

33) 같은 곳 30장: 天生萬民性以慧覺 萬民之生也 有慧覺則生 無慧覺則死 慧覺者德之所由生也.
34) 같은 곳 31장: 天生萬民命以資業 萬民之生也 有資業則生 無資業則死 資業者道之所由生也.

성명은 인간에게 혜각과 자업의 능력으로 주어진다. 그것은 하늘이 인간에게 부여한 것이기 때문에 천·인·성·명의 구조를 형성한다. 따라서 성명이 혜각과 자업의 능력으로 주어짐을 자각하고 발휘할 때 비로소 덕과 도가 생겨난다는 것이 이제마의 생각이다. 즉 인·의·예·지·충·효와 같은 선행은 혜각이 발휘된 것이고, 사·농·공·상·전·택과 같은 일[所用]은 자업이 발휘된 것이다.[35] 즉 이제마는 도·덕의 근원을 천리 혹은 상제의 명이 아니라 혜각과 자업으로 이해한 것이다.

여기에서 주목할 것은 혜각과 자업의 발휘를 마음이 아닌 몸의 작용으로 설명한다는 점이다. 이제마는 자신의 의료경험을 통해 몸에는 생리적 기능과 함께 도덕을 행하는 선천적 기능이 주어져 있다는 것을 발견한 것이다. 몸의 기능에 대한 설명은 앞에서 언급한 대로 천인의 구조 관계 속에서 다루어진다.

> 이목비구는 천에 대하여 관찰하고, 폐비간신은 사람에 대하여 바로 세우며, 함억제복은 그 지혜를 실천에 옮기고, 두견요둔은 그의 행업(行業)을 실행한다.[36]

여기서 천은 천기를 인은 인사를 의미하므로, 이목비구는 천기를 관찰하고 폐비간신은 인사를 바로 세우는 것이다. 그리고 지는 혜각을 행은 자업을 의미하므로, 함억제복은 주책·경륜·행검·도량의 지혜

---

35) 같은 곳 32장: 仁義禮智孝友悌 諸般百善 皆出於慧覺 士農工商田宅邦國 諸般百用 皆出於資業.

36) 같은 곳 11장: 耳目鼻口觀於天也 肺脾肝腎立於人也 頷臆臍腹行其知也 頭肩腰臀行其行也.

를 행하고 두견요둔은 식견·위의·재간·방략의 자업을 행하는 것
이다. 그런데 이제마는 천시·세회·인륜·지방은 대동(大同)한 것이
고 사무·교우·당여·거처는 각립(各立)하며,37) 주책·경륜·행
검·도량은 박통(博通)하고 식견·위의·재간·방략은 독행(獨行)하
는 것이라고 한다.38) 이어서 그는 대동은 천이요 각립은 인이며, 박통
은 성(性)이요 독행은 명(命)이라고 한다.39) 종합하면 대동·박통은 보
편성으로서 천성(天性)이고, 각립·독행은 독자성으로서 인명(人命)이
다.40) 즉 이제마의 성명은 천명과 인성이 아니라 천성과 인명이며, 그
것은 관념이 아니라 몸에 주어진 구체적 것이다.41) 이와 같이 이제마
는 성명을 몸에 주어진 도덕능력으로 이해한다. 그가 말하는 천·인·
성·명의 관계구조는 이러한 몸의 능력을 바탕으로 전개된 것이다.

　다음으로 천·인·성·명의 구조에 이어서 살펴야할 것은 작용에
관한 것이다. 이제마는 먼저 몸의 구체적 작용을 호선오악과 사심(邪
心)·태행(怠行)으로 설명한다. 그에 따르면 이목비구는 선성(善聲)·
선색(善色)·선취(善臭)·선미(善味)를 좋아하는데42) 이것은 이목비구
에 순응하기 때문이다.43) 또 폐비간신은 악성(惡聲)·악색(惡色)·악
취(惡臭)·악미(惡味)를 싫어하는데44) 이것은 폐비간신을 거슬리기 때

---

37) 같은 곳 12장: 天時大同也 事務各立也 世會大同也 交遇各立也 人倫大同也 黨
　　與各立也 地方大同也 居處各立也.
38) 같은 곳 13장: 籌策博通也 識見獨行也 經綸博通也 威儀獨行也 行檢博通也 才
　　幹獨行也 度量博通也 方略獨行也.
39) 같은 곳 14장: 大同者天也 各立者仁也 博通者性也 獨行者命也.
40) 李濟馬, 홍순용·이을호 역술, 『동의수세보원』(서울: 수문사, 1973), 20쪽.
41) 이 책 3장, 71쪽 참조.
42) 『보원』, 성명론 15장: 耳好善聲 目好善色鼻好善臭 口好善味.
43) 같은 곳 16장: 善聲順耳也 善色順目也 善臭順鼻也 善味順口也.

문이다.[45] 다시 말하면 호선오악은 몸의 순역(順逆)기능이 표출된 것
이다. 그리고 함억제복에는 주책·경륜·행검·도량이 있지만 동시에
교심(驕心)·긍심(矜心)·벌심(伐心)·과심(夸心)이 있고,[46] 두견요둔
에는 식견·위의·재간·방략이 있지만 동시에 천심(擅心)·치심(侈
心)·나심(懶心)·욕심(慾心)이 있다.[47] 이것은 인심·도심설이나 도
의·금수양성론과 같이 마음의 이중성을 설명한 것이다.[48]

이제마는 호선·오악과 사심·태행은 만인이 다르지 않다[無雙]는
점에 근거하여[49] 보편성으로 이해한다. 그는 지금까지 요·순의 인정
(仁政)과 걸·주의 폭정을 최고의 선과 악으로 말한다는 사실, 그리고
공자의 가르침을 따르는 제자가 겨우 72명이고, 문·무·주공의 덕치
에도 관숙(管叔)·채숙(蔡叔)이 지친의 몸으로 반란을 꾀한 역사적 사
실에서 호선·오악과 사심·태행의 보편성을 검증한다.[50] 그는 이 검
증을 토대로 몸의 보편성을 도덕행위의 근간으로 인식한다. 도덕 행위
에서 가장 경계해야할 사심이나 태행을 몸의 기능과 연결시켜 설명하
는 것은 이러한 이유에서다.

---

44) 같은 곳 17장: 肺惡惡聲·脾惡惡色·肝惡惡臭·腎惡惡味.
45) 같은 곳 18장: 惡聲逆肺也·惡色逆脾也·惡臭逆肝也·惡味逆腎也.
46) 같은 곳 19장: 頷有驕心·臆有矜心·臍有伐心·腹有夸心.
47) 같은 곳 20장: 頭有擅心·肩有侈心·腰有懶心·臀有慾心.
48) 교심·긍심·벌심·과심은 남을 향한 교만함인데 이제마는 이로 인해 邪心이 생
   기고, 천심·치심·나심·욕심은 자신만을 위하는 욕심인데 이제마는 이로 인해
   怠行이 생긴다고 한다.
49) 『보원』, 성명론 23장: 人之耳目鼻口 好善無雙也 人之肺脾肝腎 惡惡無雙也 人
   之頷臆臍腹 邪心無雙也 人之頭肩腰臀 怠行無雙也.
50) 같은 곳 24장: 堯舜之行仁 在於五千年前 而至于今天下之稱善者曰堯舜 則人之
   好善果無雙也 … 人之怠行無雙也.

호선오악과 사심·태행은 이제마가 도덕 실현을 강조하는 중요한
근거이다. 도덕 실현의 강조는 유학사상의 전통이지만, 그가 말하는
도덕 실현의 내용은 전통적 입장과 근본적으로 차이가 있다. 그것은
천리나 상제의 명을 자각하고 실현하는 방식이 아니기 때문이다.

　　사람들의 이목비구가 호선하는 마음은 뭇 사람들의 이목비구를 놓
　고 논해본다고 하더라도 요·순에게 채찍한 개만큼도 더 나은 데가
　없다. 사람들의 폐비간신이 오악하는 마음은 요·순의 폐비간신을
　놓고 논해본다고 하더라도 뭇 사람들에게 채찍한 개만큼도 더 덜한
　데가 없다. 사람마다 요·순이 될 수 있다는 것은 이 때문이다. 사람
　들의 함억제복 중에는 세상을 속이려는 마음이 늘 숨겨져 있으니 제
　본심을 간직하고 제 본성을 기른 연후에야 요·순같이 지혜롭게 될
　수 있다. 사람들의 두견요둔 밑에는 남을 속이려는 마음이 가끔 감추
　어져 있으니 자신을 가다듬고 명을 바로 세운 연후에야 사람마다 다
　요·순의 행실처럼 될 수 있다. 사람마다 다 자기 스스로 요·순이
　되지 못한다는 것은 이 때문인 것이다.[51]

이것은 모든 인간이 성인이 될 수 있다는 맹자의 주장을 수용한 것
이다. 이제마는 호선오악의 보편성은 몸에 주어지지만, 그 실현은 세
상과 남을 속이려는 마음이 극복되어야 가능하다고 한다. 극복 방법은
존심성찰(存心養性)과 수신입명(修身立命)이다. 존심양성은 이미 제시

---

51) 같은 곳 26장: 人之耳目鼻口好善之心 以衆人耳目鼻口論之 而堯舜未爲加一鞭
　　也 人之肺脾肝腎惡惡之心 以堯舜肺脾肝腎論之 而衆人未爲少一鞭也 人皆可以
　　爲堯舜者以此. 人之頷臆臍腹之中 誣世之心每每隱伏也 存其心養其性然後 人
　　皆可以爲堯舜之知也 人之頭肩腰臀之下 罔民之心種種暗藏也 修其身立其命然
　　後 人皆可以爲堯舜之行也 人皆自不爲堯舜者以此.

된 전통적인 수양 방법이지만, 그것은 천리와 같은 보편적 원리를 자
각하고 실현하는 것이 아니다. 호선오악의 보편성은 몸에 주어진 혜
각과 자업으로서의 성명이기 때문에 끊임없는 자각과 실천을 통해서
만 드러난다. 때문에 이제마는 존심양성은 나면서부터 얻어지거나 저
절로 이루어지는 것이 아니라고 한다.[52] 이제마는 호선오악의 보편성
을 천리와 같은 보편적 원리가 아니라 자율적인 실천의 문제로 인식한
것이다.

이제마는 이러한 인식에 근거하여 도덕과 지행 그리고 성명은 내용
적으로 동일한 개념이라고 해석한다. 즉 호선오악의 지행이 곧 도덕이
고, 성명이 곧 지행이기 때문에 이들 개념은 동일한 내용의 다른 표현
으로 이해한 것이다.

> 남의 선행을 좋아하면서 나도 선행할 줄 아는 것은 지극한 천성의
> 덕이요, 남의 악행을 미워하면서 나는 결코 악행을 하지 않는 것은
> 정명(正命)의 도이다. 지행이 쌓이면 그것이 바로 도덕이요 도덕이 이
> 루어지면 그것이 바로 인성(仁聖)이니 도덕이 곧 지행이요 성명이 곧
> 지행인 것이다.[53]

지행이 쌓이는 것이 도덕이고, 도덕이 이루어진 것이 인(仁)이요 성
(聖)이라는 것은 실천적 해석에 근거를 둔 논리이다. 이 논리에 따르면
지행, 도덕, 인성(仁聖), 성명은 표현은 다르지만 내용은 동일한 것이
다. 이제마는 이 논리를 통해 성명을 근원적 존재로서의 천리 또는 상

---

52) 같은 곳 37장: 存其心者 責其心也 … 豈其生而輒得茫 然不思 居然自至而然哉.
53) 같은 곳 34장: 好人之善而我亦至善者 至性之德也 惡人之惡而我必不行惡者 正
　　命之道也. 知行積則 道德也 道德成則仁聖也 道德非他知行也 性命非他知行也.

제로 해석하는 지금까지의 관점을 벗어난다. 이러한 관점에서 성명은 단지 호선오악하는 도덕성으로 이해될 뿐이다.

이상과 같이 이제마의 성명 해석은 천인합일의 전통에 따른 것이다. 그러나 그것은 관념이 아니라 인간의 몸에 선천적으로 주어지는 도덕성으로서 구체적인 실체 개념이다. 그는 이를 근거로 몸의 기능이 도덕행위를 가능하게 한다는 점을 논증한다. 이것은 이제마가 지금까지 도외시 되었던 몸에 대한 이해를 재조명하여 천리나 상제와 같은 관념적 논의를 벗어나고자 한 것이다.

성명을 이해하는 관점은 성정의 해석에서도 그대로 이어진다. 그는 성명은 몸에 주어진 도덕성이라는 것을 성정의 구체적인 발현 과정을 통해 검증한다. 이제마의 성정을 구조적 이해와 실현의 문제를 중심으로 검토하고자 한다.

3. 성정의 구조와 실현

이제마의 성정을 이해하기 위해서는 먼저 두 가지 점이 고려되어야 한다. 첫째, 성정은 도덕성으로 이해되는 성명과 같은 맥락에서 이해된다는 점이다. 지금까지 성정은 다양한 논의를 통해 해명되었지만 대체로 관념적인 이해방식이었고, 몸에 의한 해명은 제한적이거나 배제되었다. 그러나 이제마는 몸 기능에 근거를 둔 성명을 제시한 다음 이를 토대로 성정을 논하기 때문이다. 둘째, 성정은 사상 구조의 틀 속에서 이해된다는 점이다. 사상의학은 성명과 함께 성정의 논의를 토대로 형성된 의학 이론이다. 성정은 성명을 근거로 전개되기 때문에 사상의 구조 속에서 논의되어야만 논리적 일관성을 유지하게 된다.

이제마의 성정을 이해하기 위해서는 인간을 사상인으로 유형화하는 근본 이유가 무엇인지 검토되어야 한다. 서구에서는 고대 그리스에서 히포크라테스(Hippocrates)가 사대체액설(粘液 · 膽汁 · 多血 · 憂鬱)로서, 20세기 초에는 오스트리아의 란트슈타이너(K. Landsteiner)가 사대혈액설(A · B · AB · O)을 제시하여 인간의 몸 차이를 구별했다. 또 중국에서는 오행설에 근거해서 인간을 다섯의 유형으로 구별하기도 했다. 그러나 사상인은 내용에서 볼 때 이들의 분류와는 근본적인 차이가 있다. 사상인은 단순히 몸의 체액이나 혈액 또는 오행과 같은 관념을 기준으로 구분하지 않는다. 사상인은 장리(臟理)로부터 심성(心性)에 이르기까지 이를 종합하고 체계화하여 분류한 것이기 때문이다.[54]

이제마는 인간을 왜 사상으로 구분하려 하는가. 그리고 구분의 기준과 근거는 무엇인가. 이 물음은 성정과 관련해서 고찰해야만 한다. 성정의 구조와 실현 과정에 인간을 사상으로 유형화하는 이유가 담겨져 있기 때문이다. 인간을 네 가지로 유형화하는 이유는 『동의수세보원』, 「사단론」의 첫 구절에 잘 드러나 있다.

> 사람이 타고난 장부의 이치에 다른 것이 네 가지가 있는데, 폐가 크고 간이 작은 사람을 태양인이라 하고, 간이 크고 폐가 작은 사람을 태음인이라 하며, 비가 크고 신이 작은 사람을 소양인이라 하고 신이 크고 비가 작은 사람을 소음인이라 한다.[55]

---

54) 이 책 4장, 108~110쪽 참조.
55) 같은 책, 사단론 1장: 人禀臟理有四不同 肺大而肝小者 名曰太陽人 肝大而肺小

사람의 욕심에 다른 네 가지가 있는데 예(禮)를 버리고 방종하게
구는 사람을 비인(鄙人)이라 하고 의(義)를 버리고 안일을 꾀하는 사
람을 나인(懦人)이라 하며, 지(智)를 버리고 남을 속이는 사람을 박인
(薄人)이라 하고 인(仁)을 버리고 지극한 욕심을 부리는 사람을 탐인
(貪人)이라 한다.56)

오장의 심은 중앙의 태극이요 오장의 폐비간신은 사유(四維)의 사
상이다. 중앙의 태극은 성인의 태극이 높이 중인의 태극 위에 솟아
있고, 사유의 사상은 성인의 사상이 중인의 사상과 두루 통해 있다.57)

위의 인용문은 이제마가 인간을 몸과 마음의 두 측면에서 네 가지
로 유형화하고 있음을 보여 준다. 먼저 태양 태음 소양 소음의 사상
인은 자신의 의료경험을 토대로 몸의 선천적 기능의 차이를 밝혀내
유형화한 것이다. 폐비간신의 대소는 장부의 크기가 아니라 선천적 기
능의 차이를 말하는 개념이다. 인간의 장부 기능은 모두가 동일하게
작용하지 않으며, 그 차이를 분류하면 사상으로 유형화할 수 있다는
것이다.

이러한 차이는 욕심을 내는 마음에도 있는데, 이를 유형화한 것이
비·나·박·탐인이다. 욕심은 덕성을 버리는 데서 생기는데, 비·
나·박·탐인은 각기 예·의·지·인의 덕성을 버리는 자를 가리킨

者 名曰太陰人 脾大而腎小者 名曰少陽人 腎大而脾小者 名曰少陰人.

56) 같은 곳 2장: 人趨心慾有四不同 棄禮而放縱者 名曰鄙人 棄義而偸逸者 名曰懦
人 棄智而飾私者 名曰薄人 棄仁而極慾者 名曰貪人.

57) 같은 곳 3장: 五臟之心 中央之太極也. 五臟之肺脾肝腎 四維之四象也. 中央之太極
聖人之太極 高出於中人之太極也. 四維之四象 聖人之四象 旁通於衆人之四象也.

다. 그러나 욕심의 유형화에 앞서 검토해야 할 것은 욕심을 내는 마음
은 몸과 무관하게 작용하는가의 문제이다. 지금까지 마음은 몸 안에
존재하는 것으로 설명하면서도 몸 내지는 몸과 마음의 상호작용 등에
관한 본격적인 탐구는 없었다고 할 수 있다. 이제마는 마음은 몸과의
관계 속에서 작용한다고 생각한다. 앞 장에서 본 바와 같이 폐비간신
에는 인사 곧 사무·교우·당여·거처를 달합입정(達合立定)시킬 수
있는 기능이 있다.[58] 즉 폐비간신에는 사람을 바로 서게 하고[59] 나쁜
소리·색·냄새·맛을 싫어하며[60] 그리고 악행을 싫어하는 기능이
있어서[61] 남의 악행을 미워하면서 자신도 결코 악행을 하지 않게 된
다. 이러한 주장은 인의예지의 덕행은 폐비간신의 오악하는 기능이 작
용한 결과라는 추론이 가능하다. 반대로 욕심을 부리는 마음은 악을
싫어하는 몸이 제 기능을 하지 못하는 결과라고 할 수 있다. 마음을
몸 기능과 관련시켜 해석해야 할 이유가 여기에 있다.

  그러면 몸과 마음은 어떤 관계 속에서 상호작용하는가. '오장의 심
은 중앙의 태극이요, 오장의 폐비간신은 사유(四維)의 사상(四象)이다'
라는 언급은 이들 관계를 밝히는 설명이다. 사유의 사상은 폐비간신이
몸 기능을 유지하는 네 영역이라는 의미이고, 중앙의 태극은 심이 폐
비간신을 주재한다는 의미이다. 이제마는 심이 몸을 주재할 때 이목비
구 폐비간신 등이 제 기능을 다 하게 된다고 한다.[62] 이제마가 보통

---

58) 같은 책, 성명론 5장: 肺達事務 脾合交遇 肝立黨與 腎定居處.
59) 주 35) 참조.
60) 주 43) 참조.
61) 주 48) 참조.
62) 주 31) 참조. 四維는 건(서북), 곤(서남), 간(동북), 손(동남)의 네 방향을 가리키는
   개념이다.

사람과 성인의 차이를 몸이 아닌 마음의 주재 능력에서 찾는 것은 이러한 이유에서이다.

그러나 이제마는 마음의 주재 능력에는 선천적인 차이가 없다고 한다. 그에 따르면 사상인의 장부 기능은 차이가 있지만 '천리의 변화'는 성인과 중인이 동일(대동)하다. 그러나 비·박·탐·나인의 심지청탁(心地淸濁)은 각기 차이가 있는데, 이것은 '인욕의 통하고 막힘[闊狹]' 때문에 성인과 중인이 모두 다르다.[63] 다시 정리하면 폐비간신의 기능은 사상인이 각기 다르지만 오악하는 것은 동일하며, 심지청탁은 인욕의 활협 때문에 차이가 있는데 이것은 모든 사람이 다르다는 것이다. 그런데 사상인의 장부 변화는 동일한 점이 있으면서도 네 가지로 치우치기 때문에 성인은 하늘을 우러러 보며, 비·박·탐·나인의 청탁활협은 각기 다르면서도 동일한 점이 있기 때문에 중인은 성인을 우러러 보게 된다고 한다.[64] 다시 정리하면 몸의 기능과 마음에는 각기 차이가 있지만 도덕을 지향하는 것은 같다는 것이다. 때문에 성인과 중인 사이에는 유욕/무욕의 차이가 있을 뿐이요,[65] 몸이 갖고 있는 재능과는 무관하다고 한다.[66]

그런데 몸 기능이 보편성으로 주어졌다면 그것은 어떻게 작용하는

---

63) 같은 책, 사단론 4장: 太少陰陽之臟局短長 四不同中有一大同 天理之變化也 聖人如衆人一同也. 鄙薄貪懦之心地淸濁 四不同中有萬不同 人慾之闊狹也. 聖人如衆人萬殊也.

64) 같은 곳 5장: 太少陰陽之長短變化 一同之有四偏 聖人所以希天也. 鄙薄貪懦之淸濁闊狹 萬殊之中有一同 衆人所以希聖也.

65) 같은 곳 6장: … 聖人之心無慾也 衆人之心有慾也 ….

66) 같은 곳 7장: … 以肺脾肝腎 聖人之才能 而自言曰我無才能云者 豈才能之罪哉 心之罪也.

가. 이제마는 도덕을 실현하는 몸 기능을 호연지리와 호연지기의 작용
으로 설명한다.

> 호연지기(浩然之氣)는 폐비간신에서 나오고 호연지리(浩然之理)는
> 마음에서 나온다. 인의예지 사장(四臟)의 기(氣)를 확충하면 호연지기
> 는 여기에서 나올 것이요, 비박탐나의 욕심을 명변(明辨)하면 호연지
> 리는 여기에서 나올 것이다.[67]

호연지기는 맹자의 사상을 계승한 것이지만, 호연의 리와 기를 몸과
마음의 기능으로 이해한 것은 이제마의 독창적인 해석이다. 몸 기능이
발휘되어 호연의 기가 확충되고, 욕심을 변별하여 호연의 리가 나온다
는 것은 과거에 볼 수 없는 해석이기 때문이다. 이것은 지금까지 도덕
행위와는 무관한 것으로 인식되었던 몸이 마음과 같은 도덕 실현의 중
요한 요소라는 사실을 밝히고자 한 것이다. 의학 이론에서 몸 기능 탐
구는 당연한 것이지만 몸이 도덕 행위에 일정하게 기능을 한다는 시각
은 몸 이해의 새로운 시도가 아닐 수 없다. 그러나 이제마는 몸 기능
에 앞서 욕심의 시비를 가리는 도덕 판단의 중요성을 의심하지 않는
다. 인간의 욕심은 성인과 범인의 차이가 있을 수 없다. 다만 세상을
잘 다스리려는 공적 욕구와 사적 이익의 추구라는 차이가 있을 뿐이
다. 때문에 성인에게도 욕심은 있지만 성인은 단지 세상이 다스려지지
않음을 걱정하여 욕심을 부릴 여유가 없다. 성인이 욕심이 없는 것은

---

67) 같은 곳 8장: 浩然之氣出於肺脾肝腎也 浩然之理出於心也. 仁義禮智四臟之氣
   擴而充之 則浩然之氣出於此也. 鄙薄貪懦一心之慾 明而辨之 則浩然之理出於
   此也.

배우기를 싫어하지 않고 가르치기를 게을리 하지 않기 때문이다.[68] 요
컨대 몸과 마음은 도덕 실현의 요소이며, 도덕 실현의 관건은 욕심의
명변과 호연지기의 확충에 있다는 것이다.

이제마는 이러한 관점에서 성정을 몸의 구체적인 기능과 연결시켜
설명한다. 몸 기능은 이목비구와 폐비간신의 작용을 의미한다.

> 태양인의 애성(哀性)은 원산(遠散)하지만 노정(怒情)은 촉급(促急)
> 하다. 애성이 원산하다는 것은 태양인의 귀가 천시를 살필 때 사람들
> 이 서로 속임을 애처롭게 여기는 것이니 애성이란 다름 아니라 듣는
> 것이다. 노정이 촉급하다는 것은 태양인의 비(脾)가 교우를 맺을 때
> 남이 자기를 업신여기는 것을 노여워하는 것이니 노정이란 다름 아
> 니라 노(怒)하는 것이다. 소양인은 노성(怒性)은 굉포(宏抱)하지만 애
> 정(哀情)은 촉급하다. 노성이 굉포하다는 것은 소양의 눈이 세회(世
> 會)를 살필 때 사람들이 서로 업신여김을 노여워하는 것이니 노성이
> 란 다름 아니라 보는 것이다. 애정(哀情)이 촉급하다는 것은 소양인의
> 폐가 사무를 처리할 때 남이 자기를 속이는 것을 슬퍼하는 것이니 애
> 정이란 다름 아니라 슬퍼하는 것이다. 태음인은 희성(喜性)은 광장(廣
> 張)하지만 락정(樂情)은 촉급하다. 희성이 광장하다는 것은 태음인의
> 코가 인륜을 살필 때 사람들이 서로 돕는 것을 기쁘게 여기는 것이니
> 희성이란 다름 아니라 냄새를 맡는 것이다. 락성이 촉급하다는 것은
> 태음인의 신(腎)이 거처를 다스릴 때 남이 자기를 보호해 줌을 즐거
> 워하는 것이니 락성이란 다름 아니라 즐거워하는 것이다. 소음인은
> 락성(樂性)은 심확(深確)하지만 희정(喜情)은 촉급하다. 락성이 심확하

---

68) 같은 곳 9장: 聖人之心無慾云者 非淸淨寂滅如老佛之無慾也. 聖人之心 深憂天
下之不治 故非但無慾也 亦未暇及於一己之慾也. … 學不厭而敎不倦者 即聖人
之無慾也.

다는 것은 소음인의 입이 지방을 살필 때 사람들이 서로 보호해 줌을 즐겁게 여기는 것이니 락성이란 다름 아니라 맛보는 것이다. 희정(喜 情)이 촉급하다는 것은 소음인의 간(肝)이 당여에 관여할 때 남이 자 기를 돕는 것을 기뻐하는 것이니 희정이란 다름 아니라 기뻐하는 것 이다.69)

위의 인용문은 성정을 논한 여러 내용이 복합적으로 구성되어 있다. 크게 정리하면 구조와 발현의 문제로 요약할 수 있다.

먼저 구조적인 측면에서 보면 첫째, 사상인의 성정은 다 같이 몸이 희로애락하는 감정을 가리키는데, 칠정 가운데 애·오·욕(愛·惡· 慾)은 여기에 포함되지 않는다. 이제마는 희로애락을 폐비간신의 몸 기능과 연결시켜 설명할 뿐 애·오·욕에 대해서는 언급이 없다.『중 용』의 희로애락에 근거한 것이지만 사상의학 이론의 근간인 구조화의 일환으로 판단된다.

둘째, 성정은 선천적인 몸 기능의 차이에 따라 다르게 발현한다. 사상 인의 폐비간신 기능에는 선천적인 차이가 존재하는데, 기능의 작용은 사상인의 유형에 따라 다르다. 구체적으로 말하면 태양인의 애성원산

---

69) 같은 책, 擴充論 1장: 太陽人哀性遠散而怒情促急 哀性遠散者 太陽之耳察於天 時而哀衆人之相欺也 哀性非他聽也 怒情促急者 太陽之脾 行於交遇而怒別人之 侮己也 怒情非他怒也 少陽人怒性宏抱而哀情促急 怒性宏抱者少陽之目察於世 會而怒衆人之相侮也 怒性非他視也 哀情促急者 少陽之肺行於事務而哀別人之 欺己也 哀情非他愛也. 太陰人喜性廣張而樂情促急 喜性廣張者 太陰之鼻察於 人倫而喜衆人之相助也 喜性非他嗅也 樂情促急者 太陰之腎行於居處而樂別人 之保己也 樂情非他樂也. 少陰人樂性深確而喜情促急 樂性深確者 少陰之口察 於地方而樂衆人之相保也 樂性非他味也 喜情促急者少陰之肝行於黨與而喜別 人之助己也 喜情非他喜也.

노정촉급, 소양인의 노성굉포 애정촉급, 태음인의 희성광장 락정촉급, 태음인의 락성심확 희정촉급이 성정 발현의 선천적인 차이이다. 그리고 네 유형 외의 경우에 대해 언급이 없는 것은 성정은 네 유형으로 설명이 가능하다는 주장으로 해석된다.

셋째, 성은 이목비구가 천기를 살피는 데에서 발현되고, 정은 폐비간신이 인사를 행하는 데에서 발현된다. 그러나 발현의 측면에서 보면 성정은 다 같이 희로애락으로 나타난다. 이것은 성정이 모두 천기와 인사의 관계에서 발현되는 감정의 문제이며, 더 이상의 의미를 부여하지 않으려는 주장으로 해석된다.

넷째, 성정은 모두 희로애락으로 발현되지만 성은 일반적인 인륜관계에서 그리고 정은 타인과 자신과의 관계에서 발현되는 차이가 있다. 이 차이는 공적인 인간관계와 사적인 이해관계로 설명할 수 있다. 즉 정은 사적인 이해관계 때문에 발생하는 감정을, 성은 공적인 관계에서 발생하는 도덕적 감정을 드러낸 것이다. 이제마가 남의 선행을 좋아하고 남의 악행을 싫어하는 데에서 도덕의 근거를 찾는 것은 이러한 이유이다.[70)]

이상의 분석은 성정 이해의 관점을 잘 드러내준다. 성은 천리와 같은 객관적 도덕원리가 아니라 단지 몸이 호선오악하는 기능일 뿐이다. 구체적으로 말하면 성은 몸에 천성으로 주어진 혜각의 능력을 발휘하여 인간의 선악 행위를 명변하는 것인데, 그것은 사람들이 서로 기·모·보·조(欺·侮·保·助)하는 것에 대한 호오의 감정을 정과 마찬가지로 애로희락으로 드러내는 것이다.

---

70) 주 52) 참조.

또 하나 검토해야 할 것은 성정의 발현 문제이다. 이제마는 성정은 몸 기능의 작용을 통해 발현된다고 생각한다. 때문에 그의 성정론에서는 본연·기질의 성이나 기질의 청·탁 등 추상적인 개념이 없다. 이제마는 성정의 발현을 기(氣)의 작용으로 설명한다. 기는 순역이라는 일정한 방식으로 작용하는데, 순역 작용은 사람에 따라 선천적인 차이가 존재하며 그 차이가 곧 장부 형성의 요인이다.

> 태양인은 … 애성(哀性)이 원산하면 기(氣)가 폐로 들어가 폐는 더욱 성(盛)하고, 노정(怒情)이 촉급하면 기가 간을 격동시켜 간을 더욱 깎으니 태양인의 장국이 폐대 간소로 형성된 것은 이 때문이다. 소음인은 … 노성(怒性)이 굉포하면 기가 비(脾)로 들어가 비는 더욱 성하고, 애정(哀情)이 촉급하면 기가 신(腎)을 격동시켜 신을 더욱 깎으니 소양인의 장국이 비대 신소로 형성된 것은 이 때문이다. 태음인은 … 희성(喜性)이 광장하면 기가 간으로 들어가 간은 더욱 성하고, 락정이 촉급하면 기가 폐를 더욱 격동시켜 폐를 더욱 깎으니 태음인의 장국이 간대 폐소로 형성된 것은 이 때문이다. 소음인은 … 락성이 심확하면 기가 신으로 들어가 신은 더욱 성하고, 희정이 촉급하면 기가 비를 격동시켜 비를 더욱 깎으니 소음인의 장국이 신대 비소로 형성된 것은 이 때문이다.[71]

---

71) 같은 책, 사단론 10장: 太陽人 … 哀性遠散則氣注肺而肺益盛 怒情促急則氣激肝而肝益削 太陽之臟局所以成形於肺大肝小也. 少陽人 … 怒性宏抱則氣注脾而脾益盛 哀情促急則氣激腎而激腎而腎益削 少陽之臟局所以成形於脾大腎小也. 太陰人 … 喜性廣張則氣注肝而肝益盛 樂情促急則激肺而肺益削 太陰之臟局所以成形於肝大肺小也. 少陰人 … 樂性深確則氣注腎而腎益盛 喜情促急氣激脾而脾益削 少陰之臟局所以成形於腎大脾小也.

위의 설명은 성정의 발현이 어떻게 몸에 작용하는가를 구체적으로 보여준다. 성정은 장부 형성의 절대적 요건이며, 장부의 형성은 기의 작용으로 이루어진다. 그런데 기의 운동은 세 가지 법칙에 따라 이루어진다.

첫째, 기의 운동은 대대관계에서 이루어진다. 음양 개념은 일월, 명암, 한서(寒暑), 강유(剛柔) 등과 같이 상징적 대대개념이다. 이제마의 사상설에서는 천기와 인사, 성과 명, 지와 행, 호선과 오악, 태양과 태음, 폐비와 간신, 대와 소, 상승과 하강, 애로와 희락, 상초와 하초[72] 등 주요 개념들이 음양의 상징적 대대개념으로 쓰인다. 성정의 발현도 애로의 기와 희락의 기는 상승하고 하강하는 대대관계에 있다. 그리고 폐비는 상초, 간신은 하초에 위치하는 대대관계에 있다.

둘째, 기의 운동은 순동(順動)과 역동(逆動)의 두 방향이다. 애로의 기는 양이므로 순동하면 상승하고, 희락의 기는 음이므로 순동하면 하강한다.[73] 그러나 애로의 기가 역동하면 폭발하여 한꺼번에 상승하고, 희로의 기가 역동하면 낭발(浪發)하여 한꺼번에 하강한다.[74] 기의 운동은 순동과 역동의 두 방향이 있을 뿐이다.

셋째, 기는 이른바 '역상의 원리'에 의해 장부에 손상을 입힌다.[75]

---

72) 같은 책, 장부론 1장: 肺部位在頏下背上 … 故背上胸上以上謂之上焦 … 中上焦 … 中下焦 … 腎部位在腰脊下 … 故脊下腰下以下謂之下焦.

73) 같은 책, 사단론 15장: 哀怒之氣順動則發越而上騰 喜樂之氣順動則緩安而下墜 哀怒之氣陽也 順動則順而上升喜樂之氣陰也 順動則順而下降.

74) 같은 곳 16장: 哀怒之氣逆動則暴發而並於上也 喜樂之氣逆動則浪發而並於下也 上升之氣逆動而並於上則肝腎傷 下降之氣逆動而並於下則脾肺傷.

75) 같은 곳 14장: 哀怒之氣上升 喜樂之氣下降 上升之氣過多則下焦傷 下降之氣過多則上焦傷.

애로의 기는 상승하고 희락의 기는 하강하는 것이 그 본질이다. 그러나 기가 과다하여 역동하면 반대 부위의 장부에 손상을 입힌다. 요컨대 성정은 기의 순역작용에 의해 발현되며, 순역의 작용은 대대관계로 이루어진다는 것이다. 이제마는 이처럼 애로희락의 발현은 사람이 각기 다르다는 것을 발견하고, 그 다른 것은 네 가지로 유형화할 수 있다는 것을 의학적 경험을 통해 검증하였다. 그는 이러한 의학경험의 축적을 기초로 인간의 체질을 사상인으로 유형화한 것이다.

사상인의 유형화는 달리 설명하면 몸 기능이 선천적으로 다르다는 의미이다. 그러므로 성정 역시 몸 기능의 차이에 따라 각기 다르게 발현된다는 것이 이제마의 기본 생각이다. 그러나 어떠한 몸 기능도 완전하지 않으므로 성정의 발현 역시 완전할 수 없다. 그래서 완전한 성정의 실현은 인사의 수/불수(修/不修)에 달려 있고, 그 결과에 따라 인간의 수명이 결정된다고 한다.[76] 몸 기능은 선천적인 것으로, 성정의 실현은 자율의 문제로 인식한 것이다. 따라서 비록 호선 오악하는 마음이라도 편급하면 호선도 분명하지 못하고 오악도 두루 미치지 못하게 된다.[77] 만일에 애로희락의 성이 지극하여 실중(失中: 不濟·不勝·不成·不服)하면 분노와 비애, 희호(喜好)와 치락(侈樂)이 지나쳐 장부에 치명적인 손상을 입히게 된다.[78] 선천적인 몸 기능에 관계없이

---

76) 같은 곳 23장: 太少陰陽之臟局短長 陰陽之變化也 天稟之已定固無可論 天稟已定之外 又有短長而不全其天稟者 則人事之修不修而命之傾也 不可不愼也.

77) 같은 곳 21장: 雖好善之心 偏急而好善則好善必不明也 雖惡惡之心 偏急而惡惡則惡惡必不周也 ….

78) 같은 곳 22장: 太陽人哀極不濟則忿怒激外 … 少陽人怒悲極哀不勝則動中 … 少陰人樂極不成則喜好不定 … 太陰人喜極不服則侈樂無厭 … 如此而動者無異於以刀割臟 … 此死生壽夭之機關也.

수신해야 하는 까닭이 여기에 있다.

이제마 역시 중절(中節)을 수신의 방법으로 제시한다. 중은 희로애락이 미발할 때에 항상 경계하는 것이고, 절은 이발할 때에도 스스로 반성하는 것이다.[79] 희로애락의 폭동낭동(暴動浪動)은 행동이 성실하지 않거나 지인(知人)에 명철하지 못한 데 원인이 있다. 요·우(堯·禹)와 같은 성인도 희로애락이 절에 맞도록 노력한 것은 이 때문이다.[80] 희로애락의 발현은 과도함도 경계해야 하지만 억지로 꾸미거나 거짓이 있어서도 안 된다. 희로애락이 진정으로 나올 수 없거나 편벽되기 때문이다.[81] 말하자면 성정은 체질에 관계없이 인사를 행하는 과정에서 희로애락의 중절을 통해 실현된다는 것이다.

이상과 같이 이제마의 성정 이해는 성리학적 관점과 다르다. 성정은 몸이 천기와 인사를 살피고 행하는 과정에서 생기는 희로애락의 감정을 가리킨다. 다만 성과 정은 인간관계를 살피는 과정에서 생기는 공적 감정이고, 대인관계에서 생기는 사적 감정이라는 차이가 있을 뿐이다. 그리고 희로애락의 감정은 몸 기능의 차이로 인해 각자 다르게 나타나는데, 사상인의 유형화는 이러한 몸 기능의 차이를 구분한 것이다. 그러나 도덕성의 실현은 몸 기능의 차이 또는 성인과 범인의 차이와도 무관하며, 오직 호연의 기가 확충되고 욕심을 명변하는 호연의

---

79) 같은 곳 26장: 喜怒哀樂未發而恒戒者 此非漸近於中者乎 喜怒哀樂已發而自反者 此非漸近於節者乎.

80) 같은 곳 20장: … 曰帝堯之喜怒哀樂每每中節者 以其難於知人也 大禹之喜怒哀樂每每中節者 以其不敢輕易知人也. 天下喜怒哀樂之暴動浪動者 都出於行身不誠而知人不明也 ….

81) 같은 곳 25장: 太陽少陽人 但恒戒哀怒之過度 而不可强做喜樂虛動不及也 … 喜樂不出於眞情而哀怒益偏也 太陰少陰人 … 哀怒不出於眞情而喜樂益偏也.

리가 발휘되어야 가능하다. 따라서 도덕 실현의 요소는 천리가 아니라 몸과 마음이고, 실현 방법은 욕심의 억제가 아니라 욕심을 명변하고 인의예지 사장(四臟)의 기를 확충하는 것이다. 기의 운동은 음양 대대 관계에서 순동과 역동의 두 방향으로 운동하지만, 만일 기가 역동하면 대대관계에 있는 장부가 손상을 입게 된다. 몸 기능의 차이에 관계없이 수신해야할 이유가 여기에 있다. 이러한 성정 이해의 관점은 실증적이면서도 인간의 자율적 능력에 근거하고 있다는 점에서 성리학의 형이상학적 해명을 완전히 벗어나는 것이라고 할 수 있다.

4. 맺는 말

이제마의 성정론은 의학 이론의 정립을 위한 것이지만, 그 이론의 기본적 가정은 유학 사상에 뿌리를 두고 있다. 그런데 성정에 대한 이제마의 해석은 성리학적 해석과는 현격한 차이를 드러내고 있다. 그 차이는 성정의 개념에서부터 내용에 이르기까지 곳곳에서 발견된다. 이 장의 목적은 이러한 차이의 근본적 성격을 밝히는 것이었다.

성정에 관한 이제마의 시각과 성리학적 시각의 근본적 차이는 천인합일의 구조와 방식에 관한 차이에서 비롯된다. 이제마는 인간을 천과의 합일을 지향하는 유기체적 존재로 이해한다. 이것은 물론 주·객미분의 유학적 세계관을 따른 것이다. 그러나 이제마는 성정론의 근간을 이루고 있는 성명에 대한 이해에서부터 천리나 상제의 명령과 같은 형이상학적 해석을 따르지 않는다. 이제마는 유학적 전통에서 도덕성

의 뿌리로 간주되어 온 성명에 대한 형이상학적 해석을 거부하고 도덕
성이 우리의 몸의 기능과 활동을 통해 드러나는 실제적인 현상이라는
점을 강조하고 있다. 이것은 지금까지 도외시되었던 몸의 본성과 역할
을 경험적으로 재조명함으로써 도덕성의 본성에 대한 사변적 논의를
벗어나려는 독창적인 시도라고 할 수 있다.

　성정은 성명과 같은 맥락에서 이해된다. 이제마는 성정을 인륜관계
에서 생기는 희로애락의 감정을 가리키는 구체적 개념으로 이해한다.
성은 공적 감정이, 정은 사적 감정이 발현된 것으로 여기에는 주희가
의지했던 '천리'와 같은 추상적 개념은 없다. 공적 감정으로 발현되는
성은 몸에 혜각으로 주어진 도덕성이 발현된 것이다. 따라서 성은 선
천적으로 주어지지만, 추상적이고 객관적인 도덕원리가 아니다. 성은
단지 천기와 인사를 살피는 일상에서 몸이 호선오악하는 감정으로 드
러나는 도덕성일 뿐이다. 그러므로 이제마의 경우 몸은 도덕성 실현의
요체로 이해된다.

　이제마는 몸 기능의 차이로 인해 성정은 각기 다르게 발현된다는 것
을 발견한다. 그러나 도덕성의 실현은 몸 기능의 차이 또는 성인과 범
인의 차이와도 무관하다. 성정의 실현은 희로애락의 중절이 관건이기
때문이다. 몸의 기는 항상 음양 대대의 관계에서 순역의 방향으로 운
동하는데, 역동하여 폭동낭동하면 역상의 원리에 의해 장부가 손상을
입고, 도덕성도 실현할 수 없게 된다. 따라서 도덕성의 실현은 욕심을
명변하는 호연의 리와 인의예지 사장(四臟)의 기를 확충하여 희로애락
의 감정을 중절시키는 자율적 노력이 요청될 뿐이다.

　이제마의 성정론은 성을 몸의 기능과 활동을 통해서 설명한다는 점

에서 성리학적 전통에서의 사변적 해석과 궤를 달리 한다. 물론 이제마의 이러한 해석이 마음이 몸을 주재한다는 전통적인 관점까지 부정하는 것은 아니다. 그러나 이제마는 자신의 임상 경험을 통해 성정은 몸에 주어진 선천적 기능이 작용함으로써 실현된다는 것을 발견한다. 이 때문에 이제마는 성정에 관한 성리학적 관점을 거부하며, 이것은 결국 천리와 같은 객관적 도덕 원리의 존재를 부정한 것이다. 따라서 성정을 추상적 관념이 아니라 몸에 주어진 도덕성으로 이해함으로써 도덕성의 구체적인 실천 방법을 모색한 것이다.

이러한 이제마의 성정론은 궁극적으로 몸을 인식하는 태도의 변화를 촉구하는 주장으로 해석된다. 몸은 단순히 인간을 형성하는 질료적 요소가 아니라 도덕 행위의 주체라는 것을 천명하는 것으로 해석되기 때문이다. 이것은 이제마의 의료 경험에 근거한 독자적인 해석이다. 이러한 측면에서 이제마의 성정론은 도덕성의 본성과 구조를 실증적이고 자율적으로 재조명하는 새로운 시도로 평가할 수 있을 것이다. 그리고 임상 경험을 통한 실증적 해석은 인간을 의학이나 실증적 지식과의 접목을 통해 종합적으로 이해하는 계기를 제공한 것으로 평가할 수 있을 것이다.

제8장
도덕 실현과 몸 기능

    몸은 인간의 생명을 형성하고 유지하는 절대적 요소이다. 그러나 그 기능은 지금까지 사유와 관련이 없는 것으로 인식되었다. 몸은 사유의 장에서 어떠한 역할도 할 수 없는 것으로 간주되었기 때문이다. 서양 철학의 경우 전통적으로 몸은 철학적 사유를 막는 장애물 내지는 철학 탐구의 부적절한 대상으로 여겨왔다. 그러나 최근 '체험주의(experientialism)'는 인지과학의 경험적 증거들을 수용함으로써 우리의 전반적 사고와 행위에 있어서 몸의 중심성을 중요한 철학적 주제로 부활시키고 있다.[1] 몸의 부활은 철학적 사유가 몸 기능과 무관하다는 전통적인 시각을 벗어나 진리, 선, 옳음 등 모든 철학적 주제들의 본성에 관한 새로운 이해의 계기를 제공한다는 점에서 중요한 의미를 갖는다.

    유학에 있어서도 몸은 사유의 영역과 무관하다는 배타적 인식이 지

---

1) 노양진, 「몸의 철학적 담론」, 『철학연구』 제27집(고려대학교 철학연구소, 2004), 32~33쪽 참조.

배적이다. 맹자가 '마음의 기능은 사유'2)라고 말한 이후, "사유는 몸의 기능과 무관한 것인가?"라는 반성적 고찰은 시도된 바가 없다. 한·당 시대 이후 새롭게 해석된 송·명 유학에 있어서도 학문의 중심에는 항상 심(心)이 자리 잡고 있었다. 그들은 유학을 형이상학의 체계에서 재해석했지만 그것은 여전히 주공·공·맹의 도를 새로운 철학 이론으로 설명한 것 이상은 아니었다. 주자학을 수용한 조선의 유학은 '사단칠정' 논쟁 등을 비롯하여 심성에 대한 논의를 심화시켜 나갔지만, 그들의 논의 역시 심을 중심으로 전개되었다.

유학사를 통해 몸에 대한 새로운 체계적 해석을 시도한 사람은 이제마라고 할 수 있다. 이제마는 잘 알려진 것처럼 사상의학을 창시하고 시술한 한의학자이다. 그런데 이제마의 사상의학은 두 가지 점에서 전통적 시각을 넘어서는 독창적 측면이 보인다. 하나는 '음양오행설'에 이론적 근거를 둔 전통의학을 따르지 않고 '사상설'에 근거를 둔 새로운 의학 이론을 창시했다는 점이다. 다른 하나는 의학의 이론적 근거를 유학사상에서 찾는 전통을 따르면서도 전통적인 유학 이론을 그대로 수용하지 않았다는 점이다. 이 두 가지 사실은 '사유'의 본성에 대한 논의의 부분적인 수정이 아니라, 근본적인 시각 변화를 예고한다는 점에서 주목된다. 이제마의 철학적 이론은 모두 몸의 중심적 역할을 근거로 전개되기 때문이다.

이 장은 이제마가 전통적인 한의학 이론과 유학 이론을 수용하지 않고 왜 몸 중심의 이론을 전개하는가를 밝히려는 데 목적이 있다. 의학 이론은 필자의 능력을 넘어선 분야이다. 그러므로 이 글은 이제마의

---

2)『맹자』告子 上, 15: … 心之官則思 ….

유학 이론을 논하는 것으로 한정하고, 또 유학 이론 가운데서도 사상의학 이론의 핵심 문제인 성·명 이해와 도덕 실현 문제를 중심으로 검토할 것이다. 몸 기능은 사유와 결코 무관하지 않다는 주장이 도덕성의 이해와 실현 과정에 잘 드러나 있기 때문이다. 그리고 몸 중심의 이론을 전개하는 이제마의 시각의 특징을 드러내기 위해 이를 맹자로부터 이어지는 유학사상과 대비적 관점에서 검토할 것이다. 대비적 검토는 몸 중심의 이론을 전개한 이제마의 궁극적 의도가 무엇인지를 드러낼 것이며, 동시에 그것은 전통적인 유학의 몸 이해에 대한 반성적 작업이라는 점을 드러낼 수 있을 것이다.

1. 유가의 도덕과 몸 이해

유학사에서 사유는 마음의 영역이라는 인식이 언제부터 형성되었는지 정확한 기록을 찾기란 쉽지 않지만, 몸과 마음의 기능을 명확하게 구분하여 이해한 것은 아마 맹자가 처음이라고 할 수 있을 것이다. 맹자는 마음을 사유의 기관이라고 하여 몸과는 다른 특별한 것으로 설명한다. 맹자 이후 유학의 논의는 모두 마음을 중심으로 전개됨에 따라 "사유는 몸 기능과 무관한 것인가?"라는 반성적 검토가 이루어지지 못했다. 이것은 '사유는 마음의 기능'이라는 맹자의 주장이 정론으로 받아들여지고, 시대를 거치면서 고착되어 갔기 때문으로 판단된다.

맹자의 몸에 대한 인식은 대인과 소인의 차이를 묻는 공도자(公都子)에 대한 대답에서 찾을 수 있다. 맹자는 대체를 따르는 행위를 기준으로 대인과 소인을 구분한다. 그에 따르면 몸과 마음의 기능은 선천적으로 주어지는데, 사유는 마음의 기능이다. 따라서 대체를 따르는 것은 마음의 사유 기능이고, 반대로 몸은 사유 기능이 없어 사물에 이끌리게 된다. 말하자면 몸은 사유 기능과 무관하다는 것이 맹자의 판단이다.

> 다 같은 사람인데 어떤 사람은 대체를 따르며, 어떤 사람은 소체를 따르는 까닭은 무엇입니까? 맹자가 말하기를 귀와 눈(몸)의 기능은 사유하지 못하기 때문에 물(物)에 가려지게 되므로 물과 물(耳目)이 교접하면 물(욕)에 이끌려갈 뿐이다. 마음의 기능은 사유하는 것이므로 사유하면 얻고 사유하지 못하면 얻지 못한다. 이것은 하늘이 우리에게 부여해준 것이다. 먼저 대체를 세우면 소체가 빼앗지 못할 것이니 이것이 대인이 되는 이유일 뿐이다.[3]

위의 인용문에서 검토해야 할 것은 두 가지이다. 하나는 몸은 선천적으로 사유의 기능을 부여받지 못했다는 점이다. 대체를 따른다는 것은 인의예지와 같은 도덕적 가치를 자각하고 실천하는 것을 의미한다. 이것은 대체를 자각하고 행동에 옮기는 능력이 있어야 가능하다. 이러한 능력은 몸이 아닌 마음에 있다는 것이 맹자의 생각이다. 이것은 물론 성선설에 근거한 설명으로서 선행의 근거를 마음의 사고 능력에서 찾으려는 것이다. 그리고 악행의 원인을 사유 능력이 없는 몸에서 찾는 것은 궁극적으로 인간에게 선악의 행위가 혼재하는 문제를 해명하려는 것이다. 선악의 원인을 각기 마음과 몸에서 찾음으로써 선악 혼재의 문제는 자연스럽게 해소될 수 있기 때문이다.

---

3) 같은 책, 같은 곳.

다른 하나는 마음을 도덕의 주체로 이해한다는 점이다. 대체를 따른 다는 것은 사유하는 마음이 도덕의 가치를 자각하고 실천하는 것을 의미한다. 따라서 여기서 사유는 이미 존재하는 어떤 것을 밝히는 것이 아니다. 대체는 사유에 앞서 실재하는 대상이 아니기 때문이다. 사유는 도덕의 가치가 무엇인지를 밝히고, 어떻게 그것을 실천할 것인가를 스스로 찾는 주체적 활동을 의미한다. 인간에게 선악을 판단하고 따르는 양지(良知)와 양능(良能)이 구비되어 있다는 맹자의 주장은 이러한 사유 능력을 근거로 한 확장된 해석이다. 그러므로 인의예지의 사덕은 양지와 양능을 통해 얻어진 결과로서의 덕목이다.

마음과 몸 이해에 대한 맹자의 관점은 송대 성리학에서도 여과 없이 수용되었다고 할 수 있다. 성리학에서는 몸과 마음을 포함한 유학의 모든 문제를 맹자의 관점에 따라 해석하기 때문이다. 이기심성학이나 성리학 또는 심학 등의 개념은 곧 학문의 중심이 심에 있음을 보여준다. 정이천은 '몸에서 주인 노릇을 하는 것은 마음'[4]이라고 하여 자각심의 주재 능력을 인정한다.[5] 정이천의 형이상학을 계승한 주희 역시 지각활동은 마음이 하기 때문에 심이 몸을 주재하고,[6] 반면에 몸은 사유 능력이 없어 사물의 본질을 보지 못하는 외물과 같은 것으로 간주한다.[7]

주희의 경우 마음의 사유 능력은 물론 리(理)를 지각하는 기능이다.

---

4) 程頤, 『二程遺書』, 제18: … 主於身爲心 ….
5) 勞思光, 鄭仁在 譯, 『중국철학사』(宋明篇)(서울: 탐구당, 1989), 274쪽 참조.
6) 『朱子大全』 권32, 答張欽夫: 人之一身知覺運用 莫非心之所爲 則心者固所以主乎身 … ; 朱熹, 『孟子集註』, 고자 상, 15: 心則能思而以思爲職.
7) 같은 책, 고자 상, 15: 官之爲言 司也 耳司聽 目司視 各有所職而不能思. 是以蔽於外物 旣不能思而蔽於物 則亦一物而已.

리는 만물 생성의 근원으로서[8] 사물에서는 리(理)라 하고, 심(心)에서는 성(性: 本然性)이라고 한다.[9] 그는 천리는 인간에게 성(보편성)으로 주어진다고 하고, 솔성(率性)에서 도덕 행위의 당위성을 찾는다.[10] 만물 생성의 근원인 리를 도덕규범으로 생각하기 때문이다. 따라서 마음이 솔성하면 리와 합치되어 선이 되고, 그렇지 않으면 악이 된다. 그런데 인간의 기질은 태생적으로 청탁의 차이가 존재하기 때문에 이것이 선/불선의 원인이 되기도 한다. 그러나 맑은 기를 품수 받았어도 자신을 검속하지 않으면 욕심으로 흐르게 된다.[11] 따라서 선/불선의 직접적인 원인은 기질이 아니라 심의 지각작용에 있다. 그런데 심의 지각작용[虛靈知覺]에는 인심과 도심 곧 형기(形氣 = 몸)의 사사로움과 성명(性命)의 올바름에 근거하여 지각하는 차이가 있기 때문에 도심은 몸의 주인이 되어야 한다는 것이 주희의 생각이다.[12]

주희의 논리에 따르면 천리의 인식 기능은 마음에 있으며, 몸의 기능과는 무관하다. 사유능력의 부재가 직접적인 이유이지만, 본질적 이유는 천리를 도덕규범으로 제시한다는 점에서 찾아야 한다. 천리는 인간을 넘어서 있는 초월적 규범으로서 사유에 의해서만 인식이 가능하기 때문이다. 때문에 몸은 오히려 사유를 가로막는 장애물로서 도덕규범을 자각하기에는 부적절한 것으로 간주된다. 이러한 시각은 몸 기능

---

8) 『주자대전』권58, 答黃道夫: 天地之間 有理有氣 理也者 形而上之道也 生物之本也.
9) 『주자어류』권5, 性理二: 性卽理也 在心喚做性 在事喚做理.
10) 『중용장구』1장: 人物各循其性之自然 則其日用事物之間 莫不各有當行之路 是則所謂道也.
11) 『주자어류』권95: 口之欲味 耳之欲聲 人人皆然 雖是稟得氣淸 纔不檢束 便流於慾去.
12) 『중용장구』서문.

의 구체적인 검증보다는 도덕규범의 인식과 실천 가능성에 초점을 맞
춘 해석이라고 판단된다.

이와는 달리 양명은 몸과 마음을 상호 작용의 관계로 설명한다. 즉
마음이 없으면 몸이 없는 것이고, 몸이 없으면 마음이 없는 것이라고
하여[13] 마음은 고립되어 독자적으로 존재하는 것이 아니라 몸의 활동
성과의 직접적인 연관성에 의해 생겨난다고 한다.[14] 양명 이후 왕간
(王艮)은 인간의 정감과 몸을 도가 발현하는 장소로 인정하고 더 이상
장애물로 인식하지 않는다.[15] 몸에 대한 이러한 논의는 전통적인 유가
철학의 방식과는 다른 것이다. 그러나 몸에 대한 다양한 논의에도 불
구하고 이들의 주장은 몸을 이해하는 본격적인 탐색이라고 보기 어렵
다. 도는 몸을 통해 드러나지만 도덕 주체는 여전히 마음이며, 도덕의
실현 방법도 천리를 보존하는 데 있기 때문이다.

몸의 기능을 탐색하여 몸에 대한 실증적 이해를 시도한 것은 정약용
이라고 할 수 있다. 정약용은 몸과 마음이 연관되어 있음을 몸의 기능
을 분석하여 입증한다. 즉 몸(이목)의 기능은 사물을 접하여 얻은 정보
를 마음에 전하고, 마음의 기능은 이렇게 주어진 정보를 토대로 대체
혹은 소체를 따를 것인가를 판단한다.[16] 마음의 기능은 사유하는 것이

---

13) 왕양명, 『전습록』 하: 無心則無身 無身則無心.
14) 이승환·이동철 엮음, 『중국철학』(서울: 책 세상, 2007), 403쪽 참조.
15) 같은 책, 405쪽 참조.
16) 정약용, 『맹자요의』 권2, 29쪽: 耳目非以小體言也 物與我之相接其門路在於耳
   目. 耳收聲而納之於心 目收色而納之於心 是其職耳. 耳目但修其職分而已. 顧
   何嘗使此心强從其所納哉 其所納利於大體 則從之者爲從大體 違之者爲從小體
   其所納利於小體 則從之者爲從小體 違之者爲從大體 如斯而已. 其能或從而或違
   者以心官之能思也 … 心之能思豈非幸歟 於是乎讚美之曰此天之所以予我者.

지만 사유의 작용은 감관기관인 몸의 기능에 의존한다는 것이다. 정약
용은 이러한 몸과 마음의 관계를 묘합(妙合)으로 설명하고 자신의 의
학 지식에 근거하여 묘합의 증거를 제시한다. 즉 마음이 여유로우면
몸이 편하지만 욕심이 많으면 눈동자가 흐려지고, 마음이 아름다우면
얼굴이 밝고 등이 탐스럽지만 마음이 부끄러우면 식은땀이 나고 얼굴
이 붉어지는 것은 마음과 몸이 묘합된 증거다.[17] 정약용은 이러한 관
점에서 『대학』 "신유소분치(身有所忿懥)"절의 '신(身)'을 '심(心)'으로
고쳐야 한다는 정자의 주장을 비판한다. 정심(正心)은 곧 정신(正身)을
의미한데, 화가 나면 정신(正身)할 수 없다는 것은 논리에도 맞고, 여
러 경서에서 말한 정신(正身)의 의미와도 합치된다.[18] 그리고 분치(忿
懥)와 공구(恐懼)는 이미 글 자체가 마음에서 발한다는 것을 나타내고
있다.[19] 이처럼 신(身)자에는 이미 심이 내포되어 있기 때문에 이 절은
묘합의 관점에서 해석해야 한다는 것이다.

그러나 정약용은 묘합의 관점을 견지하면서도 '대체를 따르는 것은
마음'이라고 하여 몸 기능은 사고의 영역과 무관한 것으로 인식한다.
정약용 역시 도덕의 근거를 성에서 찾지만 그가 이해한 성은 천리가
아닌 마음의 기호(嗜好)이다. 기호에는 몸[形軀]과 마음의 기호가 있

---

17) 같은 책 권1, 19쪽: 然神形妙合肥瘠相關 心廣則體胖 慾盛則眸眊 美在中則睟面
而盎背 愧在內則汗出而色板 皆神形妙合之明驗也.
18) 정약용, 『대학공의』 권1, 29쪽: 身心妙合不可分言 正心卽所以正身 無二層工夫
也 孔子曰其身正不令而行 其身不正雖令不從 孔子曰苟正其身矣 於從政乎何有
不能正其身 如正人何 孟子曰其身正天下歸之 梅氏君牙猶云 爾身克正 罔敢不
正 … 身有所忿懥不得其正 義理明白 合於群經 何爲而改之也.
19) 같은 책, 같은 곳: 原來身心妙合不可分二 … 忿懥恐懼本發於心 雖不言心文自
條별.

는데, 마음의 기호는 호선오악하는 영지(靈知)의 기호라는 점에서 몸의 기호와 구별된다. 그런데 대체는 무형의 영명이고 소체는 유형의 구각(軀殼)이므로, 대체를 따르는 것은 솔성이고 소체를 따르는 것은 욕심을 쫓는 것이라고 한다.[20] 다시 말하면 초월적[靈明]인 대체를 따르는 것은 몸이 아닌 마음의 기호라는 것이다. 정약용은 이처럼 몸과 마음을 묘합의 관계로 이해하면서도 그 고유 기능은 엄격히 구분한다.

정약용이 몸과 마음의 기능을 구분한 이유는 성을 이해하는 관점에서 찾아야 한다. 그에 따르면 하늘은 인간에게 성을 부여하고 또 부여한 성을 따르고 있는지를 감시하는 존재이며, 인간은 그 성을 따라야만 도(道)에 도달할 수 있는 존재이다. 따라서 도를 따르는 인간의 행위는 애초부터 천명의 주재를 벗어날 수 없다.[21] 물론 인간에게는 선악을 스스로 선택하여 따를 수 있는 자주권이 주어져 있다고 한다.[22] 그러나 그것은 천명에 따르는 제한된 조건에서의 자율권이다. 하늘은 인간에게 성을 부여하고 또 감시하는 초월적 존재이다. 정약용이 도심의 기호를 통해서만 천명을 자각하고 따를 수 있다고 한 까닭이 여기에 있다. 심신은 묘합되어 있지만 성을 부여하는 천명은 우리를 넘어서 있기 때문에 그는 여전히 몸의 기능은 천명의 인식에 부적합한 것으로 생각한 것이다.

---

20) 정약용, 『맹자요의』 권2, 29쪽: 大體者無形之靈明也 小體者有形之軀殼也 從其大體者率性也 從其小體者循欲者也.

21) 같은 책 권1, 34쪽: 天於賦生之初 予之以此性 使之率而行之以達其道 … 天旣賦之以此性 故又能時時刻刻 提醒牖啓 每遇作惡一邊發慾一邊沮止 明沮止者卽本性所受之天命也.

22) 같은 책, 같은 곳: 天之於人予之以自主之權 使其欲善則爲善欲惡則爲惡游移不定 其權在己.

2. 도덕성과 몸 기능

중국 고대에는 하늘이 백성을 낳기 때문에 하늘의 명에 따르는 것이 도덕이라고 생각했다.[23] 그리고 이 하늘의 명은 인간의 고유한 본성에 선천적으로 부여되기 때문에 인간은 자각에 의해 지각하고 행동에 옮길 수 있다고 생각한다.[24] 따라서 인간에게 부여된 성은 상제의 명령 또는 천리 등으로 다르게 해석하더라도 그것은 모두 도덕성의 원천으로 인식된다. 이러한 인식은 우리에게 '도덕성은 초월적인 것'으로 자연스럽게 각인되었다고 할 수 있다. 천명을 자각하여 따르는 것이 곧 도심이라는 지금까지의 믿음을 의심하지 않는 것은 바로 이러한 인식에 근거한 것이다.

이제마는 도덕성의 근거를 천에서 찾는 유학의 전통을 그대로 따른다. 그러나 도덕성은 초월자에 의해 선천적으로 부여되기 때문에 그에 따라야 한다는 논리를 수용하지 않는다. 도덕성의 근거를 상제의 명령이나 천리에서 찾지 않기 때문이다. 그는 인간을 유기체적 존재로 이해하고 몸 기능 안에서 도덕성의 근거를 찾는다.

> 천기에는 네 가지가 있으니, 첫째는 지방이요, 둘째는 인륜이요, 셋째는 세회요, 넷째는 천시니라.
> 인사에는 네 가지가 있으니, 첫째는 거처요, 둘째는 당여요, 셋째는 교우요, 넷째는 사무니라.[25]

---

23) 『詩經』 大雅 烝民: 天生烝民 有物有則 民之秉彝 好是懿德.

24) 『書經』 周書 康誥: 封 元惡大憝 矧惟不孝不友 子弗祗服厥父事 大傷厥孝心 于父不能字厥子 乃疾厥子 于弟弗念天顯 乃弗克恭厥兄 兄亦不念鞠子哀 大不友于弟 惟弔玆 不于我政人得罪 天惟與我民彝大泯亂.

『동의수세보원』 첫 구절인 위 인용문은 그의 사상의학 이론과 도덕
성을 이해하는 관건이라는 점에서 중요하다. 천기와 인사는 유학적 세
계관의 전통을 수용한 것으로서 사상의학 이론을 가로지르는 핵심 개
념이기 때문이다. 천기는 인간이 존재하는 시·공간적 구조를 의미하
고, 인사는 이러한 천기의 구조 속에서 존재하는 인간의 존재 방식을
말한다.[26] 이 때문에 사상의학 이론은 이러한 구조를 벗어나지 않으며
인간 역시 이러한 구조 안에서 설명된다. 인간을 개별자가 아닌 사상
구조 안의 존재로 설명하는 것은 인간과 인간을 둘러싸고 있는 세계를
동시에 인정하고 분리시켜 이해하지 않으려는 것이다. 이러한 관점은
주관과 객관의 세계를 구별하지 않는 유학적 사고의 전통 위에서 형성
된 것이라고 할 수 있다.

그러나 이것은 동시에 하늘의 명이나 천리를 따르는 것이 도덕이라
는 유학적 전통을 수용하지 않은 것이다. 천기와 인사의 사상 구조는
과거의 도덕관념에서 벗어나 우주와 인간을 이해하는 새로운 패러다임
으로 구조화한 것이기 때문이다. 이제마가 도덕성의 실현을 강조하면
서도 상제의 명이나 천리를 언급하지 않는 것은 이 까닭이다. 그러면
이제마는 도덕성의 근거를 어디에 두고 있으며, 그 실현 방법은 과거
와 어떻게 다른가. 이제마 역시 하늘이 만물을 낳을 때 도덕성이 주어
진다는 유학의 관점을 이어 받지만 이를 해석하는 방식은 달라진다. 그
는 도덕성의 근거를 혜각으로서의 성과 자업으로서의 명에서 찾는다.

---

25) 李濟馬, 『東醫壽世保元』, 김용준 편집(서울: 박문서관, 1921), 「성명론」 1~2장:
　　天機有四 一曰地方 二曰人倫 三曰世會 四曰天時. 人事有四 一曰居處 二曰黨
　　與 三曰交遇 四曰事務.

26) 이 책 3장, 65~66쪽 참조.

하늘이 만민을 내실 때에 성은 혜각으로서 마련해 주었으니 만민
이 삶에 있어서 혜각이 있으면 살고 혜각이 없으면 죽는다. 혜각이란
덕(德)이 생겨나게 하는 것이기도 하다.[27]

하늘이 만민을 내실 때에 명은 자업으로서 마련해 주었으니 만민
이 삶에 있어서 자업이 있으면 살고 자업이 없으면 죽는다. 자업이란
도(道)가 생겨나게 하는 것이기도 하다.[28]

이제마가 성·명을 혜각과 자업으로 해석한 것은 도덕의 근거를 더
이상 초월적 개념으로 이해하지 않겠다는 것을 천명한 것이다. 물론
성·명은 하늘이 인간에게 부여한 것으로서 도덕의 근원이 된다. 그러
나 그는 도덕의 실현에 관심을 가질 뿐 더 이상 성·명의 철학적 해명
에 관심을 갖지 않는다. 성·명은 단지 인의예지와 같은 온갖 선행과
사농공상과 같은 온갖 쓰임을 가능하게 하는 능력일 뿐이기 때문이
다.[29] 따라서 그는 일상적인 삶에서 혜각과 자업의 능력을 발휘함으로
써 도덕을 실현하는 방법을 모색할 뿐, 더 이상 천리의 보존이나 상제
의 명령을 언급하지 않는다. 다시 말하면 성·명을 초월적 관념이 아
닌 구체적인 도덕을 실현하는 행위 능력 개념으로 이해한 것이다.

그러면 혜각과 자업은 도덕 행위를 어떻게 가능하게 하는가? 이 문
제의 고찰은 이제마의 새로운 몸 이해로부터 출발해야 한다. 그는 지

---

27) 『보원』 30장: 天生萬民性以慧覺 萬民之生也 有慧覺則生 無慧覺則死 慧覺者德
　　之所由生也.

28) 같은 곳 31장: 天生萬民命以資業 萬民之生也 有資業則生 無資業則死 資業者道
　　之所由生也.

29) 같은 곳 32장: 仁義禮智忠孝友悌 諸般百善 皆出於慧覺 士農工商田宅邦國 諸般
　　百用 皆出於資業.

금까지와는 달리 몸에는 도덕 행위의 기능이 갖추어져 있는 것으로 이해하기 때문이다. 이제마는 몸의 기능을 다음과 같이 설명한다.

귀는 천시를 듣고, 눈은 세회를 보며, 코는 인륜을 맡고, 입은 지방을 맛본다.[30]

폐는 사무에 통달하고, 비(脾)는 교우를 취합하며, 간은 당여를 정립하고, 신(腎)은 거처를 안정케 한다.[31]

턱에는 주책이 있고, 가슴속에는 경륜이 들어 있으며, 배꼽에는 행검이 있고, 아랫배에는 도량이 있다.[32]

머리에는 식견이 들어 있고, 어깨에는 위의가 갖추어져 있으며, 허리에는 재간이 있고, 볼기에는 방략이 있다.[33]

언급된 몸은 모두 16곳인데, 정리하면 감각기관, 장기, 몸의 전면과 후면의 네 부위이다. 가리킨 곳은 몸의 일부이지만, 몸 전체를 가리킨다는데 유의해야 한다. 예를 들어 장기의 경우 폐는 단순히 폐만을 가리키기는 것이 아니라 위완(胃脘), 혀, 귀, 두뇌, 피모(皮毛)를 모두 폐의 무리로 보기 때문이다.[34] 이들 몸 부위를 전체적으로 통합하면 복합적 사원구조를 이룬다.[35] 몸을 이처럼 구조화한 것은 몸의 각 부위

---

30) 같은 곳 3장: 耳聽天時 目視世會 鼻嗅人倫 口味地方.
31) 같은 곳 5장: 肺達事務 脾合交遇 肝立黨與 腎定居處.
32) 같은 곳 7장: 頷有籌策 臆有經綸 臍有行檢 腹有度量.
33) 같은 곳 9장: 頭有識見 肩有威儀 腰有材幹 臀有方略.
34) 같은 책, 장부론 4장: … 故胃脘與舌耳頭腦皮毛 皆肺之黨也.

는 독자적 기능만이 아니라 유기적 관계로 작용한다는 것을 말하려는 것이다.

몸이 유기적 관계를 유지하는 것은 몸 고유의 기능 외에 또 다른 기능이 주어져 있기 때문이다. 이제마가 말하는 이목비구와 폐비간신의 기능은 천기와 인사를 인식하는 외적 기능으로, 함억제복과 두견요둔의 기능은 천기와 인사를 행하는 내적 기능으로 구분할 수 있다. 몸에는 이러한 기능이 갖추어져 있기 때문에 도덕 행위가 가능하다는 것이 이제마의 생각이다. 따라서 그는 도덕 행위를 반드시 천기와 인사를 자각하고 행하는 몸의 기능을 통해 설명한다. 즉 이제마는 몸을 생리적 기능을 넘어 몸을 둘러싸고 있는 천기와 인사를 인식하는 데까지 확장시켜 이해한 것이다. 이제마는 몸의 이러한 기능을 다음과 같이 설명한다.

> 이목비구는 천을 관찰하고, 폐비간신은 사람을 바로 세우며, 함억제복은 그 지혜를 실천에 옮기고, 두견요둔은 그의 행업(行業)을 실행한다.[36]
>
> 사람들의 이목비구는 선을 좋아함이 더할 나위 없고, 사람들의 폐비간신은 악을 싫어함이 더할 나위 없으며, 사람들의 함억제복은 사심이 더할 나위 없고, 사람들의 두견요둔은 태행이 더할 나위 없다.[37]

---

35) 李乙浩, 「李東武 四象說 論考」, 『철학연구』 제7집(철학연구회, 1972), 4쪽.

36) 『보원』, 성명론 11장: 耳目鼻口觀於天也 肺脾肝腎立於人也 頷臆臍腹行其知也 頭肩腰臀行其行也.

37) 같은 곳 23장: 人之耳目鼻口 好善無雙也 人之肺脾肝腎 惡惡無雙也 人之頷臆臍腹 邪心無雙也 人之頭肩腰臀 怠行無雙也.

천을 관찰하고 사람을 바로 세우며, 지혜와 행업을 행하는 것은 고도의 정신활동이다. 이제마는 몸의 기능이 이러한 정신활동을 가능하게 한다는 논리를 토대로 사상의학 이론을 전개한다. 물론 이 논리는 그의 의료 경험을 토대로 검증된 것이다. 여기서 이러한 의학 이론을 검증하기는 어렵지만 한 가지 분명한 것은 이제마는 더 이상 정신활동을 마음의 기능으로 이해하지 않는다는 것이다. 때문에 이제마는 호선 오악의 도덕 행위와 사심 태행의 비도덕적 행위를 모두 몸의 기능으로 설명한다. 그리고 지혜 행업과 사심 태행의 이중적 행위 역시 몸의 기능으로 설명한다. 이것은 도덕 행위와 비도덕적 행위를 마음과 몸의 기능으로 양분하는 과거의 방식과는 다른 것이다. 어떻든 이제마는 도덕 행위를 포한한 인간의 모든 행위를 몸의 기능으로 설명한다.

이제마의 이러한 설명은 근본적으로 도덕성을 이해하는 관점의 변화에서 비롯된 것이다. 앞에서 언급했듯이 그는 도덕성의 근거인 성·명을 초월적 원리로 이해하지 않는다. 성·명은 단지 인간에게 보편성으로 주어진 행위 능력일 뿐이기 때문이다.

> 천시는 대동(大同)한 것이요 사무는 각립(各立)하는 것이며, 세회는 대동한 것이요 교우는 각립하는 것이며, 인륜은 대동한 것이요 당여는 각립하는 것이며, 지방은 대동한 것이요 거처는 각립하는 것이다.
> 주책은 박통(博通)하는 것이요 식견은 독행(獨行)하는 것이여, 경륜은 박통하는 것이요 위의는 독행하는 것이며, 행검은 박통하는 것이요 재간은 독행하는 것이며, 도량은 박통하는 것이요 방략은 독행하는 것이다.
> 대동한 것은 천(天)이요 각립한 것은 인(人)이며, 박통한 것은 성(性)이요 독행한 것은 명(命)이다.[38]

천시, 세회, 인륜, 지방은 천기로서 모든 인간이 대동한 존재 구조이고, 사무, 교우, 당여, 거처는 인사로서 인간이 각립하는 독자적인 존재 구조이다. 그리고 주책, 경륜, 행검, 도량과 식견, 위의, 재간, 방략은 몸에 갖추어진 박통하고 독행하는 능력이다. 이제마는 이를 종합하여 천과 인간을 대동과 각립으로, 또 성과 명을 박통과 독행 능력으로 설명한다. 여기서 대동과 박통은 보편성을 의미하고, 각립과 독행은 독자성을 의미한다. 그러므로 천성과 인명은 몸에 주어진 보편성으로서의 혜각과 독자성으로서의 자업인 것이다. 다시 말하면 이제마가 이해한 성·명은 초월적 도덕 원리로서의 천명과 인성이 아니라 단지 도덕성으로서 천성과 인명인 것이다.[39]

이제마는 이처럼 도덕성을 초월적 도덕 원리로 이해하지 않는다. 그것은 우리 몸에 주어진 혜각과 자업의 능력으로 이해될 뿐이다. 따라서 이제마가 말하는 몸의 기능은 초월적 도덕 원리를 인식하고 실현하는 것이 아니다. 몸은 단지 천기와 인사의 구조 속에서 혜각과 자업의 능력으로 주어진 도덕성을 실현할 따름이다. 그러므로 이제마의 몸 이해는 근본적으로 성·명의 새로운 이해에서 시작되었다고 할 수 있다. 성·명 이해에 대한 사고의 전환이 몸에 대한 선입견을 벗어나게 한 것이기 때문이다. 요컨대 이제마는 도덕성을 몸에 주어진 혜각과 자업 능력으로 해석함으로써 형이상학적 구도를 벗어날 수 있었고, 또 몸을

---

38) 같은 곳 12~14장: 天時大同也 事務各立也 世會大同也 交友各立也 人倫大同也 薰與各立也 地方大同也 居處各立也, 籌策博通也 識見獨行也 經綸博通也 威儀獨行也 行檢博通也 才幹獨行也 度量博通也 方略獨行也, 大同者天也 各立者人也 博通者性也 獨行者命也.

39) 이 책 3장, 70~71쪽 참조.

도덕성을 인식하고 실현하는 주체로 생각함으로써 몸이 정당한 평가
를 받을 수 있는 계기를 제공하게 되었다고 할 수 있을 것이다.

3. 도덕성의 실현과 몸

유학에서는 일반적으로 도덕성의 실현을 성·정의 발현으로 설명한
다. 그런데 성·정의 발현은 지금까지 다양한 논의에도 불구하고 대체
로 마음을 중심으로 설명하는 관념적인 방식이었고, 몸 기능을 통한
설명은 처음부터 배제되거나 극히 제한적이었다. 도덕성이 성·정의
발현을 통해 실현된다는 형식적 측면에서 보면 이제마의 관점 역시 과
거와 다르지 않다. 그러나 내용 면에서 보면 이제마의 성·정 이해와
그 실현 방법은 근본적으로 다르다. 도덕성의 실현을 몸의 기능으로
설명하기 때문이다.

이제마의 성·정을 파악하기 위해서는 몸과 관련된 두 가지 이해가
선행되어야 한다. 하나는 몸 기능의 차이이고 다른 하나는 마음과 몸
의 관계이다. 먼저 이제마는 성·정의 발현은 체질에 따라 차이가 있
다는 것을 발견하고 사상인으로 유형화한다. 한의학에서도 체질을 구
별하지만 그것은 오행론에 근거한 관념적 분류라는 점에서 차이가 있
다. 사상인은 장리(臟理)로부터 심성(心性)에 이르기까지 체질의 특성
을 종합하고 체계화하여 분류한 것이기 때문이다.[40] 이제마는 인간을
폐비간신의 대소와 욕심을 기준으로 네 유형으로 분류한다.

---

40) 이 책 4장, 108~109쪽 참조.

사람이 타고난 장부의 이치에 다른 것이 네 가지가 있는데, 폐가 크고 간이 작은 사람을 태양인이라 하고, 간이 크고 폐가 작은 사람을 태음인이라 하며, 비(脾)가 크고 신(腎)이 작은 사람을 소양인이라 하고 신이 크고 비가 작은 사람을 소음인이라 한다.

사람의 욕심에 다른 네 가지가 있는데 예(禮)를 버리고 방종하게 구는 사람을 비인(鄙人)이라 하고, 의(義)를 버리고 안일을 꾀하는 사람을 나인(懦人)이라 하며, 지(智)를 버리고 남을 속이는 사람을 박인(薄人)이라 하고, 인(仁)을 버리고 지극한 욕심을 부리는 사람을 탐인(貪人)이라 한다.[41]

분류 기준은 몸, 즉 폐비간신의 대소 기능이다. 대소는 장부의 크기가 아니라 기능의 차이를 의미한다. 이제마는 같은 질병이라도 몸 기능의 차이에 따라 치료 방식을 달리해야 한다고 생각한다. 이것은 의료경험에 근거한 주장으로서 인간을 네 유형으로 분류하는 근본 이유이다. 그는 또 인간을 비박탐나의 네 유형으로 분류하는데, 이것은 인의예지의 덕행을 버릴 때 생기는 욕심을 근거로 유형화한 것이다. 인의예지의 덕행은 악을 싫어하는[惡惡] 폐비간신의 기능이 발휘될 때 생겨나지만, 제 기능을 발휘하지 못하면 비박탐나의 욕심이 생겨난다. 따라서 욕심을 부리는 마음 역시 몸 기능과 관련이 있다는 주장이다. 어떻든 몸 기능은 사람마다 다르며, 그 다름은 넷으로 유형할 수 있다는 것이다.

---

41) 『보원』, 사단론 1~2장: 人稟臟理有四不同 肺大而肝小者 名曰太陽人 肝大而肺小者 名曰太陰人 脾大而腎小者 名曰少陽人 腎大而脾小者 名曰少陰人. 人趨心慾有四不同 棄禮而放縱者 名曰鄙人 棄義而偸逸者 名曰懦人 棄智而飾私者 名曰薄人 棄仁而極慾者 名曰貪人.

다음으로 살펴 볼 것은 몸과 마음의 관계이다. 이제마는 몸과 마음의 관계를 대대(待對)와 주재(主宰)의 관계로 설명한다. 이제마는 몸과 마음의 대대관계를 사물과의 관계 속에서 설명한다. 이것은 인간을 천리나 상제와 같은 관념적 존재가 아니라 사물과의 관계 속에 있는 유기체적 존재로 이해한 것이다.

> 만물은 신(身)이 사는 곳이고, 신은 심(心)이 사는 곳이고, 심은 사(事)가 사는 곳이다.[42]
>
> 심(心)은 사(事)에 응하는 데 박통하고도 주밀해야 하며, 사(事)는 심에 흘러들어 가는데 살피면서도 공손히 해야 하며, 신(身)은 물(物)에 행하는 것인데 정립(定立)하고도 경건해야 하며, 물(物)은 신(身)을 따르는 것인데 싣고도 효(效)를 나타내야 한다.[43]

설명에 따르면 몸과 마음은 사물과 서로 대응하는 유기적 관계에 있다. 이것은 인간이 사물과의 관계 안에서 존재함을 몸과 마음의 기능으로 나누어 설명한 것이다. 이 설명은『주역』의「계사 상」"역유태극(易有太極) 시생양의(是生兩儀)"절에 근거를 둔 것인데, 이제마는 태극은 심이고, 양의는 심신이며, 사상은 심신사물이다. 그리고 팔괘는 사(事)의 종시(終始), 물의 본말, 심의 완급, 신의 선후라고 설명한다.[44] 심신은 태극의 양의이므로 몸과 마음은 음양 대대의 관계에 있다는 의

---

42) 이제마,『格致藁』儒略 1. 事物: 物宅身也 身宅心也 心宅事也.

43) 같은 곳: 心應事也 博而周也 事湊心也 察而恭也 身行物也 立而敬也 物隨身也 載而效也.

44) 같은 책 권2, 56쪽 巽箴장: 太極 心也 兩儀 心身也 四象 事心身物也 八卦 事有事之終始 物有物之本末 心有心之緩急 身有身之先後.

미이다. 그리고 물은 본말이 있고, 사는 종시가 있으므로 몸과 마음이 사물에 응한다는 것은 사물의 본말과 종시를 헤아린다는 의미이다. 여기서 중요한 것은 마음과 몸은 사물에 응하는 기능이 있고, 또 서로 대대관계에 있다는 점이다. 마음과 몸 어느 한쪽이 아니라 각기 기능함으로써 사물에 응하기 때문이다. 때문에 그는 마음과 몸에 각기 혜각(慧覺)과 능행(能行)의 능력이 주어져 있어서 사물에 대해 근지(勤止)와 성결(誠決)의 대응이 가능하다고 한다.[45]

또한 이제마는 마음을 몸의 주재자라고 하여 주재관계로 설명한다. 물론 이 때의 마음은 주재심을 의미하므로 대대관계의 마음과는 구별해야 한다. '마음을 일신의 주재자'로 이해한 점은 형식면에서 보면 유학적 관점과 다르지 않다. 그러나 이제마는 몸을 단지 마음의 주재 대상으로만 인식하지 않는다.

> 마음(心)은 일신(一身)의 주재자가 되어 네 모퉁이와[46] 심장을 등에 지고 앞가슴의 중앙을[47] 올바로 향하면 불빛처럼 밝아서 이목비구가 살피지 못하는 것이 없으며, 폐비간신이 헤아리지 못하는 것이 없고, 함억제복이 정성을 다하지 않는 것이 없으며, 두견요둔이 공경하지 않는 것이 없다.[48]

---

45) 같은 곳: 一物止也 一身行也 一心覺也 一事決也, 勤以止也 能以行也 慧以覺也 誠以決也.
46) 隅는 四隅이며 肺脾肝腎의 四臟을 가리킨다.
47) 心(主宰心)이 있는 곳을 의미한다.
48) 『보원』, 장부론 17장: 心爲一身之主宰 負隅背心 正向膻中 光明瑩徹 耳目鼻口 無所不察 肺脾肝腎 無所不忖 頷臆臍腹無所不誠 頭肩腰臀 無所不敬.

이제마의 주재 개념에는 마음이 주재 기능을 다할 때 몸도 비로소 제 기능을 한다는 의미가 담겨있다. 이것은 주재의 기능이 몸 기능까지 포함하는 않는다는 것을 의미한다. 즉 천기를 살피고 선악을 헤아리는 것은 몸의 기능이며, 몸이 제 기능을 하도록 주재하는 것이 마음의 기능이라는 것이다. 따라서 이제마의 주재 개념은 몸의 기능까지 포함하지 않는다는 것을 알 수 있다.

이제마는 이러한 주재 관계를 오장의 실제 작용으로 설명한다. 이것은 오장 가운데 심장과 폐비간신의 주재 관계가 몸 기능의 실제 작용이라는 것을 검증함으로써 지금까지의 관념적 이해를 벗어나기 위한 것으로 판단된다.

> 오장의 심은 중앙의 태극이요 오장의 폐비간신은 사유의 사상이다. 중앙의 태극은 성인의 태극이 높이 중인의 태극 위에 솟아 있고, 사유의 사상은 성인의 사상이 중인의 사상과 두루 통해 있다.[49]

오장의 심은 태극처럼 폐비간신의 기능을 주재한다. 그런데 성인과 중인의 구별이 생기는 것은 무엇 때문인가. 사유(四維)의 사상(四象)이 중인의 사상과 두루 통해 있다는 것은 성인과 중인의 몸 기능에 차이가 없음을, 그리고 성인의 태극이 중인의 태극 위에 솟아 있다는 것은 성인과 중인의 주재 능력에 차이가 있음을 말한 것이다. 즉 성인과 중인의 구별은 선천적 몸 기능이 아니라 후천적인 주재 결과로 생긴다는

---

49) 같은 책, 사단론 3장: 五臟之心 中央之太極也. 五臟之肺脾肝腎 四維之四象也. 中央之太極 聖人之太極 高出於中人之太極也. 四維之四象 聖人之四象 旁通於 衆人之四象也.

것이다. 이처럼 이제마는 주재 관계를 오장의 실제적 작용으로 설명하고 성인과 중인을 주재 노력의 결과를 기준으로 구분한다. 이것은 마음과 몸의 관계는 관념이 아니라 실제적 구체적 검증을 통해 논의되어야 함을 말하려는 것이다.

그러면 이제마는 성·정의 발현 곧 도덕성의 실현을 몸 기능과 관련하여 어떻게 설명하는가. 그는 도덕의 실현을 호연의 리와 기의 작용으로 설명한다. 이것은 도덕이 천리와 같은 보편적 원리가 아니라 몸과 마음의 기능을 통해 이루어진다는 것을 검증하려는 것이다.

> 호연의 기는 폐비간신에서 나오고 호연의 리는 마음에서 나온다. 인의예지 사장(四臟)의 기를 확충하면 호연의 기는 여기에서 나올 것이요, 비박탐나의 욕심을 명변하면 호연의 리는 여기에서 나올 것이다.[50]

호연의 리와 기가 마음과 몸에서 나온다고 한 것은 맹자의 호연지기를 원용한 이제마의 독창적 해석이다. 이 해석에는 도덕성에 대한 이제마의 두 가지 주장이 담겨있다. 첫째, 도덕성의 실현 방법은 마음과 몸에서 구해야 한다는 것이다. 호연의 리와 기가 마음과 몸에서 나온다는 것은 도덕성을 천리와 같은 형이상학적 원리로 이해하지 않은 것이다. 따라서 그는 도덕성의 실현 방법을 천리의 보존이 아니라 욕심을 명변하고 인의예지 사장의 기를 확충하는 몸과 마음의 기능으로 설명한다. 둘째, 도덕성은 몸과 마음의 기능이 함께 작용함으로써 실현

---

50) 같은 곳 8장: 浩然之氣出於肺脾肝腎也 浩然之理出於心也. 仁義禮智四臟之氣 擴而充之 則浩然之氣出於此也. 鄙薄貪懦一心之慾 明而辨之 則浩然之理出於 此也.

된다는 것이다. 호연의 기는 혜각에서 나오는 인의예지 등의 선행을 확충시킨다는 의미이고,[51] 욕심은 인의예지를 버리는 데에서 나오므로[52] 호연의 리는 비도덕적 행위를 변별한다는 의미이다. 따라서 도덕성은 인의예지 등 선행의 기를 확충하는 몸의 기능과 인의예지를 버리는 욕심을 분별해내는 마음의 기능을 통해서 실현 가능하게 된다. 다시 말하면 도덕성은 각자 다른 몸과 마음의 기능이 함께 작용할 때 비로소 실현된다는 것이다.

마음과 몸이 각기 기능한다고 본 것은 임상 경험에서 얻어진 검증된 지식에 근거한 것이다. 즉 그는 성·정의 발현은 몸 기능의 작용에 의해 이루어진다는 것을 의료 경험과 관찰을 통해 발견한 것이다. 그 결과 몸은 마음의 주재를 받지만 몸에는 고유한 기능이 있으며, 고유한 기능 또한 사람마다 다르다는 결론을 얻는다.

태양인의 애성(哀性)은 원산(遠散)하지만 노정(怒情)은 촉급(促急)하다. 애성이 원산하다는 것은 태양인의 귀가 천시를 살필 때 사람들이 서로 속임을 애처롭게 여기는 것이니 애성이란 다름 아니라 듣는 것이다. 노정이 촉급하다는 것은 태양인의 비(脾)가 교우를 맺을 때 남이 자기를 업신여기는 것을 노여워하는 것이니 노정(怒情)이란 다름 아니라 노(怒)하는 것이다. 소양인은 노성(怒性)은 굉포(宏抱)하지만 애정(哀情)은 촉급하다. 노성이 굉포하다는 것은 소양인의 눈이 세회(世會)를 살필 때 사람들이 서로 업신여김을 노여워하는 것이니 노성이란 다름 아니라 보는 것이다. 애정(哀情)이 촉급하다는 것은 소양

---

51) 주 29) 참조.
52) 『보원』, 사단론 2장: 人趨心慾有四不同 棄禮而放縱者 名曰鄙人 棄義而偸逸者 名曰懦人 棄智而飾私者 名曰薄人 棄仁而極慾者 名曰貪人.

인의 폐가 사무를 처리할 때 남이 자기를 속이는 것을 슬퍼하는 것이
니 애정(哀情)이란 다름 아니라 슬퍼하는 것이다. 태음인은 희성(喜
性)은 광장(廣張)하지만 락정(樂情)은 촉급하다. 희성이 광장하다는
것은 태음인의 코가 인륜을 살필 때 사람들이 서로 돕는 것을 기쁘게
여기는 것이니 희성이란 다름 아니라 냄새를 맡는 것이다. 락성이 촉
급하다는 것은 태음인의 신(腎)이 거처를 다스릴 때 남이 자기를 보
호해 줌을 즐거워하는 것이니 락성이란 다름 아니라 즐거워하는 것
이다. 소음인은 락성(樂性)은 심확(深確)하지만 희정(喜情)은 촉급하
다. 락성이 심확하다는 것은 소음인의 입이 지방을 살필 때 사람들이
서로 보호해 줌을 즐겁게 여기는 것이니 락성이란 다름 아니라 맛보
는 것이다. 희정(喜情)이 촉급하다는 것은 소음인의 간(肝)이 당여에
관여할 때 남이 자기를 돕는 것을 기뻐하는 것이니 희정이란 다름 아
니라 기뻐하는 것이다.53)

　몸 기능을 복합적으로 설명한 것이지만 이제마의 주장은 세 가지로
요약할 수 있다. 첫째, 성·정은 모두 희로애락의 감정을 가리키는 개
념이다. 인륜관계에서 발생하는 감정은 자신과 타인 즉 사적 관계에서
발생하는 감정과 타인들의 관계, 즉 공적 관계에서 발생하는 감정으로

---

53) 같은 책, 擴充論 1장: 太陽人哀性遠散而怒情促急 哀性遠散者 太陽之耳察於天
　　時而哀衆人之相欺也 哀性非他聽也 怒情促急者 太陽之脾 行於交遇而怒別人之
　　侮己也 怒情非他怒也 少陽人怒性宏抱而哀情促急 怒性宏抱者少陽之目察於世
　　會而怒衆人之相侮也 怒性非他視也 哀情促急者 少陽之肺行於事務而哀別人之
　　欺己也 哀情非他愛也. 太陰人喜性廣張而樂情促急 喜性廣張者 太陰之鼻察於
　　人倫而喜衆人之相助也 喜性非他嗅也 樂情促急者 太陰之腎行於居處而樂別人
　　之保己也 樂情非他樂也. 少陰人樂性深確而喜情促急 樂性深確者 少陰之口察
　　於地方而樂衆人之相保也 樂性非他味也 喜情促急者少陰之肝行於黨與而喜別
　　人之助己也 喜情非他喜也.

나눌 수 있다. 이 때 정은 사적 관계에서, 성은 공적 관계에서 발생하는 감정을 가리킨다. 따라서 이제마는 남의 선행을 좋아하면서 자신도 선행할 줄 알고, 남의 악행을 싫어하면서 자신도 악행을 하지 않는 것을 도덕이라고 한다.[54] 도덕은 곧 공적 관계에서 생기는 호선오악의 감정(성)으로 드러난다는 주장이다.

둘째, 도덕성은 몸의 기능에 의해 실현된다. 애로희락의 성은 이목비구가 천기를 살펴 사람들의 행위가 도덕적인지의 여부를 판단한 후에 발현한다. 이것은 몸 기능에 도덕 판단의 사유 기능까지 포함시켜 이해한 것이다. 도덕 판단의 사유 기능이 몸 기능이냐는 데에는 논란이 있을 수 있다. 그러나 이제마는 정신기혈(精神氣血)은 이목비구의 작용으로 생성된다거나[55] 또는 귀가 진해(津海)의 청기(淸氣)를 상초(上焦)에 채워 신(神)이 되게 하고, 두뇌로 넣어 니(膩)가 된다고[56] 하여 정신활동을 몸 기능으로 설명한다. 따라서 이제마는 애로희락의 성을 논할 때 몸 기능으로 설명할 뿐 마음을 언급하지 않는다. 비도덕적 행위를 분별하는 기능을 마음의 기능으로 이해하지 않기 때문이다.

셋째, 애로희락의 성을 발현하는 몸 기능은 선천적으로 다르다. 감정의 발현에 개인차가 있는 것은 몸의 선천적 몸 기능이 다르기 때문이다. 태양인의 애성(哀性)은 원산하지만 노정(怒情)은 촉급한 것, 소양인의 노성은 굉포하지만 애정은 촉급한 것, 태음인의 희성은 광장하지

---

54) 같은 책, 성명론 34장: 好人之善而我亦至善者 至性之德也 惡人之惡而我必不行惡者 正命之道也. 知行積則 道德也 道德成則仁聖也 道德非他知行也 性命非他知行也.

55) 같은 책, 장부론 12장: 耳目鼻口之用深遠廣大 則精神氣血生也.

56) 같은 곳 8장: 耳以廣博天時之聽力 提出津海之淸氣 充滿於上焦爲神 而注之頭腦爲膩.

만 락정은 촉급한 것, 태음인의 락성은 심확하지만 희정은 촉급한 것
은 몸 기능에 선천적인 차이가 있음을 말한 것이다. 다만 몸 기능의
차이는 성의 발현에 개인적 차이가 있다는 것이며, 호선오악하는 보편
성의 차이까지를 말하는 것은 아니다.

　이상과 같이 이제마는 성·정은 몸 기능에 의해 발현된다고 주장한
다. 그러면 마음의 기능은 성·정의 발현과 무관한가. 앞에서 언급한
바와 같이 마음의 기능은 몸이 제 기능을 하도록 주재하는 것이다. 그
런데 몸 기능은 성·정의 발현으로 나타나므로 마음은 곧 성·정의
발현을 주재하는 것이 된다. 주재는 구체적으로 어떻게 이루어지는가.
이제마는 성·정의 발현을 애로희락하는 기의 운동으로 설명한다. 기
의 운동은 순동(順動)과 역동(逆動)의 두 방향인데, 애로(哀怒)의 기는
양이고 희락의 기는 음이다. 따라서 애로의 기는 순동하면 상승하지
만, 희락의 기는 순동하면 하락한다.[57] 그런데 애로희락의 기가 순동
하면 장기가 제 기능을 하지만, 역동하면[暴動浪動] 제 기능을 하지
못하여 장기가 손상을 입게 된다.[58] 또 이제마는 호선 오악의 마음에
도 편급(偏急)이 있다고 한다.[59] 물론 호선오악의 성은 공적 관계에서
발현하는 감정이기 때문에 애로희락의 정과는 다르다. 그러나 애로희
락의 정으로 발현되는 점은 같기 때문에 그는 호선 오악의 성 역시 감
정으로 이해한다. 따라서 애로희락의 성도 실중(失中)하면, 분노와 비

---

57) 같은 책, 사단론 15장: 哀怒之氣順動則發越而上騰　喜樂之氣順動則　緩安而下墜
　　哀怒之氣陽也　順動則順而上升　喜樂之氣陰也　順動則順而下降.

58) 같은 곳 16장: 哀怒之氣逆動則暴發而並於上也 … 上升之氣逆動而並於上則肝
　　腎傷 ….

59) 같은 곳 21장: 雖好善之心　偏急而好善則好善必不明也　雖惡惡之心　偏急而惡惡
　　則惡惡必不周也 ….

애 희호(喜好)와 치락(侈樂)이 지나쳐 장기에 손상을 입게 된다고 한
다.[60] 성·정에 관계없이 기가 역동하거나 편급하면 장기에 손상을 초
래한다는 것이다.

그러나 역동하는 모든 감정이 장기 손상으로 이어지는 것은 아니다.
그것은 마음의 주재 기능이 이러한 감정을 조절할 수 있기 때문이다.
앞에서 보았듯이 이제마는 마음이 폐비간신과 심장을 등에 지고 올바
로 향하면 불빛처럼 밝아서 몸이 제 기능을 다할 수 있다고 한다.[61]
성·정으로 발현되는 감정은 몸의 기능이지만, 감정이 역동하지 않도
록 주재하는 것은 마음의 기능이라는 것이다. 마음의 주재 기능은 인
사의 수/불수로 드러난다.[62] 수/불수는 중절의 노력을 의미한다. 중절
의 노력은 희로애락이 미발·이발할 때에 경계하고 반성하는 것인
데,[63] 애로의 과도함과 억지로 희락을 꾸며대는 것을 경계하고 반성하
는 것이다. 물론 중절에 실패하면 희로애락의 정은 진정으로 나올 수
없거나 편벽될 수 있다.[64]

애로희락의 기가 역동하는 원인은 무엇인가. 그것은 행동이 성실하

---

60) 같은 곳 22장: 哀怒相成喜樂相資 哀性極則怒情動 … 太陽人哀極不濟則忿怒激
外 … 少陽人怒悲極哀不勝則動中 … 少陰人樂極不成則喜好不定 … 太陰人喜
極不服則侈樂無厭 … 如此而動者無異於以刀割臟 … 此死生壽夭之機關也.

61) 주 48) 참조.

62) 같은 책, 사단론 23장: 太少陰陽之臟局短長 陰陽之變化也 天禀之已定固無可
論 天禀已定之外 又有短長而不全其天禀者 則人事之修不修而命之傾也 不可
不愼也.

63) 같은 곳 26장: 喜怒哀樂未發而恒戒者 此非漸近於中者乎 喜怒哀樂已發而自反
者 此非漸近於節者乎.

64) 같은 곳 25장: 太陽少陽人 但恒戒哀怒之過度 而不可强做喜樂虛動不及也 …
喜樂不出於眞情而哀怒益偏也 太陰少陰人 … 哀怒不出於眞情而喜樂益偏也.

지 않거나 지인(知人)에 명철하지 못한데 있다. 요·우(堯·禹)와 같은 성인도 애로희락이 항상 중절하도록 노력하였는데, 그것은 언제나 지인을 어렵게 여기거나 가볍게 여길 수 없었기 때문이다.[65] 지인을 어렵게 여기는 것은 사람을 등용할 때에 감정에 치우치기 쉽기 때문이다. 여기서 우리는 도덕성의 실현은 천기와 인사를 살피고 행하는 과정에서 이루어지며, 애로희락의 중절은 마음의 자율적인 판단에 의해 이루어진다는 것을 알 수 있다. 애로희락의 과도함과 억지로 꾸밈을 경계하고 반성하여 중절을 이루는 것은 마음에 자율적인 판단 능력이 있어야 가능하기 때문이다. 이러한 몸 기능과 마음의 주재 능력에는 성인과 범인의 차이가 있을 수 없다. 차이는 단지 중절의 여부에 달려 있을 뿐이다. 요컨대 도덕성의 실현은 선천적으로 천기를 살피는 몸 기능과 성·정을 중절시키는 마음의 자율적인 주재 기능이 상호간에 능동적으로 작용함으로써 이루어진다고 할 수 있을 것이다.

이상과 같이 이제마는 몸과 마음을 각기 기능을 중심으로 이해한다. 즉 몸에는 천기를 살피고 성·정을 발현하는 기능이 선천적으로 주어져 있으며, 마음에는 이러한 몸 기능 즉 성·정의 발현을 중절시키는 자율적 주재 기능이 주어져 있다. 물론 몸과 마음의 기능은 천기를 살피고 인사를 행하는 과정에서 행해진다. 이러한 관점은 마음과 몸이 대체와 소체를 따른다는 이분법적 이해와 배치된 것이다. 이러한 점에서 이제마의 몸 이해는 유학적 관점에 토대를 둔 몸 기능의 발견이 아니라 인간을 이해하는 새로운 지평에서 탐색되었다고 할 수 있을 것이다.

---

65) 같은 곳 20장: ⋯ 曰帝堯之喜怒哀樂每每中節者 以其難於知人也 大禹之喜怒哀樂每每中節者 以其不敢輕易於知人也. 天下喜怒哀樂之暴動浪動者 都出於行身不誠而知人不明也 ⋯.

4. 맺는 말

지금까지 필자는 유학사상에 근거를 둔 이제마의 몸 이해와, 그것에 토대로 제시되는 도덕 이론적 구조를 검토했다. 이제마는 도덕적 선행은 마음의 기능이며, 몸은 악행의 원인이라는 전통적인 유학적 시각을 거부한다. 이제마는 마음 중심의 도덕적 탐구 방식을 넘어서서 몸 중심의 탐구를 통해 도덕성 문제에 대한 독자적 시각을 전개하고 있다. 도덕성 문제를 중심으로 지금까지 살펴본 이제마의 독자적 몸 이해는 다음과 같이 정리할 수 있다.

첫째, 도덕성의 근원인 성·명은 몸에 혜각과 자업으로 주어진 행위 능력으로서의 천성과 인명이다. 따라서 인간의 도덕 행위는 천리나 상제와 같은 초월적 도덕 원리의 보존이나 도덕 명령에 따르는 방법이 아니라 구체적인 행위를 통해서 이루어진다. 도덕성의 근원인 성·명은 선천적으로 주어지지만 그것은 관념이 아닌 실제적인 행위 능력이다. 이것은 인간을 천기와 인사의 유기체적 존재로 이해한 데 근거한 해석이다.

둘째, 도덕성은 마음에 존재하는 것이 아니라 몸의 기능으로 주어진다. 몸에는 천기와 인사를 살피고 바로 세우는 기능이 주어지기 때문에 호선오악의 도덕 행위가 가능하다. 따라서 도덕 행위는 마음이 아니라 몸에 도덕성이 행위 능력으로 주어지기 때문에 가능한 것이다.

셋째, 도덕성의 발현인 애로희락의 성·정은 몸 기능이 작용한 것이다. 마음과 몸은 사물의 종시와 본말을 헤아리는 대대관계에 있다. 즉 마음과 몸은 어느 한 쪽이 아니라 각기 기능함으로써 사물에 응하게 된다. 천기를 살펴 사람들의 비도덕 행위를 분별하고 애로희락의 성을 발현하는 것은 몸의 기능이다. 때문에 몸의 기능은 생리적 기능 이외에 도덕 행위의 기능적 측면에서 탐색되어야 한다.

넷째, 마음의 기능은 몸이 제 기능을 하도록 주재하는 것이다. 애로희락의 감정이 역동하거나 편급하면 도덕 행위는 물론이요 장기까지 손상을 입는다. 때문에 중절의 노력을 통해 역동의 감정이 일어나지 않도록 수신해야만 한다. 성인이 중절을 어렵게 여긴 것은 감정에 치우치기 쉽기 때문이다. 따라서 도덕성의 실현은 중절하는 자율적인 노력에 달려 있을 뿐이며 주재 능력과는 관계가 없다.

이제마가 이상과 같이 몸 기능을 유학과 다르게 파악한 것은 인간을 이해하는 관점의 차이에 기인한다. 차이의 핵심은 도덕 행위와 무관하다고 인식되었던 몸 기능을 도덕 행위의 중심적 지반으로 인식한다는 데 있다. 이제마는 임상 경험을 통해 애로희락의 편착이 발병의 원인임을 발견한다. 그는 이러한 몸의 생리적 기능과 함께 몸에 내재한 도덕적 기능을 발견하고 체계화한 것이다. 그 결과 몸은 마음의 주재를 받으면서도 도덕적 기능을 수행하는 데 있어서 핵심적 원천이라는 주장에 이르게 된 것이다. 따라서 이제마의 몸 이해는 단순한 몸 기능의 새로운 발견이라기보다는 인간의 본성을 이해하는 새로운 지평을 열었다는 점에서 유학사에 있어서 중요한 시각 전환의 하나로 평가될 수 있을 것이다.

제9장
도덕성의 원천과 경험

　도덕성은 공·맹 이후 줄곧 유학의 핵심문제로 다루어진 주제이다. 도덕성은 우리의 행위에 강제성을 부여하고, 우리의 현실적인 삶을 지배한다.[1] 이러한 현실성 때문에 유학에서는 도덕성의 현실적 측면을 중시하지만, 도덕성의 원천 또한 핵심적인 논의의 주제를 이루고 있다. 그런데 유학은 도덕성의 원천을 중요시 여기면서도 그에 대한 명확한 해명보다는 도덕성의 원천은 그 자체로 존재한다는 믿음을 전제로 도덕성을 설명한다. 이러한 방식의 도덕성 이해는 도덕성의 원천에 대한 이해에 따라 매우 다른 성격의 도덕 이론으로 전개될 수 있다.

　유학에서 도덕성은 시대에 따라 이해를 달리하는 특징이 있다. 삼대(三代)의 유가사상을 계승한 공·맹은 도덕성을 현실적 관점에서 논의한다. 이것은 유가사상을 계승하되 도덕성은 초월적 관점이 아니라 현

　1) 노양진, 「규범성의 자연주의적 탐구」, 『범한철학』 제33집(2004, 봄), 168쪽.

실적 관점에서 논의되어야 한다는 변화된 입장을 드러낸 것이다. 그래서 그들은 단지 도덕성의 이해와 실현에 관심을 가질 뿐 도덕성의 원천을 입증하거나 도덕성의 원천이 우리에게 주어지는 방식에는 관심을 갖지 않는다. 그런데 도덕성에 대한 이러한 이해는 송대 성리학에 이르러 다시 초월적 관점으로 되돌아간다. 물론 이들의 관점은 삼대의 유가사상과는 다른 것이지만 공·맹의 현실적 관점에서 보면 초월적인 이해방식이다. 이들은 도덕성의 원천을 포함한 모든 유학의 문제를 이기론으로 재구성하여 형이상학적 관점에서 설명한다.

조선조 유학은 성리학을 수용하면서도 도덕의 실현 문제에 더 많은 관심을 갖는 차별성을 보인다. 그들은 심성에 대한 다양한 논쟁을 통해 도덕성의 실현 문제를 논의한다. 그러나 그들의 논의는 도덕성의 이해에 대한 성리학의 관점에 변화를 일으켜 시작된 것이라고 할 수 없다. 도덕성 실현에 대한 그들의 논의는 도덕성의 원천을 초월적인 것에서 찾고 있는 성리학적 관점에서 출발하고 있기 때문이다. 조선조 후기에 정약용은 성(性)을 기호(嗜好)로 해석하여 성리학의 입장과는 다른 시각에서 도덕성을 설명한다. 특히 그는 인간의 본능적 욕구를 긍정하고 행위의 자율성을 주장함으로써 도덕성에 대한 성리학의 해석을 벗어나려고 한다. 그러나 정약용 역시 도덕성의 실현 문제에 대해서는 도덕성의 원천인 상제의 명령에 귀를 기울여야 한다는 초월적 관점의 한계를 벗어나지 못한다.

도덕성을 초월적 관점에서 벗어나 새롭게 이해한 것은 이제마라고 할 수 있다. 이제마는 음양 오행론에 바탕을 둔 전통 한의학 이론을 거부하고 '사상의학(四象醫學)'이라는 새로운 의학 이론을 수립한다.

그가 수립한 의학 이론은 전통 의학사상에 바탕을 두면서도 사상의 구
조로 체계화한 것이다. 한의학 이론을 사상설로 새롭게 체계화한 근본
이유가 무엇인가? 필자는 그 근본 이유를 도덕성의 원천과 실현의 문
제에 대한 이제마의 해석에서 찾고자 한다. 도덕성에 대한 이해는 사
상의학의 이론적 근거와 함께 그의 철학적 관점을 이해하는 관건이기
때문이다. 이제마의 이러한 관점을 드러내기 위해 과거 유학의 도덕성
이해와 대비적으로 검토하고자 한다.

1. 유가의 도덕성

공자 이전 유가에서는 도덕성의 원천을 초월적 세계에서 찾으려고
했다. 『시경』과[2] 『서경』의 기록은[3] 도덕에 대한 당시 유가의 생각을
잘 드러내준다. 그들은 인간에게 생명과 함께 도덕성을 부여하는 자는
천이며, 천은 부여한 도덕성을 통해 인간을 주재한다고 생각하였다.
도덕성에 대한 이러한 초월적 이해는 성찰적 사유가 전개되기 이전 고
대 사상의 일반적 경향이라고 할 수 있다.

공자는 유가의 사상을 계승하지만 도덕성에 대한 초월적 이해는 수
용하지 않는다. 그의 관심은 주어진 삶 속에서 도덕을 어떻게 실현할
것인가에 있다. 그는 인간을 윤리적 존재로 파악하고 혈연관계에서부
터 사회 국가에 이르기까지 이상적인 윤리적 관계를 유지하는 방법을
모색한다. 그가 생각하는 이상적인 방법은 예(禮)를 통해 인의(仁義)를

---

2) 『시경』, 「大雅」, 蒸民: 天生蒸民.
3) 『서경』, 「湯誥」: 惟皇上帝 降衷于下民 若有恒性.

실현하는 방식이다.[4] 그는 인의를 실현하는 구체적인 방식으로 충서 (忠恕)를 제시한다.[5] 이것은 사적인 이해관계를 극복하고 공적인 인간 관계를 통해 인간의 신뢰를 얻는 방식이다. 공자는 이러한 신뢰의 획 득이 공적 인간관계를 유지하는 열쇠라고 생각한다. 따라서 그는 신뢰 유지를 위해 내적 성찰과 자기 극복을 강조한다.

공자 이후 도덕의 문제는 도덕성이 본질적으로 선한 것인가 아니면 악한 것인가를 규명하는 논쟁으로 이어진다. 논쟁의 관점은 대체로 성 선설, 성악설, 선악 혼재설, 성삼품설 등이다. 맹자는 고자와의 논쟁을 통해 인간에게 주어진 도덕성은 선하다고 주장한다. 그는 사단(四端) 심의 발현을 근거로 도덕성이 선함을 입증하고,[6] 도덕성은 양지 양능 (良知 良能)의 선천적 능력에 의해 성찰되고 실현될 수 있다고 주장한 다.[7] 따라서 그는 주어진 도덕성의 성찰과 부동심과 같은 자기 극복의 과정을 강조한다.

공자와 맹자가 이처럼 도덕성에 대한 성찰과 실현을 강조한 것은 도 덕을 원천의 규명보다는 실현해야 할 문제로 인식하기 때문이다. 그런 데 이들은 도덕 실현을 인간의 문제로 인식했음에도 불구하고 인간이 갖고 있는 도덕 실현의 능력이나 과정을 섬세하게 논의하지 않는다. 즉 그들은 인간의 어떤 능력이 도덕의 실현을 당위적 문제로 인식하는 지, 또는 도덕 실현은 인간의 어떤 능력이 작용하여 실현되는지 등을 설명하지 않는다. 다만 맹자는 도덕의 실현은 정신의 기능이며, 육체

---

4) 『논어』, 顔淵.
5) 같은 책, 里仁.
6) 『맹자』, 公孫丑 상.
7) 같은 책, 盡心 상.

는 도덕의 실현을 방해하는 것으로 설명한다.[8] 이러한 설명은 도덕성
이 초월자의 주재가 아닌 인간의 정신(마음) 작용에 의해 자각되고 실
현된다는 것을 설명하려는 것이다. 그러나 공·맹은 이처럼 도덕을 인
간의 문제로 인식하면서도 도덕 실현에 관한 구체적인 설명이 없다는
점에서 아직은 포괄적인 논의 단계라고 평가할 수 있을 것이다.

　도덕성에 대한 본격적인 논의는 송대 성리학에서 시작되었다고 할
수 있다. 성리학은 공·맹의 정신을 계승하지만 그들과는 달리 도덕성
이 인간에게 부여되는 과정과 그것을 당위성으로 받아들이고 실현하
는 과정을 비교적 소상하게 논의하기 때문이다. 이들은 리(理) 또는 기
(氣)를 우주를 구성하는 보편 원리로 이해하고 이를 토대로 인간의 도
덕성까지 해명한다. 도덕성에 대한 해명은 이들의 논의를 이기 이원론
으로 집대성한 주희의 해석에 잘 드러나 있다.

　주희는 인간을 포함한 만물의 생성을 리와 기로 설명한다. 만물 생
성의 설명은 하늘이 기로 형체를 이루고 동시에 리를 부여한다는 방식
이다.[9] 만물에 부여된 리는 태극이 분화된 생생의 리이기 때문에 그들
의 존재원리[所以然]가 된다.[10] 그런데 인간은 부여된 리로 인해 건순
오상의 덕을 갖추게 되므로 인간에게 있어 리는 존재 원리이면서 동시
에 도덕 원리[所當然]가 된다는 것이 주희의 논리이다.[11] 이처럼 리는
사물에 있어서는 존재 원리이지만 인간에 있어서는 도덕 원리가 곧 존
재 원리가 된다. 주희가 '성(도덕성)을 곧 리'라고 한 것은 곧 이 논리

---

8) 같은 책, 告子 상.
9) 주희, 『중용장구』 1장.
10) 주희, 『주자어류』 권5, 性理 二: 生之理謂性.
11) 주희, 『대학혹문』 1장: 天下之物 則必有所以然之故與其所當然之則 所謂理也.

에 근거한 해석이다.

주희는 만물 생성의 리가 곧 도덕 원리로 작용할 것이라고 생각한다. 도덕성은 본연성과 기질성의 이원적 요소로 구성되는데, 본연성은 태극의 리가 분화된 생생의 리로서 보편성을, 기질성은 부여된 리가 형체에 따라 다르게 발현하는 특수성을 의미한다.[12] 때문에 본연성은 인의예지(仁義禮智)의 성으로서 순선하여 악이 없지만, 기질성은 품부받은 기질에 따라서 선 또는 악할 수 있는[有善惡] 개연성이 있다는 것이 주희의 논리이다.[13] 이것은 물론 성선설을 계승한 해석한 것이지만 이기론의 체계로 재구성된 것이다.

리로 주어진 도덕성을 자각하는 것은 마음의 지각 능력이다. 지각 능력은 기질성이 아니면 본연성을 따라 작용하기 때문에 주희는 이 작용을 기준으로 마음을 도심과 인심으로 구분한다. 그러나 주희는 본연성을 따르는 도심의 작용이 더 본질적이기 때문에 본연성을 따르는 데에서 도덕 행위의 당위성을 확보한다.[14] 즉 도심이 본연성을 따름으로써 도덕적 선행에 이를 수 있다는 것이다. 물론 기질에 따르는 것이 곧 악은 아니다. 기질에 따르더라도 사적 욕구를 억제하면 선행에 이르는 길은 열려있기 때문이다. 그러나 인간의 욕구는 불의(不義)의 욕구로 이어져 불선이 되기 쉽다. 때문에 그는 "천리가 보존되면 인욕이 없어지지만 인욕이 승하면 천리가 없어진다"고 하여 인간의 욕구를 도덕 실현의 부정적 요소로 인식한다.[15] 기질성을 따르면 비도덕적 행위에

---

12) 배종호, 『한국유학사』(서울: 연세대학교출판부, 1981), 38쪽.
13) 주희, 『주자어류』, 권5, 性理 二: 性則純是善底 ; 권4: 天地間只是一箇道理 性便是理 人之所以有善有不善 只緣氣質之稟各有淸濁.
14) 주희, 『중용장구』 1장.

이를 것이라는 부정적 인식이 형성된 것이다. 따라서 주희는 도덕 실현을 위해 "천리(天理)를 보존하고 인욕을 억제하는" 방법을 제시한다.

주희 이후 도덕성에 대한 다양한 논의가 있었지만 도덕성 이해의 근본적 변화를 시도한 것은 정약용이다. 정약용의 변화된 시각은 크게 세 가지이다. 첫째는 도덕성의 원천에 대한 이해이다. 그에 따르면 도덕성의 원천은 리가 아니라 상제천이 부여한 영명성(靈明性)이다. 상제는 인간에게 영명성을 부여하는데, 이 영명성을 통해 상제는 인간을 주재하고 인간은 상제가 경계하는 도덕적 명령을 들을 수 있고 따를 수 있다.[16] 때문에 정약용은 상제의 도덕 명령을 경계하고 따를 수 있는 영명성을 도덕의 원천으로 생각한다. 그러나 인간에게 도덕 명령을 부여하는 상제는 외재적 존재가 아니다. 정약용은 "상제의 도덕 명령[喉舌]은 인간의 도심에 깃들어 있다"고 한다.[17] 즉 상제는 자각을 통해서만 인식할 수 있는 내재적 존재자인 것이다. 이처럼 정약용은 내재적 존재로서의 상제를 믿고 상제가 인간에게 부여한 영명성을 도덕의 원천으로 이해한다. 따라서 정약용이 이기론적 도덕성 이해를 수용하지 않는 근본 이유는 도덕성의 원천에 대한 이해에서 비롯되었다고 할 수 있다.

둘째, 인간을 몸과 마음이 묘합된 존재로 보고,[18] 성을 마음의 기호로 이해한다는 점이다.[19] 정약용에 의하면 성(性)자의 본래 의미가 마

---

15) 주희, 『주자어류』 권13: 人之一心 天理存則人欲亡 人欲勝則天理滅.

16) 정약용, 「중용강의보」, 『전서 2』, 1권, 2쪽.

17) 정약용, 「중용자잠」, 『전서 2』, 1권, 3쪽.

18) 정약용, 「논어고금주」, 『전서 2』, 9권, 17쪽.

19) 정약용, 「중용자잠」, 『전서 2』, 1권, 2쪽.

음의 기호이므로 천명으로 부여된 성 또한 기호로 말할 수 있다. 인간
은 몸과 마음의 묘합체이기 때문에 기호에는 형구(形軀)와 영지(靈知)
의 기호가 있는데, 형구의 기호는 육체의 기호를, 영지의 기호는 마음
이 선을 좋아하고 악을 싫어하는 것을 의미한다.[20] 그러나 몸과 마음
을 묘합시키는 추뉴(樞紐: 근본적 기능)는 심이기 때문에 정약용은 성
을 마음의 기호라고 한다.[21] 여기서 주목할 것은 마음의 기호만이 아
니라 몸의 기호까지 인간의 성(性)으로 이해한다는 점이다. 물론 몸과
마음의 기능이 다르기 때문에 옛날부터 기질이 발한 것은 인심, 도의
가 발한 것은 도심으로 구분한다. 그러나 인간은 몸과 마음의 묘합체
이기 때문에 인성은 도의와 기질의 합일체라는 것이 정약용의 생각이
다. 즉 도의와 기질은 이원적 요소가 아니라 인성의 양면성으로 이해
한 것이다. 인성은 마음의 기호이지만 그것은 도의와 기질의 양면성이
라는 점에서 주희의 도덕성 이해와 구별된다고 할 수 있다.

셋째, 도덕성 실현을 인간의 자율성 문제로 인식한다는 점이다. 이
인식은 두 가지 주장을 근거로 한다. 먼저 인간의 욕구는 긍정되어야
한다는 것이다. 욕구는 악행으로 이어질 수 있는 부정적 측면이 있다.
그러나 부정적 측면 때문에 욕구는 곧 악이라는 논리는 성립되지 않는
다. 욕구는 오히려 모든 일을 추구하는 원동력으로서 작용한다.[22] 때
문에 정약용은 욕구는 긍정적 측면에서 이해하는 것이 본질이라고 생
각한다. 다음으로 도덕성의 자각과 실현은 인간의 자율 문제라는 것이

---

20) 정약용, 「자찬묘지명」, 『시문집』, 『전서 1』, 16쪽.
　　정약용, 「맹자요의」, 『전서 2』, 2권, 19쪽.
21) 정약용, 「맹자요의」, 『전서 2』, 1권, 32쪽.
22) 정약용, 「심경밀험」, 『전서 2』, 39쪽.

다. 선악은 주어진 본연성과 기질성이 아니라 행위의 결과에 따라 결정된다. 호선오악(好善惡惡)의 도덕성이 곧 선이 아니라 호선오악하는 구체적인 행위의 결과에 따라 선과 악이 결정된다. 도덕성 자체는 선악 미정인 것이다. 따라서 선악을 판단하고 행위를 결정하는 심의 권형(權衡)에 의해 도덕성은 실현된다고 할 수 있다. 욕구가 곧 악이 아니듯이 도덕성은 곧 선이라고 할 수 없다. 도덕성은 오직 선악을 스스로 판단하고 행하는 과정을 통해서만 실현된다.[23] 그러므로 도덕성 실현은 도덕을 스스로 판단하고 실현하는 자율의 문제로 인식해야 한다는 주장이다.

이와 같이 정약용은 도덕성을 마음의 기호로 해석하고 또한 그 실현을 자율 문제로 이해한다. 이러한 변화는 추상적인 해석을 벗어나 설명 가능한 인간의 문제로 환원시켰다는 점에서 그 의미를 부여할 수 있을 것이다. 그러나 정약용의 이해에는 도심에 깃든 천명이 도덕 행위를 주재할 것이라는 다시 말하면 도덕의 실현은 초월적 힘이 작용할 것이라는 믿음이 여전히 남아있다. 따라서 정약용의 도덕성 해명은 여전히 천명에 의존하는 방식이라는 점을 그 한계로 지적할 수 있다.

2. 도덕성의 원천과 몸 기능

이제마의 도덕성 이해는 전통 유학사상에 바탕을 두면서도 전통적 유학과는 전혀 다른 방식으로 이루어진다. 그러나 그것은 유학사상의

---

23) 정약용, 「맹자요의」, 『전서 2』, 1권, 34~35쪽.

내용까지 부정하는 것은 아니며, 단지 이해의 관점이 다르다는 것을 의미한다. 다른 관점은 도덕성의 원천과 그 이해의 방식이다. 이 다른 두 관점은 지금까지의 도덕성 이해와는 근본적으로 다른 담론을 제공한다.

이제마는 도덕성의 원천을 인간이 존재하는 구조와 그 관계 속에서 찾는다. 도덕성의 원천에 대한 설명은 그의 주저 『동의수세보원』 첫 장인 「성명론」에 잘 드러나 있다. 주지하는 바와 같이 『동의수세보원』은 사상의학의 완결이며, 「성명론」은 사상의학 이론의 기초를 정리한 글이다. 그는 「성명론」 첫 구절에서 인간을 천기와 인사의 구조 속에서 존재하는 것으로 설명한다.

> 천기(天機)에는 네 가지가 있으니, 첫째는 지방(地方)이요, 둘째는 인륜(人倫)이요, 셋째는 세회(世會)요, 넷째는 천시(天時)니라.
> 인사(人事)에는 네 가지가 있으니, 첫째는 거처(居處)요, 둘째는 당여(黨與)요, 셋째는 교우(交遇)요, 넷째는 사무(事務)니라.[24]

설명에 따르면 지방, 인륜, 세회는 공간을, 천시는 시간을 가리키는 개념이다.[25] 그리고 거처, 당여, 교우, 사무는 인간의 성장 과정에서 이루어야 할 당위적 것들이다.[26] 일반 개념은 아니지만 대략 천기는 인간이 존재하는 시·공간의 구조를 가리키고, 인사는 인간의 성장 과정에서 완성해야 할 당위적인 일들을 가리키는 개념들이라고 할 수 있

---

24) 李濟馬, 김용준 편집, 『東醫壽世保元』(서울: 박문서관, 1921), 「性命論」 1~2장.
25) 같은 책 4장.
26) 같은 책 6장.

다. 여기서 중요한 것은 천기와 인사를 대대(待對) 관계로 해석한다는
점이다. 이제마는 왜 천기와 인사의 대대 관계를 사상의학 이론의 제
일 명제로 제시했는가? 도덕성 이해와 관련시켜 볼 때 대대 관계는
두 가지 변화된 해석을 예상할 수 있다. 하나는 도덕성의 원천을 초월
적 관점과 다르게 해석하려는 것이고, 다른 하나는 이를 토대로 인간
의 몸을 새롭게 이해함으로써 사상의학의 기초 이론을 정립하려는 것
이다.

도덕성의 원천을 새롭게 해석하려는 의도는 인간을 설명하는 다음
의 인용문에서 더욱 명확하게 드러난다. 도덕성은 초월적 힘에 의해 주
어지고 주재될 것이라는 믿음과 도덕성을 인식하는 기능은 정신일 것
이라는 믿음은 그 맥락을 같이 한다. 맹자이후 유학자들은 도덕성을 인
식하고 실현하는 것을 마음 즉 정신 활동이라는 것을 의심하지 않았고,
상대적으로 몸은 정신 활동을 방해할 것이라고 믿어왔다. 이제마는 도
덕성에 대한 논의를 이러한 믿음을 무너뜨리는 데에서부터 시작한다.

> 귀는 천시(天時)를 듣고, 눈은 세회(世會)를 보며, 코는 인륜(人倫)
> 을 맡고, 입은 지방(地方)을 맛본다.[27]

> 폐(肺)는 사무(事務)에 통달하고, 비(脾)는 교우(交遇)를 취합하며, 간
> (肝)은 당여(黨與)를 정립하고, 신(腎)은 거처(居處)를 안정케 한다.[28]

> 턱에는 주책(籌策)이 있고, 가슴속에는 경륜(經綸)이 들어 있으며,

---

27) 같은 책 3장.
28) 같은 책 5장.

배꼽에는 행검(行檢)이 있고, 아랫배에는 도량(度量)이 있다.29)

머리에는 식견(識見)이 들어 있고, 어깨에는 위의(威儀)가 갖추어져 있으며, 허리에는 재간(材幹)이 있고, 볼기에는 방략(方略)이 있다.30)

이목비구와 폐비간신이 천기와 인사를 인식하고 처리한다는 것은 몸에 외물을 인식하는 능력 내지는 기능이 주어져 있다는 것이다. 그리고 턱 가슴 배꼽 아랫배와 머리 어깨 허리 볼기에 여러 역량이 있다는 것은 몸에 도덕적 행위 능력이 갖추어져 있다는 것을 말하는 것이다. 말하자면 외물을 인식하고 도덕 행위를 가능하게 하는 구체적인 기능은 몸이라는 것이다. 이것은 유학사에서 볼 때 몸에 대한 지금까지의 인식과 정면으로 배치된다. 몸을 생리적 기능이나 기질의 욕구에 그 한계를 두고 이해되었던 측면에서 보면 「성명론」 서두에 명시한 이제마의 몸 이해는 코페르니쿠스적 인식 전환에 비유할 수 있다. 몸 인식의 전환은 사상의학 이론의 방향을 결정하는 동시에 종래의 한의학 이론과 결별을 선언하는 근본적인 인식의 전환이기 때문이다.

몸에 대한 인식의 전환을 시도한 근거는 무엇이며, 그 의도는 어디에 있는가? 인식 전환의 핵심적 근거는 몸의 기능적 측면이다. 여기서 몸 기능은 생리적 기능을 넘어선 인식과 행위 능력을 말하기 때문에 오늘날과 같은 과학적 검증이 아니라 자신의 의료 경험에 근거한 상징적 설명이다. 말하자면 사물을 인식하고 도덕적 인간관계를 유지하는 것은 몸 기능의 작용이라는 것이다.

---

29) 같은 책 7장.
30) 같은 책 9장.

이목비구는 하늘에서 관찰하게 되고, 폐비간신은 사람에게서 바로
서며, 함억제복은 그 지혜를 실천에 옮기고, 두견요둔은 그의 행업(行
業)을 행한다.[31]

하늘을 관찰하거나 사람사이에서 바로 서는 것 그리고 지행을 실천
에 옮기는 것은 외물과 인륜을 인식하는 지각 능력과 행위 능력을 가
리킨다. 이제마는 이러한 지각과 행위 능력은 정신이 아니라 몸 기능
이라고 인식한 것이다. 물론 몸에는 교긍벌과(驕矜伐夸)나 천치나욕(擅
侈懶慾)의 부정적 기능도 있다.[32] 지금까지 우리들에게 도덕 행위는
정신의 기능이며, 몸은 도덕 행위와 무관할 것이라는 편견을 심어주었
던 것은 몸의 부정적 기능이 원인이다. 그러나 이제마는 오히려 몸 기
능의 보편성을 발견함으로써 '도덕 행위는 곧 정신'이라는 등식의 편
견에서 깨어난다. 이제마는 몸의 지각 능력과 행위 능력의 보편성을
대동과 박통으로 설명한다.

천시는 대동(大同)한 것이요 사무는 각립(各立)하는 것이며, 세회는
대동한 것이요 교우는 각립하는 것이며, 인륜은 대동한 것이요 당여
는 각립하는 것이며, 지방은 대동한 것이요 거처는 각립하는 것이다.
주책은 박통(博通)하는 것이요 식견은 독행(獨行)하는 것이여, 경륜
은 박통하는 것이요 위의는 독행하는 것이며, 행검은 박통하는 것이
요 재간은 독행하는 것이며, 도량은 박통하는 것이요 방략은 독행하
는 것이다.[33]

---

31) 같은 책 11장.
32) 같은 책 19, 21장.
33) 같은 책 12~13장.

후술하겠지만 대동과 각립은 천기와 인사의 특성을 말하는 개념으로서 보편성과 개별성을 의미한다. 박통과 독행 역시 몸 기능의 특성을 말하는 것으로 같은 맥락에서 이해할 수 있다. 보편성과 개별성의 구분은 몸의 이중적 기능을 설명한 것인데, 몸에는 생리적 기능만이 아니라 도덕적인 행위 능력까지 있다는 것을 말하려는 것이다. 이 주장은 물론 몸의 기능에 대동하고 박통하는 보편성이 갖추어 있다는 것을 근거로 한 것이다.

도덕 행위가 몸 기능에 의해 이루어진다는 주장은 천·인·성·명의 구조에서 더욱 분명하게 드러난다. 이 구조는 앞에서 살펴본 천·인·지·행과 같은 맥락에서 이해해야 한다. 그러나 천·인·성·명은 천기와 인사, 그리고 몸 기능이 갖고 있는 특성을 나타낸 개념이라는 점이 다르다. 이러한 특성은 물론 몸에 갖추어져 있는 도덕 행위 능력을 설명하려는 것이다. 따라서 여기서 성명은 특히 성리학의 성명 개념과 근본적으로 다르다는 점에 주목해야 한다.

> 대동한 것은 천(天)이요 각립한 것은 인(人)이며, 박통한 것은 성(性)이요 독행한 것은 명(命)이다.[34]

대동과 각립, 박통과 독행은 천·인·성·명의 특성을 설명한 것이지만, 이들은 서로 대대 관계에 있다. 먼저 천과 인, 성과 명은 각기 대대 관계에 있다. 그러나 대동과 박통의 보편성이라는 점에서 보면 천과 성이 대대 관계이고, 각립과 독행의 개별성이라는 점에서 보면 인과 명이 대대 관계이다. 그리고 천인과 성명은 다시 대대 관계로 설

---

34) 같은 책 14장.

명할 수 있는데, 천인 즉 천기와 인사는 몸의 인식 대상으로서 성명과
대대 관계가 형성되기 때문이다. 대대 관계는 천과 인간의 관계가 인
간이 천에 일방적으로 따르는 관계가 아니라 서로 대응하는 관계라는
점에서 주목된다. 이것은 천리나 상제의 명령 등에 따르는 과거의 해
석과 결별을 의미하기 때문이다. 대대는 상대 개념으로서 종속적 관계
를 나타내는 개념이 아니다. 따라서 대대 관계는 성명에 대한 근본적
인 인식의 변화를 예고한 것이다. 그러나 앞에서 언급했듯이 성명에
대한 인식의 변화가 유학적 입장까지 포기하는 것은 아니다. 이제마는
단지 성명을 이해하는 초월적 추상적인 방식을 포기한다는 것을 천명
하고자 한 것이다. 이제마는 성명이 초월적 추상적이지 않다는 것을
다음과 같이 말한다.

> 하늘이 만민을 내실 때에 성(性)은 혜각(慧覺)으로서 마련해 주었
> 으니 만민이 삶에 있어서 혜각이 있으면 살고 혜각이 없으면 죽는다.
> 혜각이란 덕(德)이 생겨나게 하는 것이기도 하다.[35]

> 하늘이 만민을 내실 때에 명(命)은 자업(資業)으로서 마련해 주었
> 으니 만민이 삶에 있어서 자업이 있으면 살고 자업이 없으면 죽는다.
> 자업이란 도(道)가 생겨나게 하는 것이기도 하다.[36]

성명이 선천적으로 주어진다는 것은 전통적 유학의 관점을 그대로
수용한 것이다. 그러나 여기서 성명은 천리나 천명과 같은 초월적 개

---

35) 같은 책 30장.
36) 같은 책 31장.

넘이 아니다. 혜각과 자업은 인간의 지적 또는 행위 능력을 가리키는 현실적이고 실질적인 개념이기 때문이다. 따라서 그는 인간에게 주어진 혜각과 자업을 덕과 도, 즉 도덕을 생겨나게 하는 원천으로 설명한 것이다. 이것은 성명을 도덕과 지행의 개념으로 해석하고 더 이상의 의미를 부여하지 않으려는 것으로 판단된다. 다음의 인용은 도덕에 대한 이제마의 관점을 극명하게 드러낸다.

> 남의 선행을 좋아하면서 나도 선행할 줄 아는 것은 지극한 천성(天性)의 덕(德)이요, 남의 악행을 미워하면서 나는 결코 악행을 하지 않는 것은 올바른 정명(正命)의 도(道)인 것이다. 지·행(知行)이 쌓이면 그것이 바로 도·덕(道德)이요 도덕이 이루어지면 그것이 바로 인·성(仁聖)이니, 도덕이 다름 아니라 지행이요 성·명(性命)이 다름 아니라 지행인 것이다.[37]

선행을 좋아할 줄 알고 악행을 행하지 않는 것이 도덕이라는 것은 도덕은 호선오악의 지행이 결정한다는 주장이다. 그런데 그는 도덕만이 아니라 인성(仁聖)과 성명(性命)까지 같은 맥락에서 해석한다. 이것은 지금까지 도덕성의 원천으로 이해되었던 성명까지 행위 중심에서 해석한 것이다. 이제마가 이해한 성명은 더 이상 도덕적 명령을 내리는 외재적 원리가 아니다. 때문에 이것은 도덕성의 원천을 이해하는 과거의 관점에 대해 근본적인 부정을 선언한 것으로 받아들여야 할 것이다.

그러면 이제마는 도덕성의 원천을 어떻게 이해하고 있는가? 이제마는 도덕성의 원천을 몸 기능의 보편성과 개별성에서 찾는다. 전술한

---

37) 같은 책 34장.

바와 같이 성명은 혜각과 자업의 능력을 의미하고, 대동 박통한 천성과 각립 독행한 인명은 각기 보편성과 개별성을 의미한다. 따라서 혜각과 자업은 보편성과 개별성으로 주어진 몸 기능이라는 것을 알 수 있다. 이제마는 몸 기능의 보편성과 개별성을 다음과 같이 설명한다.

> 사람들의 이목비구가 호선하는 마음은 뭇 사람들의 이목비구를 놓고 논해본다 하더라도 요·순에게 채찍 한 개만큼도 더 나은 데가 없다. 사람들의 폐비간신이 오악하는 마음은 요·순의 폐비간신을 놓고 논해본다 하더라도 뭇 사람들에게 채찍 한 개만큼도 덜한 데가 없다. 사람마다 다 요·순이 될 수 있다는 것은 이 때문인 것이다. 사람들의 함억제복 중에는 세상을 속이려는 마음이 늘 숨겨져 있으니 제 본심을 간직하고 제 본성을 기른 연후에야 요·순 같이 지혜롭게 될 수 있다. 사람들의 두견요둔 밑에는 남을 속이려는 마음이 가끔 감추어져 있으니 자신을 가다듬고 명을 바로 세운 연후에야 사람마다 다 요·순의 행실처럼 될 수 있다. 사람마다 다 자기 스스로 요·순이 되지 못한다는 것은 이 때문인 것이다.[38]

몸 기능의 보편성과 개별성을 설명한 것이지만 이것은 도덕성의 원천에 대한 이제마의 생각을 드러낸 것이라는 점에서 매우 중요하다. 이제마의 생각은 세 가지로 정리할 수 있다. 첫째, 호선오악하는 마음은 몸 기능으로서의 보편성을 의미한다. 그러나 보편성은 순선한 본연성이 아니라 호선오악의 몸 기능을 가리키는 개념일 뿐이다. 그러한 의미에서 보편성은 성인과 범인을 가리는 결정적 기준이 될 수 없다. 둘째, 앞서 본 바와 같이 두견요둔과 함억제복에는 지·행을 행할 수

있는 기능도 있지만 동시에 세상과 남을 속이려는 부정적인 기능도 있다. 이것은 몸 기능의 이중성 내지는 비결정성을 말하는 것이다. 사실 보편성과 개별성은 모두 선천적인 경향성으로서 고정된 몸 기능을 말하는 개념이 아니다. 셋째, 몸 기능과 마음은 분리되는 개념이 아니다. 호선오악하는 마음은 이목비구와 폐비간신의 기능에 의해 생겨나기 때문에 도덕 행위는 몸과 마음의 동시적 작용이다. 이제마는 이처럼 맹자 이후 도덕의 담론에서 제외된 몸 기능을 재인식하고 도덕을 몸 기능 중심으로 이해한다. 도덕의 몸 기능 중심 이해는 근본적으로 도덕성의 원천에 대한 회의적인 시각이 그 원인이라고 할 것이다.

이제마는 도덕성의 원천을 도덕 행위가 이루어지는 구체적인 과정에서 찾는다. 도덕은 일상적인 삶 안에서 행해지며, 여기에는 일정한 규범의 원리가 작용한다고 보기 때문이다. 이제마가 생각하는 규범의 원리는 의(義)와 무사(無私)함이다.

이목비구의 정(情)은 길 가는 사람들도 의로움에 협찬하는 데 있어서는 대동한 까닭에 호선하는 것이다. 호선의 실상은 지극히 공평하다. 지극히 공평하면 또한 지극히 사(私)가 없을 것이다. 폐비간신의 정(情)은 같은 방안에 있는 사람끼리도 이(利)를 따지는 점에 있어서는 제각기 다른 입장에 서게 되는 까닭에 오악하는 것이다. 오악의 실상은 지극히 사(私)가 없는 것이다. 지극히 사가 없다면 또한 지극히 공평할 것이다. 함억제복 중에는 스스로 쉼이 없는 지혜가 끊을 듯 갈 듯 하면서 들어있으나 교긍벌과(驕矜伐夸)하는 사심이 갑자기 이를 무너뜨리면 스스로 그 지혜를 버리면서 박통할 수 없게 된다. 두견요둔 밑에는 스스로 쉼이 없는 행실이 의젓이 빛나면서 들어있으나 탈치나절(奪侈懶竊)하는 욕심이 갑자기 이를 함정 속에 빠뜨리

면 스스로 그 행실을 버리면서 올바른 행동을 할 수 없게 된다.[39]

호선 오악의 내용은 의(義)의 공유와 무사(無私)로 요약할 수 있다. 그리고 호선 오악은 곧 도덕 행위이므로 의의 공유와 무사는 도덕의 구체적인 내용을 의미한다. 그런데 의의 공유와 무사는 공공성을 의미하므로 도덕 행위는 공적 사고에서 출발한다는 해석이 가능하다. 이러한 의미에서 공적 사고는 도덕성의 원천이라고 해석할 수 있다. 그러나 그것은 도덕을 행하는 원리는 아니다. 공적 사고는 도덕 행위를 가능하게 하는 개념일 뿐이기 때문이다. 이제마가 지공과 무사의 적극적인 노력을 강조한 것은 이러한 이유이다. 이제마가 제시한 적극적인 노력은 교긍벌과의 사심과 탈치나절의 욕심을 경계하는 것이다. 사심과 욕심은 혜각과 자업에 의한 지행를 해치는 요인이기 때문이다.

지금까지 도덕성은 천의 의지나 원리로 주어진다는 초월적 관점에서 해석되었다. 초월적 해석의 결과 인간은 천의 의지나 원리에 따라야만 하는 관계로 구조화되었고, 또한 도덕성은 정신의 기능이라는 관념이 고착화되었다. 이것은 물론 몸의 부정적 기능에 근거한 해석이다. 그러나 이제마는 천과 인간을 대대 관계에서 파악하고 도덕성을 몸의 기능이 작용한 것으로 해석함으로써 과거의 관점을 우회적으로 비판한다. 이러한 비판은 부정적 기능에 가려 드러나지 않았던 몸 기능에 근거한 주장이다. 도덕성에 대한 주장은 두 가지로 요약된다. 첫째, 도덕성은 혜각과 자업의 몸 기능으로 주어진 능력일 뿐이며, 초월적 원리가 아니다. 둘째, 도덕성의 원천은 공적 사고이지만 그것은 완

---

39) 같은 책 27장.

성된 형태로 주어지는 것이 아니라 호선 오악의 행위를 통해 드러난
다. 이러한 도덕성 이해는 도덕성은 초월적 원리로 주어지며, 그것은
정신의 작용일 것이라는 유학사상의 뿌리 깊은 믿음을 벗어난 것이다.
이제마는 새롭게 이해한 이러한 도덕성을 기초로 전통 의학의 이론을
다시 검토한다.

3. 경험으로서의 도덕성

이제마는 유학사상을 바탕으로 사상의학의 기초 이론을 세웠지만,
그의 도덕성 이해는 역설적으로 자신의 의료 경험에서 논거를 찾은 것
으로 보인다. 그는 병의 진단 방법에 대해 "옛날 의사들은 사람의 마
음에서 생기는 애·오·소욕·희·로·애·락(愛·惡·所欲·喜·
怒·哀·樂)과 같은 것이 편착되어 병이 되는 줄을 모르고, 단지 음식
물로 인하여 비위(脾胃)가 상하거나 또는 풍·한·서·습(風·寒·
暑·濕)으로 인하여 병이 생기는 것으로만 알았다"[40]고 비판한다. 그
리고 "『영추(靈樞)』, 『소문(素問)』 같은 저술에 대해서도 그 이치는 고
찰해 볼 수 있지만 그 학설을 그대로 다 믿을 것은 못 된다"[41]고 주장
한다. 과거의 의학 이론이나 진단 방법에 대한 반성적 성찰을 요구하
는 언급이다. 이 반성적 성찰은 이제마가 새로운 의학 이론을 탐구하
게 된 배경 내지는 계기가 된다. 발병 진단에 대한 의문은 도덕성을

---

40) 같은 책 醫源論 3장.
41) 같은 책 8장: 論曰靈樞素問 … 方士淵源修養之述也 其理有可考 而其說不可
   盡信.

새롭게 이해하고 나아가 새로운 의학 이론을 수립하는 결정적 계기가 되었기 때문이다.

발병의 원인은 여러 가지가 있지만 이제마는 희로애락과 같은 감정이 주요 원인이라고 진단한다. 그런데 감정은 사적인 이해관계에서 뿐만 아니라 도덕적 욕구에 의해서도 생겨난다는 것이 요지이다. 그러나 도덕적 욕구에 의한 감정은 리(理)가 발현된 것이 아니다. 자신의 의료 경험에 의하면 도덕 감정은 혜각과 자업의 몸 기능이 작용한 결과이기 때문이다. 이처럼 이제마는 도덕 행위는 후천적 경험이 행위 원인이라는 것을 의료 경험을 통해 검증한다. 앞 장에서 공적 사고를 도덕 행위의 기준으로 제시한 것도 도덕 행위는 경험에서 생긴다는 것을 주장하는 다른 표현이다.

도덕성이 경험에서 생긴다면 규범은 어떻게 성립하는가? 이제마는 도덕 행위를 초월적 원리에 따르는 수동적 행위가 아니라 개인의 경험을 통해 판단하고 행해지는 능동적 행위로 인식한다. 이제마는 능동적 도덕 행위를 몸 기능으로 설명함으로써 경험에 의한 규범의 성립 가능성을 모색한다.

> 호연지기(浩然之氣)는 폐비간신에서 나오고 호연지리(浩然之理)는 마음에서 나온다. 인의예지 사장(四臟)의 기를 확충(擴充)하면 호연지기는 여기에서 나올 것이요, 비박탐나의 욕심을 명변(明辨)하면 호연지리는 여기에서 나올 것이다.[42]

호연지기는 맹자의 사상을 계승한 것이지만, 호연의 리와 기를 몸과

---

42) 같은 책, 四端論 8장.

마음의 기능으로 이해한 것은 이제마의 독창적인 해석이다.[43] 호연의 리는 욕심을 명변하는 것이므로 도덕적 시비를 명변하는 도리를 의미하고, 호연의 기는 인의예지 사장의 기를 확충하는 것이므로 도덕 행위의 원천인 생기(生氣)를 의미한다.[44] 따라서 호연의 리와 기는 곧 도덕성의 다른 이름이라고 할 수 있다. 물론 호연의 리로서의 도덕성은 초월적 개념과는 관련이 없다. 호연의 리는 외부로부터 주어지는 것이 아니라 욕심을 명변하고 기를 확충하는 과정에서 생기기 때문이다. 따라서 이제마가 이해한 도덕성은 구조적으로 경험의 과정을 거쳐 생긴다는 것을 알 수 있다. 초월적 해석과 대비적 관점에서 이제마가 이해한 도덕성의 원천은 '경험'이라고 해야 할 것이다.

도덕성의 원천이 경험이라면 규범은 어떻게 성립 가능한가? 이제마는 규범을 직접 언급하지 않지만 성인의 개념을 통해 간접적으로 설명한다. 성인은 유교의 이상적 인물을 지칭하는 개념으로 지혜와 덕이 범인과는 다른 경지에 이른 자를 가리킨다. 그런데 앞서 본 바와 같이 이제마는 성인의 지혜와 덕이 범인과 다른 이유를 선천적인 몸 기능의 차이에서 찾지 않는다. 성인과 범인을 구분하는 기준은 의(義)의 공유와 무사(無私)함을 추구하는 도덕 행위라고 인식하기 때문이다. 이러한 도덕 행위는 공공성을 토대로 하는데 이제마는 성인의 공공성을 다음과 같이 설명한다.

> 성인의 마음은 욕심이 없다고 하는 것은 청정(淸淨) 적멸(寂滅)하여 노자나 부처님처럼 욕심이 없다는 것이 아니다. 성인의 마음은 천

---

43) 이 책 7장, 186~187쪽 참조.
44) 이제마, 홍순용·이을호 역, 『사상의학원론』(서울: 수문사, 1973), 43쪽.

하가 다스려지지 않음을 깊이 걱정하는 까닭에 욕심이 없는 것이 아
니라 다만 자신의 욕심을 거들떠 볼 겨를이 없는 것이다. … 반드시
배우기를 싫어하지 않고 가르치기를 게을리 하지 않으므로 성인은
욕심이 없다는 것이다. 조금이라도 자신의 욕심이 있다면 그것은 요
순의 마음이 아닐 것이다. 잠시라도 천하를 걱정하지 않는다면 공맹
의 마음이 아닐 것이다.45)

이제마는 사욕의 추구를 보편적이며 당연한 것으로 받아들인다. 성
인이 무욕한 것처럼 보이는 것은 사욕이 없어서가 아니라 치천하와 학
불염 교불권과 같은 공적인 일에 가치를 두고 실천하기 때문이다. 이
것은 인간의 사적 욕구를 긍정함과 동시에 그 극복 능력 또한 인간에
게 있음을 말한 것이다. 극복 능력은 물론 공적인 일에 가치를 두는
공적 사고 능력을 가리킨다. 범인이 성인의 행위를 규범으로 삼는 것
은 공적인 일에 가치를 두는 공적 사고와 행동에 능하기 때문이다. 여
기서 중요한 것은 규범의 공공성이다. 규범의 공공성은 선천적으로 주
어지는 것이 아니라 사적 욕구를 극복한 데서 생기기 때문이다. 따라
서 규범의 공공성 역시 경험의 관점에서 해석된다는 것을 알 수 있다.

이제마는 규범의 공공성이 경험적이라는 것을 성정(性情)의 발현을
통해 검증한다. 검증에 앞서 고려해야 할 것은 성정 개념을 종래와 다
르게 사용한다는 점이다. 이제마는 성정을 단지 천기와 인사의 관계에
서 작용하는 몸 기능으로 설명할 뿐이며 종래의 성정 개념에 대해서는
일체의 언급이 없다. 이것은 이제마에게 성정을 이해하는 독자적인 관
점이 있다는 것을 의미한다.

---

45) 이제마, 『보원』, 사단론 9장.

태양인의 애성(哀性)은 원산(遠散)하지만 노정(怒情)은 촉급(促急)하다. 애성이 원산하다는 것은 태양인의 귀가 천시를 살필 때 사람들이 서로 속임을 애처롭게 여기는 것이니 애성이란 다름 아니라 듣는 것이다. 노정이 촉급하다는 것은 태양인의 비(脾)가 교우를 맺을 때 남이 자기를 업신여기는 것을 노여워하는 것이니 노정이란 다름 아니라 노(怒)하는 것이다. 소양인은 노성(怒性)은 굉포(宏抱)하지만 애정(哀情)은 촉급하다. 노성이 굉포하다는 것은 소양의 눈이 세회(世會)를 살필 때 사람들이 서로 업신여김을 노여워하는 것이니 노성이란 다름 아니라 보는 것이다. 애정이 촉급하다는 것은 소양인의 폐가 사무를 처리할 때 남이 자기를 속이는 것을 슬퍼하는 것이니 애정이란 다름 아니라 슬퍼하는 것이다. 태음인은 희성(喜性)은 광장(廣張)하지만 락정(樂情)은 촉급하다. 희성이 광장하다는 것은 태음인의 코가 인륜을 살필 때 사람들이 서로 돕는 것을 기쁘게 여기는 것이니 희성이란 다름 아니라 냄새를 맡는 것이다. 락정이 촉급하다는 것은 태음인의 신(腎)이 거처를 다스릴 때 남이 자기를 보호해 줌을 즐거워하는 것이니 락정이란 다름 아니라 즐거워하는 것이다. 소음인은 락성(樂性)은 심확(深確)하지만 희정(喜情)은 촉급하다. 락성이 심확하다는 것은 소음인의 입이 지방을 살필 때 사람들이 서로 보호해 줌을 즐겁게 여기는 것이니 락성이란 다름 아니라 맛보는 것이다. 희정이 촉급하다는 것은 소음인의 간(肝)이 당여에 관여할 때 남이 자기를 돕는 것을 기뻐하는 것이니 희정이란 다름 아니라 기뻐하는 것이다.[46]

잘 아는 바와 같이 이제마는 몸 기능의 차이를 기준으로 인간을 사상인(四象人)의 네 가지 유형으로 구분한다. 다소 긴 인용이지만 주장

---

46) 같은 책, 확충론 1장.

의 핵심은 두 가지이다. 하나는 인간의 성정 역시 체질 곧 몸 기능의
차이에 따라 다르게 발현한다는 점이다. 성정은 다 같이 희로애락의
감정으로 드러난다. 이것은 성정의 발현이 체질에 따라 다르다는 것을
자신의 의료 경험을 통해 검증한 것이다. 성정을 몸 기능까지 검증하
여 고찰한 것은 심신의 관계를 모두 고려한 새로운 탐색이라고 할 수
있다. 다른 하나는 성과 정은 모두 인륜 관계가 원인이 되어 발현하는
감정이라는 점이다. 이것은 성의 발현에 초월적 의미를 부여하지 않으
려는 주장이다. 성과 정을 구분하는 기준을 공적 관계와 사적 관계로
설명하는 것은 도덕성의 원천이 경험이라는 것을 여과 없이 드러낸 표
현이다. 이제마가 이해한 도덕성이 초월적 원리일 수 없는 또 다른 이
유가 여기에 있다.

도덕성의 원천은 경험이라는 이제마의 관점은 성정의 실현 방식에
서 더욱 구체적으로 드러난다. 성정은 공/사(公/私)를 기준으로 구분하
지만 그 발현은 다 같이 희로애락의 감정으로 드러난다. 성정의 발현
은 기(氣)의 작용인데, 기는 순역으로 작용한다. 순역 작용은 체질에
따라 차이가 있으며, 그 차이는 곧 장부형성의 요인이다.[47)]

> 태양인은 … 애성(哀性)이 원산하면 기(氣)가 폐로 들어가 폐는 더
> 욱 성(盛)하고, 노정(怒情)이 촉급하면 기가 간을 격동시켜 간을 더욱
> 깎으니 태양인의 장국이 폐대 간소로 형성된 것은 이 때문이다. 소음
> 인은 … 노성(怒性)이 굉포하면 기가 비(脾)로 들어가 비는 더욱 성하
> 고, 애정(哀情)이 촉급하면 기가 신(腎)을 격동시켜 신을 더욱 깎으니
> 소양인의 장국이 비대 신소로 형성된 것은 이 때문이다. 태음인은 …

---

47) 이 책 7장, 191~192쪽 참조.

희성(喜性)이 광장하면 기가 간으로 들어가 간은 더욱 성하고, 락정
(樂情)이 촉급하면 기가 폐를 더욱 격동시켜 폐를 더욱 깎으니 태음
인의 장국이 간대 폐소로 형성된 것은 이 때문이다. 소음인은 … 락
성(樂性)이 심확하면 기가 신으로 들어가 신은 더욱 성하고, 희정이
촉급하면 기가 비를 격동시켜 비를 더욱 깎으니 소음인의 장국이 신
대 비소로 형성된 것은 이 때문이다.[48]

성정은 기의 작용이지만 여기에는 세 가지의 일정한 법칙이 있다.
첫째, 기는 폐/비, 간/신, 폐비/간신 등의 대대 관계에서 작용한다. 둘
째, 기는 순동과 역동에 따라 상승 하강의 운동을 한다. 셋째, 기는 '역
상의 원리'에 의해 장부에 손상을 입힌다.[49] 이 법칙들이 갖는 중요한
의미는 두 가지이다. 하나는 기는 체질에 따라 일정하게 작용하지만
순역의 작용은 모든 사람에게 동일하다는 점이요, 다른 하나는 기가
역으로 작용하면 장부에 손상을 입힌다는 점이다. 기가 역동하는 원인
은 편급(偏急)에 있다.[50] 편급하여 실중(失中)하면 희로애락의 성도 희
노(喜好)와 분노, 비애와 치락(侈樂)이 지나쳐 장부에 치명적 손상을
입힌다.[51] 때문에 그는 발병의 원인과 수신의 이유를 희로애락의 편급
에서 찾는다. 기가 역동하여 편급하면 도덕성의 실현뿐만 아니라 생명
까지 위협할 수 있기 때문이다.

감정의 편급이 수신의 이유이기 때문에 편급의 조절이 수신의 방법
이라는 것은 쉽게 짐작할 수 있다. 이제마는 편급을 조절하는 방법으

---

48) 『보원』, 사단론 10장.
49) 이 책 7장, 192~193쪽 참조.
50) 『보원』, 사단론 21장.
51) 같은 곳 22장.

로 희로애락의 감정이 미발·이발할 때에 경계하고 반성하는 중절(中節)을 제시한다.[52] 그러나 그가 말하는 수신은 천리를 보존하고 욕구를 억제하는 방식이 아니다. 감정이 편급한 원인은 천리의 보존에 실패한 데에 있는 것이 아니라 행동이 성실하지 않거나 지인(知人)에 명철하지 못한 데에 있기 때문이다. 요순과 같은 성인이 절에 맞도록 노력한 이유도 감정의 편급 때문이다.[53] 따라서 이제마는 희로애락의 과도함과 억지로 꾸미거나 거짓됨을 경계하는 것을 수신의 방법으로 제시한다.[54] 이와 같이 희로애락의 성은 편급을 극복하는 과정을 거쳐 실현된다. 감정의 편급은 이제마의 도덕성을 경험의 관점에서 해석해야 할 가장 중요한 근거인 것이다.

이상과 같이 이제마는 발병의 원인을 도덕적 욕구까지 포함한 감정에서 찾는다. 도덕 감정이 천기와 인사를 살피고 행하는 과정에서 생긴다는 것은 도덕성을 이해하는 변화된 관점에 근거한 주장이다. 변화의 핵심은 도덕성 이해의 관점이 천리에서 몸 중심으로 이동한 것이다. 변화된 내용은 네 가지이다. 첫째, 도덕성은 천리가 아니라 혜각과 자업으로 주어진 몸 기능의 작용에서 생긴다. 둘째, 도덕 원리인 호연의 리와 기는 욕심을 명변하고 사장의 기를 확충하는 심신의 작용에서 생긴다. 셋째, 성정은 다 같이 인륜관계가 원인이 되어 생겨난 희로애락의 감정인데 성은 공적인 인륜관계에서 생긴 도덕 감정을 가리킨다. 넷째, 도덕의 실현은 수신에 달려 있지만, 그것은 천리를 보존하기 위한 욕구의 억제가 아니라 공적 사고를 통해 성정의 역동을 순동하게

---

52) 같은 곳 26장.
53) 같은 곳 20장.
54) 같은 곳 25장.

하는 방식이다. 이상에서 제시한 변화된 내용이 필자가 이제마의 도덕성을 '경험'으로 해석하는 근거이다.

4. 맺는 말

지금까지 필자는 유학사상에 근거를 두면서도 그 이해를 달리하는 이제마의 도덕성 이해를 검토하였다. 유학에서는 도덕성이 천으로부터 주어지기 때문에 도덕 행위는 정신의 작용이라고 믿어왔다. 그러나 이제마는 도덕 행위가 몸 기능에 의해 이루어진다는 것을 발견하고, 이를 토대로 도덕성을 몸 기능을 중심으로 설명한다. 이제마가 몸 기능을 중심으로 이해한 도덕성은 다음과 같이 정리할 수 있다.

첫째, 도덕성은 혜각과 자업의 몸 기능으로 주어진 능력일 뿐이다. 도덕성을 몸 기능으로 이해한 주요 이유는 인간은 천기와 인사의 대대 관계 구조 안에 존재한다는 것이다. 지금까지 도덕성을 정신의 작용으로 이해한 것은 몸의 부정적 기능에 근거한 것이지만, 이제마는 몸의 지각 능력과 행위 능력을 발견함으로써 도덕성을 이해하는 새로운 시각을 제시한 것이다. 대대 관계는 도덕성은 천으로부터 주어진다는 추상적 논의를 근본적으로 부정한 것이다.

둘째, 도덕성의 원천은 인륜 관계를 유지하는 공공성에서 찾아야 한다. 도덕은 호선오악의 행위에서 생겨나지만 그것은 천리의 작용이 아니다. 호선오악은 몸 기능의 보편성(박통)이 작용한 것이다. 따라서 도덕성은 완성된 형태로 주어진 원리가 아니며 공적 사고를 통해 이루어지는 가능태라고 할 수 있다. 공적 사고는 천리로 주어지는 도덕성에 따라야만 하는 종속적 천인관계를 해체시킨 것이다.

셋째, 도덕성은 추상적 원리가 아니라 경험에서 생기는 도덕 감정이다. 도덕적 시비를 가리는 공적 사고와 도덕 행위를 가능하게 하는 것은 호연의 리와 기이다. 이것은 욕심을 명변하고 사장의 기를 확충하는 심신의 작용 과정에서 생긴다. 이처럼 도덕성은 구조적으로 경험의 과정을 거쳐 생기기 때문에 이제마가 이해한 도덕성의 원천은 '경험'이라고 해야 할 것이다.

넷째, 도덕성은 도덕 감정 이상의 의미를 갖지 않는다. 성정은 다 같이 희로애락의 감정으로 발현하는데, 체질에 따라 다르게 발현하는 차이가 있다. 그러나 인륜 관계가 원인이 되어 발현한다는 점, 그리고 희로애락의 감정으로 나타난다는 점은 동일하다. 다만 성은 공적 관계에서 생기는 감정이고 정은 사적 이해관계에서 생기는 감정이라는 점이 다를 뿐이다. 이것이 도덕 감정인 성의 발현에 초월적 의미를 부여할 수 없는 이유이다.

다섯째, 도덕성의 실현은 성정의 역동을 순동하게 하는 구체적 실증적 방식이다. 성정의 역동은 기의 편급이 원인이기 때문에 이제마 역시 수신의 방법으로 중절을 제시한다. 그러나 그것은 공적 사고를 통해 성정의 역동을 순동하게 하는 방식이다. 실증적 방식은 필자가 도덕성의 원천을 경험으로 이해하는 또 하나의 이유이다. 실증적 방식은 천리의 보존을 위해 욕구를 억제하는 추상적 방식과 구별되기 때문이다.

이제마가 이상과 같이 몸을 중심으로 도덕성을 이해한 것은 도덕성의 원천에 대한 이해를 유학사상과 달리하는 데 기인한다. 그의 도덕성 이해는 발병의 원인을 찾는 데서 시작하였지만 그는 도덕성이 몸 기능에 의해 생겨나고 실현된다는 것을 발견한다. 이를 근거로 전개된 이제마의 도덕성 이해는 몸 기능의 재조명은 물론이요 도덕성 이해에 대한 새로운 담론을 제공했다는 의미를 부여할 수 있을 것이다.

참고문헌

1. 사료

李濟馬(金容俊 編輯), 『東醫壽世保元』, 서울: 박문서관, 1921.

_____(洪淳用·李乙浩 譯述), 『四象醫學原論』, 서울: 수문사, 1973.

_____, 『格致藁』, 함흥: 韓國弘 영인본, 1940.

『周易』, 서울: 세창서관, 1968.

『詩經』, 서울: 명문당, 1978.

『書經』, 서울: 학민문화사 영인, 1989.

『朱子大全』, 서울: 중화당 영인, 1988.

朱　熹, 『朱子語類』, 북경: 중화서국, 1986.

_____, 『論語集註』, 북경: 중화서국, 1986.

_____, 『孟子集註』, 북경: 중화서국, 1986.

_____, 『中庸章句』, 북경: 중화서국, 1986.

_____, 『大學或問』, 서울: 보경문화사 영인, 1990.

王守仁, 『傳習錄』, 『漢文大系』 16권, 서울: 민족사 영인, 1982.

丁若鏞, 『與猶堂全書』一, 「詩文集」, 서울: 경인문화사 영인, 1982.

_____, 『與猶堂全書』一, 「自撰墓誌銘」, 서울: 경인문화사 영인, 1982.

_____, 『與猶堂全書』二, 「中庸自箴」, 서울: 경인문화사 영인, 1982.

_____, 『與猶堂全書』二, 「中庸講義補」, 서울: 경인문화사 영인, 1982.

_____, 『與猶堂全書』二, 「論語古今注」, 서울: 경인문화사 영인, 1982.

_____, 『與猶堂全書』二, 「孟子要義」, 서울: 경인문화사 영인, 1982.

_____, 『與猶堂全書』二, 「心經密驗」, 서울: 경인문화사 영인, 1982.

_____, 『與猶堂全書』二, 「大學公議」, 서울: 경인문화사 영인, 1982.

2. 단행본

금장태, 『한국실학사상연구』, 서울: 집문당, 1987.

勞思光, 『중국철학사』(宋明篇), 鄭仁在 역, 서울: 탐구당, 1989.

裵宗鎬, 『韓國儒學史』, 서울: 연세대학교출판부, 1981.

오종일, 『현암 이을호』, 서울: 도서출판 문원각, 2007.

柳仁熙, 『朱子哲學과 中國哲學』, 서울: 범학사, 1980.

윤영주 편저, 『한의학 탐사여행』, 서울: U－북, 2008.

이승환·이동철 엮음, 『중국철학』, 서울: 책세상, 2007.

이제마, 『東武遺稿』, 이창일 역주, 서울: 청계, 1999.

林殷 지음, 『한의학과 유교문화의 만남』, 문재곤 역, 서울: 예문서원, 1999.

장복동, 『다산의 실학적 인간학』, 광주: 전남대학교 출판부, 2002.

池圭鎔 역해, 『東武 格致藥譯解』, 서울: 영림사, 2001.

3. 논문

김만산, 「주역의 관점에서 본 사상의학원리」(1), 『동서철학연구』 제
    18호, 한국동서철학회, 1999.

김병환, 「『주역』의 자연 생명사상」, 『범한철학』 제20집, 1999, 가을.

김상득, 「유전공학과 윤리학: 인간게놈프로젝트(HGP)」, 『생명과
    학·유전공학의 윤리적 문제』, 전남대학교 법률행정연구소
    학술회의 발표문, 2000.7.

노양진, 「몸의 철학적 담론: 몸과 마음의 이원론을 넘어서」, 『철학
    연구』 제27집, 고려대학교 철학연구소, 2004.

_____, 「규범성의 자연주의적 탐구」, 『범한철학』 제33집, 범한철학
    회, 2004, 봄.

송영배 외, 『인간과 자연』, 서울: 철학과 현실사, 1998.

이을호, 「李東武 四象說 論考」, 『철학연구』 제7집, 1972.

_____, 「東武 四象說의 經學的 基調」, 『韓國改新儒學史試論』, 서
    울: 박영사, 1980.

_____, 「사상의학의 철학적 배경」, 『李乙浩全書』 7권, 서울: 예문
    서원, 2000.

정병석, 「천생인성(天生人成)의 구조로 본 순자의 자연관」, 계명대
    학교 철학연구소 편, 『인간과 자연』, 서울: 서광사, 1995.

최대우, 『茶山의 性嗜好說的 人間理解에 관한 硏究』, 충남대학교대
    학원 박사학위논문, 1999.

_____, 「동무 이제마의 사상설적 인간관」, 『철학연구』 제85집, 대
    한철학회, 2003.

_____, 「동무 이제마의 성명관」, 『범한철학』 제33집, 범한철학회, 2004, 여름.

_____, 「이제마의 성정론」, 『범한철학』 제46집, 범한철학회, 2007, 가을.

찾아보기

저자 소개

최대우는 전남대학교와 동 대학원 철학과를 졸업하고 충남대학교 철학과에서 철학 박사 학위를 받았다. 현재는 전남대학교 교수다. 저서로는『정다산의 경학』(민음사, 1989, 공저),『유학사상』(전남대학교출판부, 광주고전국역총서, 1992, 공저) 등이 있으며, 편저로는『형식논리학입문』(전남대학교출판부, 1986, 공편저) 등이 있다. 역서로는 『유학사상(연보집성)』(한국전산출판사, 광주고전국역총서, 1994, 공역)이 있다.

이제마의 철학

초판 인쇄 : 2009년 2월 20일
초판 발행 : 2009년 2월 28일

지은이 : 최 대 우
펴낸이 : 한 정 희
펴낸곳 : 경인문화사
편 집 : 신학태 한정주 김하림 문영주 이지선
영 업 : 이화표
관 리 : 하재일 양현주

주 소 : 서울특별시 마포구 마포동 324-3
전 화 : 02-718-4831~2
팩 스 : 02-703-9711
이메일 : kyunginp@chol.com
홈페이지 : 한국학서적.kr
          www.kyunginp.co.kr
값 17,000원
ISBN 978-89-499-0639-3   93150
ⓒ 2009, Kyung-in Publishing Co, Printed in Korea
* 파본 및 훼손된 책은 교환해 드립니다.